Mertens

Religionen in Ost und West

Topos-Taschenbücher

Band 1
Joseph Ratzinger
Das neue Volk Gottes
Entwürfe zur Ekklesiologie

Band 2
Ladislaus Boros
Erlöstes Dasein

Band 3
Marc Oraison
Meditationen über den Sinn des Lebens

Band 4
Dietmar Mieth
Christus – das Soziale im Menschen
Texterschließungen zu Meister Eckhart

Band 5
Otto Hermann Pesch
Rechenschaft über den Glauben

Band 6
Heinrich A. Mertens
Religionen in Ost und West

Band 7
Michael Sievernich u. a.
Sexualmoral ohne Normen?

Heinrich A. Mertens

Religionen in Ost und West

Topos-Taschenbücher

Originalausgabe erstmals veröffentlicht als
Topos-Taschenbuch.
Topos-Taschenbücher werden gemeinsam vom
Matthias-Grünewald-Verlag und Patmos-Verlag
herausgegeben.

 1. Auflage 1972
Umschlaggestaltung Eschert & Bänder
Herstellung Clausen & Bosse, Leck
ISBN 3-491-00375-X

Inhalt

Vorwort

Manche Gründe kann man dafür anführen, warum sich so viele junge und ältere Menschen heute mit anderen Religionen beschäftigen als mit der, zu der sie sich selbst (noch) bekennen: Sie wollen wissen, was überhaupt mit den Religionen ist; sie wollen die Religionen vergleichen können; sie wollen erfahren, ob auch andere Religionen zu Wissenschaft und Fortschritt so quer stehen, wie sie es von ihrer eigenen Religion zu wissen glauben; sie wollen erfahren, in welcher Form Religion für sie noch diskutabel ist. Oder sie wollen einfach etwas mehr über das ganze Gebiet Religion wissen und damit auch etwas mehr über andere Völker und ihre Denkweise erfahren; denn die Völker sind näher zusammengerückt, und so möchte man auch von ihren Überzeugungen etwas mehr erfahren.

Das vorliegende Buch versucht diese Wünsche zu erfüllen. Um Religion mit Religion vergleichen zu können, ist ein Weg gesucht worden, auf dem man alle gewählten Religionen in ähnlicher Art besprechen kann, ohne daß man die Darstellung vergewaltigt:

Der Nennung der Religion folgt eine kurze einleitende Einordnung und eine Wertung ihrer Stellung als Weltreligion. Dann gibt

Abschnitt I die Vorgeschichte oder er spricht vom Mutterboden, aus dem sich die Religion erhoben hat. Keine Religion erscheint unvermittelt. Keine Religion »fällt vom Himmel«. Jede Religion erklärt sich aus Vorgängen und Zuständen, aus Glaubensvorstellungen und Glaubensreaktionen, die ihr vorausgehen.

Abschnitt II spricht von Leben und Lehre des Stifters. Es wird der Versuch gemacht, die Lebensgeschichte des Stifters von legendarischen Überarbeitungen und Verkündigungsfarben freizulegen und das wenige Bekannte und Gesicherte mitzuteilen. Bei Darstellung der Lehre des Stifters geht es darum, seine Lehre von der Lehre der nachfolgenden Urgemeinde und der späteren vollausgebildeten Religion zu unterscheiden.

Abschnitt III. Die Urgemeinde steht für gewöhnlich zwischen dem Stifter und jener geschichtlichen Gemeinschaft, die man mit dem Religionsnamen bezeichnet. Die Darstellung von Leben und Lehre der Urgemeinde soll dem besseren Verständnis sowohl der Lehre des Stifters wie auch der Lehren der vollausgebildeten Religion dienen. Leben und Lehre der Urgemeinde sind als Interpretationen der Lehre des Stifters zu verstehen. Leben und Lehre der Urgemeinde kann aber auch der späteren Religion als Deutungsgrundlage dienen.

In den meisten Religionen entwickeln sich innerhalb der Urgemeinden Stifterlegenden, die *Lehren über den Stifter* enthalten. Obwohl mehrere Religionsstifter es ausdrücklich ablehnten, selbst in der religiösen Lehre eine Rolle zu spielen, scheint der Stiftercharakter mit dem religiösen Lehrgebäude doch so eng zusammenzuhängen, daß sich in fast allen Fällen auch eine Lehre über den Stifter entwickelte und der Stifter in einen religiösen Rang erhoben wurde, der kultische Verehrung zuließ oder hervorrief.

Abschnitt IV legt die Grundzüge der Religion dar. Nach Charakterisierung der Überlieferungen und der heiligen Bücher wird in großen Linien eine Darstellung von Glaube und Lehre versucht. Diese Darstellung bezieht sich auf den »klassischen« Glauben und die »klassische« Lehre der Religion. Wandlungen werden aber berücksichtigt.

Besondere Kapitel werden dem Kult und den wichtigsten Frömmigkeitsformen gewidmet.

Abschnitt V spricht von der Ausbreitung der Religionen. Dabei wurde der Versuch gemacht, Religionengeschichte auf einige wichtigste Entwicklungslinien zu beschränken.

Abschnitt VI berücksichtigt die Differenzierungen im Laufe der Geschichte. Da diese Differenzierungen oft zu neuen Glaubensgruppen und Lehren geführt haben, die ein selbständiges Religionsgebilde darstellen, kann die Darstellung ohne Berücksichtigung der Differenzierungen (samt den dadurch hervorgerufenen neuen Kultformen) vollkommen sein. In den Differenzierungen vollzieht sich das »Aggiornamento« der Religionen, ihre Brauchbarmachung bzw. Brauchbarhaltung für das Leben der jeweiligen geschichtlichen Stunde. Für die Lebendigkeit der Religion sind sie notwendig.

Abschnitt VII spricht von den heutigen Veränderungen. Wie das Christentum, das wir in unserem Bereich leichter beobachten können, durchwandert auch jede andere Religion eine Krise, die aus der Auseinandersetzung oder einer ungenügenden Auseinandersetzung mit den Gedanken und Tendenzen der Zeit hervorgeht.

Abschnitt VIII will das Verhältnis der Religionen zu anderen Religionen andeuten. Durch die Mission der Religionen mit Absolutheitsanspruch begegnen sich die Religionen in der ganzen Welt. Darüber ließe sich natürlich vieles sagen – aber leider müssen wir uns im ganzen Buch beschränken!

Der Hinduismus[1]

Wenn man die in Indien am meisten verbreitete Religion benennen will, spricht man meistens von »Hinduismus«. Andere reden von »Brahmanismus«. Die Ausdrücke sollen zu Anfang kurz erklärt werden.
Die ältesten Elemente hinduistischer Religiosität gehen etwa bis in die Zeit vor viertausend und mehr Jahre zurück. Deshalb kann man auch die Religion jener Zeit bereits mit Recht *Hinduismus* nennen. Etwa seit 1600 v. Chr. traten immer mehr die Brahmanen (Priester) als Autoren oder wenigstens als Ausleger des »Wissens« hervor; das Wissen (der Veda) legt für die Religion jener Zeit auch den Namen *Vedismus* nahe. Mit den Upanishaden (S. 15), nach 800 v. Chr., sind die Priester (Brahmanen) endlich ganz maßgeblich geworden; die Lehren von Seelenwanderung und Erlösung sind zu einer Einheit verbunden. Diese Religion ist nun der *Brahmanismus*, und ihn meint man heute vor allem, wenn man von »Hinduismus« spricht.
Das heutige Verbreitungsgebiet des Hinduismus/Brahmanismus ist Indien; aber auch in Indien finden sich größere Streifen und Inseln einer moslemischen Minderheit. Demgegenüber ist das bisherige Pakistan überwiegend moslemisch, aber mit bedeutenden hinduistischen Minderheiten.
Eine Weltreligion kann man den Hinduismus nicht nennen. Er enthält so typisch ostasiatische Elemente, die ihn zur Übertragung in andere Kulturen nicht sehr geeignet machen. So kann man denn von Hinduismusmission erst in neuester Zeit reden, nachdem der Reform-Hinduismus (z. B. eines Ramakrishna: S. 26) religiöse Formen vorgelegt hat, die für westliches Denken verstehbarer sind. Allerdings erhebt sich bei diesen Reformen oft die Frage, ob es sich bei ihrem System noch um Religion handelt; ob es sich bei ihnen nicht mehr um Philosophie und Lebensphilosophie handelt.

1 Ergänzende Texte s. ThF 8, 11–36

Zeichen und Abkürzungen
(sL) bedeutet: siehe Lexikon und verweist auf das kleine Fremdwortlexikon S. 211–217.
Die Literaturhinweise im Text verweisen auf das Literaturverzeichnis S. 218–221.
Die Angabe (Lit 0.7,158) bedeutet z. B.: Literaturverzeichnis Abschnitt 0, Titel 0.7, Seite 158 des angegebenen Buches.
Der Hinweis (S. 8) verweist auf Seite 8 dieses Buches.
Fußnotenhinweis sThF 8,11 bedeutet: Siehe Theologisches Forum, Heft 8, Hrsg. von Ludwig Hoffmann, Roman Mensing, Bruno Kessing, Werner Trutwin zum Thema »Weltreligionen« (Patmos-Verlag, Düsseldorf 21972). Die letzte Zahl weist auf die Seite des ThF-Heftes hin.

I. DIE URSTRÖME

Die zwei Urströme des Hinduismus/Brahmanismus sind die Religionen der Indusleute und der Arier.

Während man früher die Indusleute des 3. Jahrtausends v. Chr. für ein Primitivvolk hielt, das seinen Kult auf Fruchtbarkeitsgottheiten konzentrierte, weiß man durch die großen archäologischen Entdeckungen im Indusgebiet seit 1921, daß sie Städtebauer waren, kunstvolle Werkzeuge benutzten und kultivierte Plastiken schufen. Die Fruchtbarkeitskulte darf man deshalb nicht zu zentral sehen. Wer diese Indusleute waren, konnte bisher noch nicht geklärt werden. Ihr Kult war ein hochstehender Bilderkult für männliche und weibliche Götter, in dem heilige Tiere, Pflanzen und Zeichen eine große Rolle spielten: entsprechend geformte Steine als Fruchtbarkeitssymbole (Phallussteine: sL), das Hakenkreuz als Zeichen des Sonnenlaufs oder des Weltlaufs. Stier, Elefant und Schlange, die auch im späteren Hinduismus eine große Rolle spielen, finden sich oft.

Im zweiten vorchristlichen Jahrtausend drang von Nordwesten her das Volk der Arier (sL) in das Indusgebiet ein, das in einfacheren gesellschaftlichen Formen lebte. Diese Hirten und Krieger brachten ebenfalls Religion und Kultur ihres Standes mit. Sie verehrten Götter, die Naturerscheinungen und Naturkräfte repräsentierten (Himmel, Erde, Sonne, Mond, Feuer, Wind usw.). Von ihnen sangen die Weisen dieses Volkes in ihrem »heiligen Wissen« (Veda), indem sie entweder den Zusammenhang der Götter mit den Naturerscheinungen sichtbar werden ließen oder indem sie aus den Naturgottheiten durch Vermenschlichung und mythische (sL) Geschichten göttliche Persönlichkeiten machten. Der Polytheismus (sL) des Veda war aber nicht völlig polytheistisch. Indem man einen Gott zu dem seinen machte, gab es sozusagen einen persönlichen oder stammlichen Monotheismus; eine persönliche Entscheidung oder Gruppenentscheidung für *einen* Gott aus vielen Göttern nennt man Henotheismus (sL).

Um das Jahr 1000 v. Chr. drangen die Arier aus dem Indusgebiet nach Süden und Osten in die Gangesebene vor. Der Behauptung ihrer Herrschaft diente die systematische Gruppierung der Gesellschaft in arische Stände (Priester, Krieger und »Vaishyas«, die für Ackerbau, Viehzucht, Handwerk und Handel verantwortlich waren) und unterworfene Bevölkerung. Dies ist der geschichtliche Ursprung des Kastenwesens (S. 12 f).

Trotz der Völkertrennung durch Kastentrennung haben sich die *religiösen* Anschauungen der Indusleute und der Arier immer mehr vermischt, so daß man um 100 v. Chr. von einer neuen Stufe der beiden Religionszweige sprechen kann, die sich durch Vermischung zu einer neuen Religion entwickelt haben. Wegen des außerordentlichen Einflusses der Priester (Brahmanen) kann man seit etwa 800 v. Chr. von »Brahmanismus« reden.

II. KEIN RELIGIONSSTIFTER IM HINDUISMUS

Die beiden Urströme sind zusammengeflossen, aber sie sind nicht autoritativ zusammengebracht worden. Keinen Stifter zu haben, gehört zur Eigenart des Hinduismus. Nach dem Glauben des Hindu ist die Welt ewig, der Anfang ist deshalb für ihn auch in anderem Bezug nicht so bedeutungsvoll wie für vorderasiatisches und westliches Denken. Wie für ihn der erschaffende Gott nicht so bedeutungsvoll ist, ist auch ein Religionsstifter als Anreger eines einmalig wichtigen Weltverlaufs nicht so bedeutungsvoll wie für uns.

Freilich gibt es im Hinduismus immer neue Lehrverkündigungen hervorragender Persönlichkeiten, die natürlich auch den Hinduismus bereichern. Auch diese Persönlichkeiten und ihr gruppenbildender Einfluß, der zur Formung vieler »Sekten«, ordensähnlicher Gruppen und Reformgruppen geführt hat, haben nichts mit Gründern von Religionen oder Konfessionen zu tun; sie sind vielmehr als Deuter der »ewigen Religion« anzusprechen.

III. EINE URGEMEINDE

gibt es im Hinduismus eben deshalb nicht, weil es keinen Stifter gibt. Höchstens könnte man von den Glaubensgruppen der zwei Ströme (der Indusleute und der Arier) als von Urgemeinden sprechen. Aber ihr Bild ist weder als richtungweisendes Bild noch als kultbildende Gruppe bewahrt worden. Die beiden Ströme sind ungeteilt und als Ganzes in die Überlieferung eingegangen, ohne daß man sie als Einzelströme überhaupt je im Gedächtnis behalten wollte. Ihr geschichtlicher Einfluß wird nicht in einer Art »Kirchengeschichte« festgehalten.

IV. GRUNDZÜGE DES HINDUISMUS

Zu den Grundanschauungen des Hinduismus gehört der Glaube an die durch alles hindurchreichende Ordnung der Welt. Das »Weltgesetz« (*dharma*) beherrscht jede einzelne Einheit, jedes Ganze, jedes Leben: das himmlische wie das irdische, das geistige wie das leibliche, das natürliche wie das sittliche, das pflanzliche wie das tierische wie das menschliche Leben, das Leben des einzelnen Menschen wie das Leben der Gesellschaft. Fähigkeiten und Aufgaben trennen die Wesen voneinander. Der deutlichste Ausdruck für diese Grundanschauung ist das Kastenwesen. Obwohl das Kastenwesen geschichtlich erkennbare Ursachen hat (S. 10), ist es im Glauben der gläubigen Hindus im Weltgesetz derart verankert und vorgezeichnet, daß es eine Revolte gegen die Weltordnung wäre, sich ihm zu widersetzen.

DAS KASTENWESEN ALS MENSCHLICHE ORDNUNG Das Ordnungsfundament des Kastenwesens ist die Anerkennung von Rängen. Das Geistige ist dem Leiblichen übergeordnet; das Notwendige durch Geschenke zu erhalten, ist dem Erzwingen des Lebensunterhalts übergeordnet; die mit unreinen Dingen, mit Tod und Blut umgehen, sind allem anderen nachgeordnet; die durch eine zweite Geburt Geadelten (die »Eingeweihten«) sind allen Nichteingeweihten, zumal allen Nichthindus übergeordnet.
Deshalb sind die höchsten Vertreter des Menschengeschlechts *die Priester* (die Brahmanen), weil sie sich beruflich ganz dem Geistigen und dem Lehren zugewandt haben; weil sie sich in der Nahrung ganz rein halten und kein Fleisch essen; weil sie von Geschenktem leben.
Den Priestern nachgeordnet sind *die Krieger.* Ihr Stand schützt zwar die Gesellschaft; die Könige kommen aus dieser Kaste. Aber die körperliche Arbeit, die diesen Beruf bestimmt, die auf körperliche Entfaltung gerichtete Pflicht, Fleischgenuß und Erlaubtheit der Jagd, der Lebensunterhalt von gewaltsam Genommenem (Beute, Steuer) geben diesem Stand einen niedrigeren Wert als dem Stand der Priester.
Die dritte Kaste bildet *der Nährstand* (die »Vaishyas«). Die Menschen dieser Kaste betreiben Ackerbau, Viehzucht, Handel und Handwerk. Damit versorgen sie sich selbst und die anderen.
Die Menschen dieser drei oberen Kasten gehören zu den »Eingeweihten«, den »Zweimalgeborenen«; durch die Weihe haben sie das Recht erhalten, den Veda (S. 13–15) zu studieren. Dieses Recht haben die Angehörigen der *vierten Klasse* nicht; man nennt sie die Shudras. Sie sind Arbeiter, Handwerker mit geringer eingeschätzten Tätigkeiten (Diener, Gärtner, Hirten, Wäscher, Fischer, Lederarbeiter, Weber, Töpfer). Sie dürfen den Veda nicht studieren, wohl aber die inspirierten heiligen Bücher zweiter Ordnung. Dieser vierte Stand ist jedoch kein Sklavenstand. Zu den Shudras gehören die meisten Hindus.
Diese vier Gruppen sind die eigentlichen Großkasten. Innerhalb jeder Kaste gibt es zahlreiche Unterkasten. Die Einteilungen sind nicht so genau festgelegt, daß man die Zahl der Unterkasten nennen könnte; sie geht in die Tausende.
Die unterste Gruppe der sozialen Einteilung sind *die Unberührbaren.* Zu ihnen zählen die Menschen mit Berufen, die man (auch nach Begriffen des europäischen Mittelalters) für »unehrlich« hielt (Abortreiniger, Straßenkehrer, Schlächter, Gerber, Totengräber). Diese Parias (sL) gehören zu keiner Kaste, sie sind »outcasts«.
Alle Kasten, alle Gruppen leben nach eigenen Vorschriften, die sie als

gläubige Hindus nicht unbeachtet lassen dürfen. Nicht nur die Berufswahl wird von der Kaste bestimmt; die Kastenvorschrift bestimmt auch Essen und Trinken und Kleidung. Selbstverständlich wird die freie Eheschließung von den Kastenschranken eingeengt. Die Eigenüberlieferungen und -bräuche seiner Kasten sind dem Hindu wichtiger als die sprachlichen, nationalen und bekenntnismäßigen Unterschiede zwischen den Menschen. In der Kasteneinteilung sieht er für die menschliche Gesellschaft den gemäßen Ausdruck der Ordnung, die durch das ewige Weltgesetz bestimmt wird. Anderseits ist aber – auch nach Überzeugung der Hindus – das Kastenwesen kein ewiger Ausdruck des ewigen Weltgesetzes. Es *gab* kastenfreie Welten und Zeiten, und es *wird* sie wieder geben.

DIE HEILIGEN BÜCHER enthalten Beispiele für das mannigfaltige geistige, gesellschaftliche, religiöse, kultische Leben des Hinduismus; ein System enthalten sie nicht. Nach dem Rang ihrer Bewertung kann man die Heiligen Schriften des Hinduglaubens so darstellen:

I. Das Wissen (der Veda). Die Wörter Veda und Wissen sind stammverwandt. Der Veda ist nicht nur ein einzelnes Buch, sondern eine ganze Literatur. Die Veden sind Bücher übernatürlicher Offenbarung. Sie wurden von den Sehern, so glaubt der Hindu, zwischen 1500 und 500 v. Chr. geschaut, dann mündlich weitergegeben.
1. Die ältesten Teile des Veda sind vier »Sammlungen« (sanhitas). Die vier Sammlungen des Veda nennt man auch »die Veden« oder »die Vedas«. Es handelt sich um Spruch- und Liedersammlungen.
a. Die erste Sammlung des Veda ist der »Veda der Lieder« (Rig-Veda). Er enthält 1028 Hymnen (mit 10 600 meist Viervers-Strophen), Preislieder an die Götter. Die Lieder sollen die Götter zum Opfermahl einladen. Die wichtigsten angesprochenen Götter sind der Gott des Opferfeuers (Agni, das himmlische Urbild der Priester) und der Gott des Gewitters (Indra, der Götterkönig und Schutzherr der Krieger).
Die Autoren der Hymnen im Rigveda waren Priestersänger, die an arischen (sL) Fürstenhöfen lebten und für die fürstlichen Opferfeiern immer wieder neue Gesänge schufen. Die Fürsten lohnten ihnen diesen Dienst reichlich. Der Rigveda ist die älteste Sammlung des Veda.
b. Die zweite Sammlung ist der Melodien-Veda (der Saman-Veda, das Melodien-Wissen). Literarisch ist diese Sammlung nicht so bedeutungsvoll, weil von ihren 1885 Versen 1810 auch im Rigveda vorkommen. Aber da sie die Strophen mit Noten bezeichnet, hat sie große Bedeutung für die indische Musikgeschichte, zumal für die Sakralmusik.
c. Die dritte Sammlung ist der »Veda der Formeln« (Yagur-Veda). Die-

se Groß-Sammlung enthält ihrerseits wieder fünf Sammlungen (*sanhitas*). »Der Weiße Yagur-Veda« umfaßt nur eine Sammlung; sie enthält heilige Sprüche und liturgische Opferformeln. »Der Schwarze Yagur-Veda« umfaßt vier Sammlungen; diese enthalten neben den liturgischen Formeln Darstellungen der dazugehörigen Handlungen oder Riten (in Prosatext). Die Formeln des Yagur-Veda reichen von heiligen Stammelsilben über Bann- und Kurzsprüche bis zu Götterlitaneien. Aber die Formeln richten sich nicht nur an Götter, sondern auch an Opfergeräte, an die Opfergabe selbst, um sie so zum Opfer bereitzumachen, um sie mit göttlicher Kraft zu durchwalten, um sie segensreich zu machen, um sie fähig zu machen, dem Feind zu schaden. Der Yagur-Veda ist ein literarisches Zeugnis der Zeit, als die Arier aus dem Pandschab im äußersten Nordindien in das mittlere Nordindien gekommen und dort seßhaft geworden waren. Kennzeichnend für jene Zeit ist die ritualistische (sL) Gestalt der Religion.

d. Die vierte Sammlung ist der »Veda der Beschwörungen« (Atharva-Veda), eine Sammlung, deren Lieder und Prosa zu verschiedenen Zeiten entstanden sind. Die meisten Lieder sind magische Beschwörungen: gegen Dämonen, gegen Krankheiten und Feinde, um Liebesglück, um Sieg in der Schlacht. Die Beschwörungen geben einen Einblick in die frühen medizinischen Vorstellungen in Indien, sind also auch für die Kulturgeschichte der Naturwissenschaften interessant. Der literarische Wert dieser Hymnen wird nicht so hoch angeschlagen wie der Wert der anderen Sammlungen (*sanhitas*) des Veda. Einzelheiten sind jedoch von außerordentlicher Schönheit.

2. *Die Brahmanas.* Die vier Sammlungen (*sanhitas*) des Veda gehen nach dem Glauben der Hindus auf Offenbarungen zurück. Die zweite Art von Texten, die zu den Veden gehören, sind die Brahmanas, die etwa seit 1000 v. Chr. entstanden sind und nach Lehre der arischen Priester (Brahmanen) ebenfalls Offenbarungen sind.

Die Brahmanas sind also »Priestertexte«: Abhandlungen, die alle Zeremonien, zu denen die Texte der vier Sammlungen des Veda gesprochen werden, bis in jede Einzelheit darlegen, erklären und für die genaue Durchführung himmlischen Lohn verheißen. Die Grundlehre, mit der die Wichtigkeit der Zeremonie begründet wird, ist die Lehre von der Entsprechung der kosmischen und kultischen Ordnung. Dadurch werden alle Riten des Kults, wenn auch auf anderer Ebene, zu wirklichen Darstellungen des Kosmos, die sogar den Göttern die Entscheidungen über die Welt abnehmen. Vor allem das Opfer ist, wenn es in einem ganz und gar stimmenden Ritus und in aller Sorgfalt dargebracht wird, eine solche Macht, daß ihm auch Götter nicht widerstehen können. Es verfügt über die Götter. Man kann auch sagen: Die Priester (Brahmanen) sind Götter in Menschengestalt, die durch das Opfer die Wandlung des Schicksals verfügen, indem sie die himmlischen Götter zwingen können. Diese Vorstellung von Amt und Einfluß der Brahmanen steigerte ihr Ansehen außerordentlich und bewirkt bis heute ihre Stellung im indischen Kastenwesen.

Die »Brahmanas« sind also von priesterlichen Verfassern geschrieben worden. Sie geben das priesterliche Ritualwissen wieder, das hier jedoch in einer Idealform dargestellt wird. Die Begründungen für die Einzelheiten der priesterlichen Handlungen (einschließlich der priesterlichen Gesänge zum Opfer und zu anderen rituellen Handlungen) werden in Berichten von himmlischen Urpersonen oder Urdingen gegeben (im Griechischen sagt man: Hypostasen). Und da »unten alles wie oben« ist, haben auch alle Einzelheiten der priesterlichen Handlungen in ihrer irdischen Sichtbarkeit teil an ihrer himmlischen Existenz.

3. Die Upanishaden, die »Geheimlehren«, sind philosophisch-theologische Traktate. Ihre Abfassungszeit zieht sich über ein Jahrtausend hin, so daß sie also schon von daher nicht einheitlich sein können. Sie reichen vom magischen Denken einer sehr frühen Daseinsschau bis zu einer hohen Mystik, deren Grundlinien man etwa wie folgt zusammenfassen könnte:

Über allem Dasein herrscht das ewige Gesetz der Vergeltung. Unter diesem Gesetz steht auch die unsterbliche Einzelseele. Dieses Vergeltungsgesetz läßt sie immer wiedergeboren werden in vergänglichen Leibern von Göttern, Menschen, Tieren und Pflanzen. Erlösung aus diesem Kreislauf gibt nur die Erkenntnis der Wahrheit, daß das Vergängliche nicht zur Seele gehört, sondern daß die Seele dem ewigen Weltgeist verwandt, ja mit ihm sogar wesenseins ist. Diese Erkenntnis erhebt den Menschen über alle Leiden und selbst den Tod. Wer aus dieser Wahrheit lebt, geht zum Absoluten (Brahma) ein und wird nicht mehr wiedergeboren.

II. Die Bücher der Überlieferung. Neben den Veden, die von den gläubigen Hindus für göttlich inspiriert gehalten werden; und neben den Erklärungsschriften zu den Veden gehören zu den heiligen Büchern des Hinduismus die Bücher der Überlieferung. Ihr Inhalt und ihre Verse sind nicht von priesterlichen Sehern geschaut bzw. gehört worden, sondern wurden von Heiligen verfaßt und weitergegeben; sie sind »Erinnerung«. Unter diese Bücher fallen Schriften der verschiedensten Gattung:

1. das große *Epos von den Nachkommen des Königs Bharata* (»Mahabharata«), das von vielen Verfassern von 400 v. Chr. bis 400 n. Chr. gedichtet wurde. Von den hunderttausend Doppelversen handelt aller-

dings nur der geringste Teil vom Titelthema. Der größte Teil besteht aus Einschüben.
Zu den Einschüben des Mahabharata gehört auch »der Gesang des Erhabenen« (Bhagavadgita), den der Begründer der vergleichenden Sprachwissenschaft Wilhelm von Humboldt (1767–1835) das schönste philosophische Gedicht aller Zeiten genannt hat. In der Bhagavadgita trägt Krishna (sL) dem Helden Arjuna religiös-philosophische Lehren vor, die einen ganz neuen Gedanken in den Hinduismus hineinbringen und die für die Entwicklung des hinduistischen Gedankengutes viel bedeuten. Nachdem lange gelehrt worden war, daß durch Erkenntnis der Unvergänglichkeit der Seele und ihrer Verwandtschaft mit dem ewigen Weltgeist Erlösung geschehe (Upanishaden: S. 15), hier wird die Erlösung durch Liebe zu Gott gelehrt: Der Mensch soll sich dem Willen Gottes ergeben, im Glauben an einen höchsten Gott, der ewig und persönlich ist. Damit wird jedoch das pantheistische (sL) Element der Upanishaden nicht aufgehoben, sondern es bleibt insofern bestehen, als auch der höchste ewige Gott eine Personifizierung des Weltgeistes ist.
2. Die Rama-Sage (»Ramayana«) ist *das Epos vom Helden Rama,* der eine Inkarnation des Vishnu (S. 19) ist. Dem Rama wurde seine Frau Sita von einem bösen Geist entführt. Rama sucht sie, um sie zu befreien. Die Taten Ramas zu dieser Befreiung Sitas ist der eigentliche Inhalt des Gedichts. Die religiöse Gesamtatmosphäre des Epos ist stets getragen vom Gefühl der Pflicht. Selbst der tragische Schluß, die Verstoßung Sitas durch Rama, der ihre Treue anzweifelt, ist noch von dieser Grundhaltung bestimmt. Das mühenreiche und tragische Leben einer Gottes-Inkarnation (sL) ist das Tröstliche, das der Hinduismus seinen Gläubigen mit diesem Gedicht vorlegen will (24 000 Doppelverse, zwischen 400 v. Chr. und 200 n. Chr. entstanden).
3. die »alten Erzählungen« (die *Puranas,* d.h. eigentlich nur: die Alten), womit in erster Linie Legenden gemeint sind; sie enthalten aber auch rituelle Vorschriften und Erklärungen und religiöse Gedanken.
4. *Lehrbücher, Spruchbücher,* aphoristisch abgefaßte Schulmeinungen u. ä., die zu den kanonischen Texten der vishnuitischen und shivaitischen Religionsgemeinschaften gehören, die zwar nicht von allen hinduistischen Gläubigen als heilige Bücher anerkannt werden, wohl aber bei allen eine gewisse literarische Achtung genießen, weil sie zu den alten Schriften Indiens zählen.
5. Andere Lehrbücher, vor allem Rechtsbücher, unter diesen vor allem »*Manus Gesetze*« (das »Gesetzbuch des Manu«).

GLAUBENSRICHTUNGEN UND LEHREN sind in keinem anderen Religionskosmos so mannigfaltig, ja so scheinbar auseinanderstrebend wie im

Hinduismus. Die folgenden Darstellungen können deshalb nicht als »die Lehren« des Hinduismus angesehen werden, sondern nur als einige »Lehren«.

Das Göttliche und die Götter. Der in sich ausschließenden Begriffen denkende Abendländer ist leicht geneigt zu fragen, wie es möglich ist, daß der Hinduismus sowohl streng monotheistisch (sL) wie auch erstaunlich polytheistisch (sL) sein kann. Eine Antwort lautet: Sein Polytheismus ist die Aussage (die es auch in anderen polytheistischen Religionen gibt), daß in allen Naturerscheinungen, Naturkräften, zwischenmenschlichen Kräften usw. göttliche Mächte walten, die man sich oft als personale Gottheiten denkt. Mit fortschreitender Kultivierung des religiösen Denkens verdichtete sich sodann der Begriff des Göttlichen zu einem Gottesbegriff, der mehr dem monotheistischen Glauben entsprach, jedoch ohne daß sich die Gläubigen des hinduistischen Monotheismus ausdrücklich gegen die Gläubigen des hinduistischen Götterhimmels wandten. Man versuchte auf seiten der Monotheisten mit den vielen Göttern fertigzuwerden, und so ergab sich das ganz eigene Glaubensgebilde des traditionellen Hinduismus.

In diesem Hinduismus ist *das Absolute* (*Brahman*) das eigentliche Sein, Ursache und Ursprung von allem, das Wesen von allem, das reine Denken und das reine Glück. »Reines Denken« heißt: Durch Brahman denkt der Geist, aber kein Geist kann Brahman selbst denken. »Reines Glück« heißt: In allem Glück ist Brahman, aber keiner kann Brahman selbst besitzen. Die Wahrheit, die Brahman ist, ist größer als jede Wahrheit, mit der man es auszusprechen versucht; und in seiner Ganzheit ist es nie zu fassen. Deshalb ist es auch geschlechtslos, weil Geschlecht auf Trennung hinweist, und Brahman ist einfach das schlechthin ungetrennt Ganze. Deshalb ist es auch unpersönlich, weil Person (nach Begriffen des Hinduismus) Getrenntsein von anderen bedeutet; das Brahman aber ist dadurch, daß es das Wesen von allem ist, nicht abgetrennt von irgend etwas.

Aber der Mensch strebt nach Erfassung, auch gerade nach Erfassung des Ganzen. So suchen die Hindus das Absolute, das Brahman, in seinen göttlichen Erscheinungen zu finden und zu verehren. So werden die vielen Götter, die Geister und Kräfte des Kosmos, der Gestirne, der Lüfte, der Erde sind, zu Ausdrucksformen des Brahman. Aber da das Brahman immer Eines ist, wird es auch in seinen Ausdrucksformen nicht Vieles; es bleibt immer Eines und ein Ganzes. So werden die Götter als viele Götter aufgehoben und göttliche Manifestationen (sL) des einen Absoluten, des einen ewigen Weltgeistes.

Im Gebet wendet sich der Gläubige zwar an einen bestimmten Gott, den er sich selbst aus den »vielen Göttern« auswählt; der Gott, den ich anrufe, ist mein »Ishta«. Aber auch dieser erwählte Gott wird nicht immer mit gleichem Namen angerufen, sondern mit einem der vielen Namen, die das Anliegen des Gebets oder die Eigenschaft des Gottes, um derentwillen ich gerade diesen Gott anrufe, erfordert bzw. bezeichnet. So nähere ich mich als Beter durch Vermittlung eines persönlichen Gottes dem Absoluten, dem Brahman. Brahman ist undenkbar, aber der einzelne Gott ist denkbar; über den denkbaren Gott komme ich Brahman (dem Absoluten) nahe. Brahman ist von einem einzelnen, der irgendwie doch immer vom Ganzen getrennt ist, nicht ansprechbar; aber der Gott, eine Manifestation des Brahman, die ebenfalls eine Person und ein einzelner ist, ist ansprechbar, und so erreiche ich Brahman.

Götter. Das Charakteristische der indischen Gottesaussagen ist das Schwebende, das Nicht-Festgefügte. Weil die Götter alle einmal Naturgötter waren, die zu Hochgöttern wurden und vielleicht zum höchsten Gott aufstiegen, so kann man sie auch heute noch als Naturgötter wie als Götter des höchsten Geistes anrufen. Gott und die Götter ändern sich nicht. Aber der Mensch ändert sich: sein Denken, seine Vorstellungen, sein Herz, seine Sehnsüchte. Und mit all dem ändert sich und wächst das Bild (des) Gottes, von dem er sich eine Vorstellung macht. Aus der reichen Mythologie des Hinduismus seien nur einige Göttergestalten als Beispiel genannt:

Indra spielt im Gebet des Inders eine besondere Rolle. Er ist der Gott der siegreichen Kraft, der befreiende Gott. Dargestellt wird er (u.a.) reitend auf seinem weißen Elefant, juwelengeschmückt, mit königlichem Turban bedeckt (oder auch mit einer dreifachen Krone, einer Tiara gekrönt). Indra war wohl ursprünglich ein Sonnengott.

Agni und seine Verehrung sind seit den frühesten Zeiten im Veda belegt. Agni ist der Gott des Feuers und deshalb der Gott des Opfers. Er verbindet die Teile der Welt: Erde, Himmel, Luftraum. Er ist ein Gott der schöpferischen Kraft, der vollkommenen Schau und des vollkommenen Wegs zur Schau (Gott des Opfers). Ein Gebet zu Agni:

»O Agni, du bist das Wachsen der jungen Triebe, die Wasser sind dein Same. Allen Wesen eingeboren und immer mit ihnen wachsend bringst du alle Wesen zur Reife. Das All lebt durch dich. In Gestalt der Sonne nimmst du mit den Strahlen Wasser von der Erde auf und gibst dann durch Regen, den du zur rechten Zeit strömen läßt, allen Geschöpfen neues Leben. Dann wird alles aus dir wiedergeboren: die Pflanzen, das grüne Laub, die Seen, das heilvolle Becken der Wasser« (Rigveda).

Tausend andere Götter wären zu nennen: *Varuna,* der die Weltordnung erhält, im Vedismus einer der höchsten Götter; *Mitra,* der richterliche Gefährte Varunas; *Dyaus Pitar,* der Himmelsvater – Mächte des Geschehens usw.

Die Trimurti. »Trimurti« heißt: »drei Gestalten besitzend«; es ist die Bezeichnung der höchsten hinduistischen Gottheit in den drei Hinsichten als Schöpfer (Brahma), Erhalter (Vishnu) und Zerstörer (Shiva). Für die praktische Religiosität hat diese Trimurti allerdings wenig Bedeutung, sie ist mehr ein Begriff und eine Bezeichnung der Theologie. Für die Praxis werden die drei Gestalten als Einzelgötter gesehen und haben dort höchste Bedeutung.

Brahma ist nicht gleich Brahman. Brahma ist jener Gott, der mit den beiden andern Göttern Vishnu und Shiva als einer und höchster Gott das Brahman symbolisiert. In diesem einen und höchsten Gott ist Brahma, mit der Symbolfarbe rot, der Gott der Schöpfung. Er wird dargestellt mit vier Gesichtern, die in die vier Himmelsrichtungen schauen; mit vier Armen, die die vier Sammlungen der Veden tragen. Die Zahl vier weist also auf das All und die Vollzahl der Offenbarung hin. Zur Schöpfung gehört auch sein Attribut (sL), der Wasserkrug. Aber seine Attribute und Darstellungen sind mannigfaltig.

Vishnu ist der Erhalter in der Trimurti. Er ist der Schicksalsgott. Er stammt von der Sonne ab (Erhalter!). Dargestellt wird er als junger Mann, in blauer Farbe, mit vier Armen. Als solcher wird er nicht sichtbar. Sichtbar wird er in seinen Verkörperungen (Avataras). Er ist der Gott, der sich am meisten verkörpert. Und mit dieser Verkörperung verkörpert sich das Brahman. »Die Avataras/Verkörperungen sind für Brahman das, was die Wellen für den Ozean sind«, sagte Ramakrishna (S. 26). In seinen Verkörperungen zeigt sich Vishnu als Erlöser, der den in Unordnung geratenen Kosmos wieder in Ordnung bringt.

Shiva, der arische Blitzgott Rudra der Veden, ist in der Trimurti der »Zerstörer«, wie ja für das naive Betrachten alles göttliche Wirken wohltätig *und* schrecklich ist. So ist auch Shiva wohltätig und schrecklich. Ohne Unterlaß zerstört er, vernichtet er die Mannigfaltigkeit der geschaffenen Welt; ohne Unterlaß aber baut er auch auf, schafft er statt des unvollkommenen Mannigfaltigen das vollkommenere Eine. Und da die Zeit sowohl zerstört wie aufbaut, verdirbt wie heilt, ist er auch der Gott »Zeit«. Vor Urzeiten legte er in den Wasserschoß den »Goldkeim« und tut es immer noch – aber er ist auch in vierundsechzig Formen der »Grausige«, der hinwegrafft. In der Gefahr ruft man den Gefährlichen zu Hilfe. Der Schreckliche konnte das Gift der Schlange Vasuki trinken, das die Welt zerstören sollte, und rettete so die Welt. Davon wurde seine Kehle blauschwarz, so daß man ihn »den Blauschwarzen« nennt. Als die Wasser des Himmels-Ganges auf die Erde kamen, verhinderte er die Flutkatastrophe, indem er die Fluten mit seinem Haarknoten auffing. In den Veda-Hymnen heißt Rudra/Shiva »Herr des Lebens und der Zeugungskraft«. Aber er ist nicht nur Herr des leiblichen Lebens. Er ist auch Herr des geistigen und moralischen Lebens. Deshalb ist er der große göttliche Asket (Mahadeva), der Führer und Gott der Yogin (der Mahayogin), der alle Yogins – zu welchem Bekennntnis sie sich auch halten mögen – zur Einheit führt und ihnen das Bewußtsein der Einheit gibt. Als Mahayogin ist er als Asket dargestellt: halbnackt, mit Asche bestreut, mit einem Schlangenhalsband, in Meditationshaltung, mit einem dritten Auge auf der Stirn, das die zentrale Tiefsicht bezeichnet. Sehr oft wird Shiva als tanzender Gott abgebildet, mit vielen Armen und einem Flammenkreuz um den Kopf, Schlangen um den Hals und Feuer in den Händen – wahrscheinlich als Zusammenfassung der zerstörenden und (mit denselben Händen) rettenden Elementarmächte. Seine Attribute sind der weiße Stier, ein Tigerfell, das Mondsicheldiadem, der Bogen, die Trommel, die Keule, die Schlinge und der Dreizack, der besonders oft vorkommt. Nicht nur als tanzender Gott wird Shiva mit vier, acht oder sechzehn Armen dargestellt. Nur die jeweils beiden unteren sind die Hände der Gewährung und des Schutzes, worin sich wahrscheinlich die Erfahrung ausspricht, daß Shiva in Gestalt des »Grausigen« (mit seinen vierundsechzig Arten) wirksamer ist als der Bitten erfüllende, Schutz gewährende Shiva. Jedenfalls bedeuten die vielen Arme, daß sich in diesem Gott (wie in allen Göttern, die mit vielen Armen dargestellt werden) die übermenschliche Macht der Götter darstellt.

Schöpfung, Welt, Mensch. Grundgedanke des Hinduismus ist: Es gibt nur eine Substanz, die sich nach einem Rhythmus bewegt, um zur vorgezeichneten Harmonie zu kommen. Den himmlischen Leib bildet die Gesamtheit der Götter. Da der Mensch durch seinen Leib der Erde, durch seine Sprache dem Feuer, durch seinen Atem der Luft, durch sein Auge der Sonne ähnlich ist, ist er als Mikrokosmos (Kleinkosmos) dem Makrokosmos (Großkosmos) ähnlich, und in seiner Welt ist alles wie in der kosmischen Welt.

Der kosmische Rhythmus ist das Ausatmen und Einatmen Brahmans. In einem einzigen Ausatmen schafft Brahman das All, und in diesem Ausatmen offenbart sich Brahman; in einem einzigen Einatmen nimmt Brahman das All wieder in sich hinein zu kosmischem Schlummer. Von Schöpfung zu Schöpfung reicht der Tag Brahmans. Ein solcher »Tag Brahmans« dauert 4320 Millionen Jahre (eine symbolische Zahl!), das sind 4000 Weltperioden, von denen je vier zu einer »großen Weltperiode« zusammengefaßt werden. Die jetzige Weltperiode besteht seit etwa 16 000 Jahren. Leben und Tod entsprechen diesem kosmischen Rhythmus. Kosmos und Mikrokosmos kommen, leben, verschwinden, um wiederzukommen.

Jeder Schöpfungsprozeß beginnt mit dem »Nichtwissen«, das mit allen Möglichkeiten in Brahman lebt. Indem sich Brahman offenbart, werden die Möglichkeiten immer mehr Gestalt. Beginnend mit dem Äther, über alle Lebensformen (Steine, Pflanzen usw.) hinweg, bis zum Menschen. Der Mensch aber hat durch seine Freiheit dem Kreislauf gegenüber eine andere Haltung als alles andere, was existiert.

Die moralische Ordnung der Welt. Daß es Götter und Würmer, Brahmanen und Unberührbare gibt, ist nicht Zufall und nicht Willkür eines obersten göttlichen Willens, sondern Folge eines überall geltenden Prinzips der Vergeltung. »Wie einer handelt, wie einer wandelt, ein solcher wird er. Wer gut handelt, der wird Gutes, wer böse handelt, wird Böses.« Wer gut handelt, wird als Brahmane, Krieger oder Mensch des Nährstandes (S. 12) wiedergeboren; wer ein Leben geführt hat, das seinem Stand unwürdig war, wird als Schwein oder Hund oder als Mensch der unteren Kaste oder als Kastenloser wiedergeboren, und die Wiedergeburt geschieht solange von neuem, bis sich das Wesen durch Erkenntnis erlöst sehen darf.

Was sich im Lauf eines Lebens an vergeltenden Kräften ansammelt, ist das *Karman.* Das gegenwärtige Leben ist bedingt durch das vergangene Leben eines Wesens, und das zukünftige Leben eines Wesens ist bedingt durch das gegenwärtige. Diesem Gesetz der Vergeltung kann sich kein Wesen entziehen. Da der Mensch ein soziales Wesen ist, gibt es nicht nur das Karman des Einzelwesens, sondern auch das Karman der Familie, des Volks und anderer Gemeinschaften.

Die Lehre vom Ziel und von den Wegen zum Ziel. Aus dem Kreislauf der Geburten entlassen zu werden, ist das eigentliche Ziel des Hinduismus. Diese Entlassung wird möglich durch *die Erkenntnis,* daß die Einzelseele mit dem Absoluten verwandt und eins ist: daß der Atman (der »Atem« des einzelnen) Teil des Brahman (S. 17) ist. Diese Erlösung ist nicht das Geschenk einer Gottheit, sondern ist Ergebnis eigener Bemühung. Wer nicht zu ständiger Vergeltung, d.h. zu ständigem Leid wiedergeboren werden will, muß in sich die Wurzel des Seins ersticken; die Wurzel des Seins ist das Begehren. Erst wenn die Seele (*Atman*) vom Begehren nach irdischer Existenz, d.h. von allen irdischen Fesseln gelöst ist, kann sie zum Absoluten (*Brahman*) zurückkehren. Zu diesem Ziel gibt es mehrere Wege.

Der erste Weg ist der *Weg der frommen Werke.* Wenn man alle Riten der Religion befolgt· wenn man alle Wallfahrtsgelübde erfüllt; wenn man die vorgeschriebenen Gebete zur vorgeschriebenen Zeit rezitiert, kann man eine erste Stufe der Reinigung erreichen. Aber schon in ältesten Zeiten wurde dieser Weg von vielen für unzulänglich gehalten.

Im Laufe der Zeit verdichtete sich die Überzeugung, daß zu den frommen Werken der *Weg der Einweihung* kommen müsse: Einweihung in eine Gruppe, einen Orden, eine »Sekte« (dies ist zwar eine gebräuchliche, aber keine zutreffende Bezeichnung). Bestimmte asketische Lebensformen (Übungen) und Opfer gehören zu diesem tiefer wirkenden Weg. Man hat die Formen dieses Weges auch oft Sakramente genannt, was zweifellos eine richtige Bezeichnung ist, wenn man unter »Sakrament« die leibliche Bezeichnung eines geistigen Vorgangs versteht, um den man sich auch selbst bemühen muß.
Betont werden muß, daß die Wege noch nicht die Erlösung sind. Weder die frommen Werke, noch das asketische Leben, noch die Opfer erlösen, sondern sie sollen zur Erkenntnis der offenbarten Wahrheit des Veda führen. Die Erleuchtung (Erkenntnis) kann wie ein plötzliches Ergriffenwerden über den Menschen kommen; sie kann aber auch langsam, wie ein stetig wachsendes Licht über ihn kommen, bis es ihn ganz ausfüllt. Das Ergebnis ist die Ekstase, d.h. jedoch nicht ein rauschhafter Zustand, sondern gewissermaßen ein nüchternes Außersichsein, das den normalen Zustand des Bewußtseins verdrängt.
Am Yoga, den Methoden religiöser Übung, die zur Erkenntnis führen, wird besonders klar, daß all das, was man über die Wege zur Erlösung lehrt, noch nicht die Erlösung selbst ist. Die Frucht dieser Übungen, Wege und Methoden ist die Erlösung vom Zwang der Wiedergeburt.

Der Yogin steigt in acht Stufen zum Ziel auf:
Die erste Stufe heißt Selbstbeherrschung. Diese erste Stufe läßt sich praktisch nicht allein erreichen; man erreicht sie nur dadurch, daß man die zweite Stufe anstrebt.
Die zweite Stufe heißt Befolgung der religiösen Vorschriften und Regeln. Der Yogin erstrebt die volle Ehrfurcht gegenüber allen Lebewesen; er ist mitleidig, er ist wohltätig und befolgt alle ethischen Gebote, die sich daraus ergeben. Das Mittel dieser Befolgung ist »die erste Stufe«, die Selbstbeherrschung. Durch Selbstbeherrschung verhindert er, daß sich immer nur er selbst in den Vordergrund rückt. Damit erreicht der Mensch die Ausgangsstufe für die Yoga-Übung: die absolute Reinheit.
Die dritte Stufe ist die Beherrschung der Körperhaltungen. Mit Körperhaltung ist vor allem die rechte Art zu sitzen gemeint. Die Körperhaltungen haben großen Einfluß auf die Körperfunktionen und von daher auch auf den Geist. Die Körperhaltung ist für die Meditationsübung grundlegend.
Die vierte Stufe ist die Atemkontrolle. Das Atmen ist Lebenskraft, Grundlage des Denkens und alles anderen Tuns. Mit der Kontrolle über

das Atmen kommt man zur Herrschaft über alle Organe des Körpers. Diese Beherrschung gibt die Herrschaft über alle Gefühle. Das rechte Atmen ist die Mitte des Yoga. Die ganze körperliche Motorik und alle sensorischen (sL) Bewegungen hängen von ihm ab. Die drei Haupttätigkeiten der Atemkontrolle sind das rechte Ausatmen, das rechte Einatmen und das Anhalten des Atems. Da es sich bei diesen Übungen um das Schwerste und Folgenreichste und auch am schwierigsten zu Kontrollierende handelt, soll sich der Yoga-Schüler gerade hier ganz seinem Lehrer und dessen Anweisungen unterwerfen.

Die fünfte Stufe ist das Verschließen der Sinne vor der Außenwelt. Mit dieser Übung beginnt die Konzentration auf den Betrachtungspunkt.

Die sechste Stufe heißt Konzentration. Nachdem der Yogin nicht mehr von sich aufdrängenden Reizen gestört wird, kann er sich der Konzentration auf den Gegenstand seiner Betrachtung widmen.

Die siebte Stufe ist die Meditation. In der zugehörigen oder ihm am meisten zuträglichen Haltung beginnt er die Meditation des Gegenstands, auf den er sich konzentriert hat.

Die achte Stufe heißt Versenkung. Auf dieser Stufe ist der Yogin am Ziel der Übung. In der Versenkung erkennt er die geistige Wirklichkeit: seine Teilhabe am Absoluten, daß sein Atmen ein Teil Brahmans ist.

ZUM KULT. Jeder Hindu-Gläubige darf einen Tempel bauen. Die heiligen Bücher geben die Regeln für den Tempelbau an (Himmelsrichtung, Lage des Bauplatzes zu Bäumen und Wasser, Abmessungen, Ordnung der Eingänge); diese Regeln sind von jedem beim Tempelbau zu befolgen. Aus der Eigenart des Hinduglaubens ergibt sich die Mannigfaltigkeit der Tempel. Der Tempel kann einem einzigen Gott oder auch mehreren Göttern geweiht sein; alle Götter sind ja nur Erscheinungsformen des ewigen göttlichen Geistes. Außerdem gibt es »leere« Tempel, die allen Göttern oder keinem Gott geweiht sind: hier kann der Hindugläubige zu *seinem* Gott beten. Auch außerhalb der Tempel gibt es Altäre und Bildstöcke: an Straßen, Straßenkreuzungen, im Wald, an Ufern, wo der Gläubige zum dargestellten Gott oder zu seinem Gott beten kann.

Die Riten des Kultus (Arten des Gottesdienstes) sind so mannigfaltig wie die Götter. An jedem Tempel gibt es eine Anzahl Priester, die für die Beständigkeit des Kultus sorgen.

Das *Gebet* wird als heilige Formel verstanden. Die Geistkraft ist in dieser heiligen Formel (Mantra) beschlossen und wirkt dadurch, daß die Formel genau ausgesprochen wird. Ähnliches gibt es auch in christlichen Konfessionen. Im Hindu-Glauben kommt es allerdings nicht nur auf den Wortlaut, sondern auch auf Rhythmus und Akzent an. Vor dem Gebet muß sich der Gläubige sammeln.

Eine Eigenart des Hindu-Betens ist das Beten mit der eigenen, persönlichen Gebetssilbe. In seinem Inneren hält jeder Mensch diese eigene Gebetssilbe verborgen. Er findet sie durch seinen persönlichen geistlichen Lehrer (Guru), der sie ihm offenbart. Dieses ganz persönliche Gebetswort führt durch schier endlose Wiederholungen (bis zu 100 000 mal) zur erhofften Wirkung. Durch die Wiederholung werden übermenschliche Kräfte wach, ja sie wirkt verwandelnd auf den Körper. Bereit gemacht wird der Körper dazu durch ein Bad, saubere Kleidung, Fasten (leeren Magen), Aufsuchen der Stille, Anzünden von Weihrauch und Einnahme des Lotossitzes. Das Ur-Mantra ist das AKM (OM), Ausdruck für die Trimurti (S. 19).

Neben dem Gebet gehört das *Opfer* zum Kult des Hinduismus. Opfer heißt: Weihe einer weltlichen Sache an einen Gott; in dieser Sache weiht der Opfernde sich selbst. Das Opfer beginnt mit der Anlage des Opferfeuers oder (bei festlichem Opfer) mehrerer Opferfeuer. Geopfert werden »Dinge, die man liebt«: Nahrungsmittel, Duftgewürze, Blumen. Das Opfer (die Weihung) bringt eine Wesensverwandlung des Opfernden hervor, wenn alles richtig vollzogen wird. Zum richtigen Vollzug gehört auch die Rezitation der entsprechenden Strophen aus dem Rigveda (S. 13).

Das Leben des Hindu ist von »Samskaras« begleitet (meistens mit *Sakramente* übersetzt), d.h. von religiösen Riten, die sich auf die wichtigen Tage des Lebens beziehen: auf die Geburt, bei der das Neugeborene durch ein Honigkügelchen für das leidvolle Leben mit Süßigkeiten beschenkt wird; auf die Namensgebung; auf die Einführung in die brahmanische Gemeinschaft (zwischen dem 8. und 12. Lebensjahr) – es ist die zweite Geburt, der Beginn des Veda-Unterrichts und die Übergabe an einen Guru (geistlichen Lehrer); auf die Hochzeit, bei der die Hochzeit der Sonnentochter nachgebildet wird; auf die Aufnahme in den Priesterstand; auf die Verbrennung der Toten, die danach folgenden Reinigungsriten für die Angehörigen, die unrein geworden waren durch den Tod; auf die Ausrufung des Verstorbenen zu einem menschenfreundlichen Ahnengeist bei Bewirtung von Brahmanen, die die drei Vätergenerationen vertreten, u. a.

Neben diesen persönlichen Festtagen gibt es die *Festtage der Götter* im Lauf eines Jahreskalenders, die oft mit Wallfahrten und Bädern an heiligen Stätten gefeiert werden.

V. AUSBREITUNG DES HINDUISMUS

Durch die Bedeutung der Kastengesetze war der Hinduismus fast nur auf den eigenen Kreis angewiesen; Mission war so gut wie ausgeschlossen. Erst als mit dem Jahr 1830 eine Auswanderung begann, besser:

eine Aussiedlung in überseeische Länder, vor allem in französische und britische Kolonialländer, gab es so etwas wie Ausbreitung. Die Kolonialregierungen machten mit den bedürfnislosen und zuverlässigen »Kontraktarbeitern« gute Erfahrungen, was für sie auch zu einigermaßen zufriedenstellenden Lebensverhältnissen führte. Seit dieser Zeit gibt es Bekenner der Hindureligion auch in vielen nichtindischen Ländern. Zwar sind hier Hindus nicht in Massen ansässig, aber prozentual zur Bevölkerung sind sie doch sehr stark (z.B. in Mauritius betragen sie mit 322 000 fast 70 % der Bevölkerung, und in Britisch-Guinea mit 197 000 rund 43 % der Bevölkerung). Auch in ostasiatischen Staaten findet man viele Hindubekenner.

In den europäischen und nordamerikanischen Gebieten leben zwar wenig Hindubekenner; aber das Interesse der westlichen Menschen an östlicher Denkart, Philosophie und Mystik nimmt immer mehr zu. Seit dem »Weltparlament der Religionen« (San Francisco 1893) ist vor allem das Interesse an indischer Religiosität und Denkweise nicht mehr abgerissen. Indiens Vertreter auf diesem Weltparlament, Svami Vivekananda, gründete deshalb 1894 die Vedanta-Society, die das offensichtlich vorhandene Interesse an indischer Religiosität zu nutzen sucht. In Tempeln und Einsiedeleien der USA predigen indische Weisheitslehrer und führen in die indische Meditation ein.

VI. DIFFERENZIERUNGEN

Wer mit der Überschrift dieses Kapitels zu einem Kenner des Hinduismus ginge und mit ihm über »Differenzierungen« im Hinduismus sprechen wollte, würde wahrscheinlich zur Antwort erhalten: »Eigentlich besteht der Hinduismus/Brahmanismus nur aus Differenzierungen.« Das wäre eine überaus charakterisierende Antwort, wenigstens was die Religion angeht. Denn nicht Dogmen und Ritus ist das eigentliche Feste und Verpflichtende, sondern die Kastenordnung. »Im auffallenden Gegensatz zur sozialen Gebundenheit steht die außerordentliche *Freiheit in Glaubensdingen,* die von jeher in der brahmanischen Religion zu Hause gewesen ist. Es gab nie ein alle Hindus bindendes metaphysisches Dogma, keinen Papst, keine höchste Kirchenbehörde, die dem Denken Gesetze gab. Wer den äußeren Formen, welche ihm seine Kastenpflicht vorschrieb, genügte, wer den Vorrang der Brahmanen nicht bestritt und – rein theoretisch – die Autorität des Veda nicht in Zweifel zog, der konnte glauben, was er wollte. Wir finden deshalb in Indien eine Fülle der verschiedensten Lehren und Anschauungen friedlich nebeneinander, ohne daß daran von jemand Anstoß genommen worden wäre. Der Fetischdiener wie der Polytheist, der Monotheist, der Pantheist, ja sogar der Atheist, der Anhänger dieser oder jener Sekte, dieser oder jener Lehrmeinung – sie alle konnten ihrer Überzeugung leben, ohne gewärtig sein zu müssen, darum als Ketzer aus der Gemeinde ausgeschlossen zu werden« (Lit. 0.7, 158).

VII. HINDUISMUS HEUTE

Angeregt zum Nachdenken über die eigene Religion wurden die hinduistischen Denker des 18. Jahrhunderts durch Männer wie den islamischen Sufi (S. 204 f) Mirza Janjanan Mazhar (1701–1781), der von seinem Standpunkt aus eine Neudeutung des Hinduismus vornahm. Er wollte die Hindugötter nicht mit den Göttern des altarabischen Heidentums gleichgesetzt sehen. Mit Hinweis auf die Veden (S. 13–15) nannte er auch den Hinduismus eine Schriftreligion, was ja für den Moslem eine Religion erst zur richtigen Religion macht. »Auf der Grundlage der philosophischen Erkenntnis, daß alle Religionen einen Kern der ewigen Wahrheit enthalten, weil Gott jedem Volk heilige Männer und heilige Schriften gegeben« (Lit 0.7, 341) versuchten solche Denker den Kern der anderen Religion für tragbar oder sogar für verehrungswürdig zu erklären. Diese Überlegungen darf man für den Ausgangspunkt der späteren hinduistischen Reformvorschläge ansehen.

Ramakrishna. Einer dieser Reformer – vielleicht der wichtigste – ist Ramakrishna (sein eigentlicher Name war: Gadadhar Chatterji). Geboren 18. 2. 1836 in Karmapukar, gestorben 16. 8. 1886 bei Kalkutta. Er war Vishnuit (S. 19) und verehrte die Große Mutter in Gestalt der Göttin Kali, deren Priester er im Tempel Dakshineśvar war. Seine Lehre ging aber über seinen Tempelkultdienst hinaus. Seine mystische Meditation führte ihn zur Weltweite. Er sah die Menschen von ein und derselben Großen Mutter abstammen; alle Unterschiede waren ihm Züge des einen Antlitzes Gottes, von dem sie differenziert in das Antlitz der Menschen gekommen sind. Als erster sprach er aus, daß auch alle Götter der anderen Kulte mit den Göttern des Hinduismus ein und derselbe Gott sind. Und nachdem er versucht hatte, religiöse Erfahrungen des Christentums und des Islam zu sammeln, lehrte er auch, daß alle Religionen Wege zu der einen Wahrheit seien. Dabei wählte er nicht aus Islam, Christentum oder anderen Religionen Züge aus, die er dem Hinduismus gleichwertig an die Seite stellte, sondern er erkannte die Religionen in ihrer Ganzheit als gleichwertige Wege zu der einen Wahrheit an. Sein Leben in stiller Versenkung mystischer Hingabe an das Absolute und seine schlichte Art zu lehren verschafften ihm eine große Anhängerschaft, die auch heute noch durch die Ramakrishna-Mission wächst.

Als Grundsätze des modernen Hinduismus dürfen angesehen werden:
1. Der Hinduismus ist keine *Religion,* die irgendwann einmal von (einem) Gott geoffenbart worden ist. Sie ist keine dogmatische Religion. Die religiösen Erfahrungen unzählbarer Philosophen, Weiser und Heiliger sind zu einem Ganzen zusammengeflossen, und diese Summe ist die Religion des Hinduismus.
2. *Gott* ist zwar transzendent (sL), er verwirklicht sich aber in den Seelen der einzelnen Menschen und in der erfahrbaren Welt. Es gibt nur einen Gott. Dieser eine Gott zeigt sich aber in den Göttern des Hinduismus und in den Göttern der anderen Religionen.
3. Es gibt nicht nur Einen *Weg zu Gott.* Alle Religionen (wenigstens alle Weltreligionen) sind als echte Wege zu Gott aufzufassen. Sie sind relativ wahr, d. h. wahr für den, der sie als religiösen Weg bekennt.
4. Philosophische Spekulationen können nicht zur absoluten Wahrheit führen. Sie sind ebenfalls nur relativ wahr, d.h. unter Berücksichtigung von Ort, Zeit, Person des Denkers, des Empfängers usw. Die *absolute Wahrheit* und das Wesen des Absoluten ist nur der mystischen Intuition erfahrbar.
5. Aus den historischen Lehren werden weiterhin anerkannt: Die Lehre von der *Seelenwanderung* und vom *Karma(n).* Ethischer Grundsatz ist die *Ethik der Bhagavadgita:* Untere Linie der Ethik ist die Nichtschädigung aller Wesen, dem sich nach oben das uneigennützige Handeln als Erfüllung des Gotteswillens anschließt. Solches Handeln erlöst.

VIII. RELIGION UNTER RELIGIONEN

Gerade der Hinduismus lebt als Religion unter Religionen. Im Jahre 712 entstand in Indien das erste mohammedanische Reich (Sindh). Das war zunächst ohne Einfluß. Aber um das Jahr 1000 begannen die Eroberungszüge islamischer Fürsten nach Indien, die 1526 sogar zur Einigung des größten Teils Indiens unter einem ersten mohammedanischen Kaiser führten. Nach 400 Jahren sah das dann so aus, daß in Britisch-Indien 270 Millionen Inder mit 90 Millionen Moslems zusammenwohnten.

Das Verhältnis zwischen den Religionsgruppen war sehr verschieden. Es reichte von der abgründigsten Verachtung bis zur Hochachtung. H. von Glasenapp zitiert nach dem Buch eines niederländischen Indienkenners eine Anordnung: »Wenn der Steuereinnehmer ... den Hindus Zahlung gebietet, so sollen sie in voller Demut und Ergebenheit zahlen, und wenn der Steuereinnehmer in ihren Mund zu speien wünscht, so sollen sie ihren Mund öffnen ohne das leiseste Zeichen der Furcht vor Befleckung, auf daß der Steuereinnehmer also tun möge. Der Zweck solcher Demütigungen und des In-den-Mund-Speiens ist, den Gehorsam der ungläubigen Untertanen zu erproben, den Ruhm des Islam zu verbreiten und falschen Religionen Verachtung zu erweisen« (Lit 0.7, 339).

Im Lauf der Jahrhunderte gab es aber auch Brücken über diese Kluft. Die Behandlung der Hindus durch die Moslems wurde menschlicher: Es gab Hindu-Beamte an islamischen Fürstenhöfen; es gab Hindu-Frauen in islamischen Fürstenharems; islamische Fürsten, Denker und Dichter interessierten sich für die Literatur der Hindus, sowohl die kanonische wie auch die rein dichterische. Auch im religiösen Bereich ging der Einfluß hin und her: Die Hindus verehrten islamische Heiligengräber wie Gräber ihrer eigenen Heiligen; die Moslems (vor allem zum Islam übergetretene Hindus) beobachteten weiterhin ihre Kastengesetze – ja sie bringen Opfer dar, obwohl doch der Islam das Opfer als regelmäßigen Ritus nicht kennt. Die Beeinflussung ging bis zur Vermischung, so daß man oft nicht weiß, ob man Hinduismus oder Islam gegenübersteht. Aber man soll daraus nicht schließen, der Fanatismus gegen die andere Religion habe aufgehört. Noch nach der Teilung des indischen Subkontinents in Indien und Pakistan, bei der die Religionszugehörigkeit der Mehrheit eine Rolle spielte, kam es zu grausamen Hetzen gegen die Minderheit.

Das Beispiel Gandhi. Zu den Opfern dieser Hetzen gehörte auch Mahatma Gandhi, der am 30. Januar 1948 von einem fanatischen Hindu erschossen wurde. Der Attentäter meinte, die versöhnliche Haltung Gandhis gegenüber den Moslems sei Verrat an der Sache der Hindus. Gandhi vertrat Gewaltlosigkeit, und bezüglich der Religionen sah er in allen Religionen Wege zu Gott, die man gleichberechtigt behandeln solle. Über sein Verhältnis zum Christentum sagte Gandhi einmal:

»Es gab eine Zeit, da ich zwischen Hinduismus und Christentum schwankte. Als ich mein seelisches Gleichgewicht wiedergefunden, war mir deutlich bewußt, daß ich selber nur durch den Hinduismus erlöst werden könnte, und mein Glaube an diese Religion wurde immer tiefer und erleuchteter.

Meine Zuneigung zu Jesus ist wirklich groß. Seine Lehre, seine Einsicht und sein Opfertod bewegen mich zur Verehrung. Aber ich muß die orthodoxe Lehre, daß Jesus eine Inkarnation Gottes im feststehenden Sinn des Wortes gewesen oder daß er der einzige Sohn Gottes ist, ablehnen. Ich glaube auch nicht an die Lehre von der Übertragbarkeit der überschüssigen Verdienste. Sein Opfertod ist Vorbild und Beispiel für uns. Jeder von uns muß sich um seines Heils willen kreuzigen lassen. Ich kann die Ausdrücke ›Gott Sohn‹, ›Gott Vater‹ und ›Gott Heiliger Geist‹ nicht buchstäblich nehmen. Es sind alles bildhafte Ausdrücke.

Ebensowenig kann ich die Einschränkungen gutheißen, die der Bergpredigt gegenüber geltend gemacht werden. Ich finde im Neuen Testament keine Rechtfertigung des Kriegs. In meinen Augen ist Jesus einer der größten Propheten und Lehrer, die der Welt je gegeben wurden. Daß ich in der Bibel keinen unfehlbaren Bericht vom Leben Jesu sehe, brauche ich wohl nicht besonders hervorzuheben. Ebensowenig halte ich jedes Wort im Neuen Testament für ein Wort Gottes.
Die religiösen Ideen sind wie alles andere auf Erden dem Gesetz der Entwicklung unterworfen. Gott allein ist unwandelbar; da aber seine Lehre verkündet wird durch den unvollkommenen Mittler Mensch, wird sie immer entstellt, mehr oder weniger, je nach der Reinheit des Mittlers. Ich möchte deshalb meine christlichen Freunde herzlich bitten, mich zu nehmen, wie ich nun einmal bin. Ich achte ihren Wunsch, daß ich denken und handeln sollte wie sie selber, und lasse ihn gelten, wie ich den gleichen Wunsch achte und gelten lasse, den die Mohammedaner mir gegenüber äußern. Beide Religionen sind für mich so wahr wie meine eigene. Meine eigene aber stillt alle meine inneren Bedürfnisse. Sie bietet mir alles, wessen ich zu meiner inneren Entfaltung bedarf. Sie lehrt mich beten, andere möchten sich zur Fülle ihres Wesens in ihrer eigenen Religion entfalten, nicht aber, andere möchten glauben, was ich selber glaube. So bete ich denn für einen Christen, daß er ein besserer Christ, für einen Mohammedaner, daß er ein besserer Mohammedaner werden möge. Ich bin überzeugt, daß Gott dereinst nach dem fragen wird, daß Gott heute schon nach dem fragt, was wir sind, d.h. was wir tun, nicht nach dem Namen, den wir uns beilegen. Bei ihm ist *Tun* alles, *Glauben* ohne *Tun* nichts. Bei ihm ist Tun Glauben und Glauben Tun« (Lit. 1.1, 280).

Das heutige Hindutum lebt vor allem in den beiden indischen Staaten: in Indien (Bharat) und in Pakistan, besser in Ostpakistan (Bangla Desch). Indien ist ein Staat mit voller Religionsfreiheit. Unter den 360 Millionen Einwohnern leben mehr als 300 Millionen Hindus, 35 Millionen Mohammedaner, 8 Millionen Christen; hier ist das Hindutum also durchaus in der Mehrheit. Das »Land der reinen Menschen«, Pakistan (pak = rein), ist islamisch. Hier gilt der Koran. In Ostpakistan lebten 9 Millionen Hindus unter 33 Millionen Moslems. Die Führungsschicht der Hindus war und ist in Ostpakistan sehr dünn, und die Möglichkeit, den Übertrittseinladungen zum Islam nachzugeben, ist groß. In Westpakistan gibt es so gut wie keine Hindus mehr; sie sind nach der Teilung Indiens (15. August 1947) fast alle ausgewandert.

Der Buddhismus[2]

Man kann darüber streiten, ob der Buddhismus eine Religion ist. Jener Buddha, der sein Begründer genannt wird, hat seine Lehre nicht als Religion angesehen, sondern als philosophische und praktische Lehre, die zur Erlösung aus dem Leiden führt. Trotzdem läßt sich nicht bestreiten, daß der Buddhismus als Religion wirkt und daß aus dem philosophischen Urbuddhismus durch das Hinzukommen kultischer Elemente später eine Religion wurde. Seitdem wird auch der ältere Buddhismus als Religion aufgefaßt.

Als Religion ist der Buddhismus Weltreligion; denn nicht nur im fernen Osten ist er verbreitet, sondern auch in den Ländern westlicher Kultur beginnt er immer mehr Anhänger zu finden. Im Jahr 1961 rechneten sich von 3042 Millionen Menschen 153 Millionen zum Buddhismus (nach internationalen statistischen Jahrbüchern und der UN-Volkszählung 1960/61).

I. HINTERGRUND UND MUTTERBODEN DES BUDDHISMUS

Der Buddhismus ist auf dem Boden der altindischen Religion gewachsen. Wer die Religion des Veda und des Brahmanismus kennt (S. 9–29), wird sich beim Buddhismus an sie erinnern, obwohl der Buddhismus anderseits auch bedeutend von der altindischen Religion abweicht. Vor allem die Lehre vom *Kreislauf* (S. 20 f) aller Wesen durch Geburt, Tod und Wiedergeburt; die Lehre vom *Karma* (S. 21), d. h., daß jedes Leben von den Taten früheren Lebens bestimmt wird: jedes Wesen lebt sein Leben als Vergeltung für früheres Leben; die Lehre von der *Erde als Gefängnis* des Jammers und der Dummheit, aus der sich der Weise zu befreien trachtet; und die Lehre vom Weg der *Befreiung*, die der Mensch in der Zähmung der Begierden und Leidenschaften findet – all diese Lehren finden sich sowohl im altindischen Denken wie im Buddhismus, wenn die Lehren darüber im einzelnen auch nicht übereinstimmen. Zum Hintergrund gehört auch die wichtige indische Lehre von der Kastengliederung, die der Buddhismus allerdings praktisch aufhebt. Das jedoch machte ihn in den Augen der strengen indischen Altgläubigen nicht zur Irrlehre, wohl aber die urbuddhistische Ablehnung jeglichen Kultus. Im Verhältnis zum altindischen religiösen Denken spielte der Buddhismus zunächst die Rolle einer geistigen Reformbewegung.

2 Ergänzende Texte s. ThF 8, 37–67

II. LEBEN UND LEHRE DES SIDDHARTHA GAUTAMA BUDDHA, STIFTER DES BUDDHISMUS

Für den Buddhisten strenger Prägung ist der Buddha keine Heilandsgestalt, sondern die große Beispielgestalt. Deshalb sind für diese Buddhisten nicht die Lehren über den Buddha, sondern die Art und Weise seines Lebens, die er sich selbst gewählt hat, wichtig. In diesem Leben ist der methodische Teil der Lehre vorgelebt; und auf die Lehre kommt – nach Buddhas eigenen Worten – alles an.

DAS LEBEN DES BUDDHA. Um einen indischen Menschen näher zu bestimmen, braucht es vier Angaben: seine Kaste, seinen Stamm, seine Familie und seinen persönlichen Namen. Der spätere Buddha hieß Siddhartha/Siddhattha, d.h. »der sein Ziel erreicht hat«. Das mutet fast wie ein legendärer Name an, ist aber als sehr handfester Wunsch zu verstehen. Seine Familie nannte sich Gautama, nach dem Brauch, sich mit dem Namen alter vedischer (S. 13–15) Weisen zu schmücken; Gautama war solch ein Weiser. Die Familie gehörte zum Stamm der Schakya/Sakka/Sakiya und zur Kaste der Krieger. Sein Vater hieß Schuddhodana, seine Mutter Maya. Der Vater war zur Zeit von Siddharthas Geburt gewählter königlicher Gouverneur (Radscha) im indischen Königreich Kosala. Die Familie residierte in Kapilavatthu, einer fruchtbaren Landschaft mit Reisanbau. Dort wurde (etwa) im Jahre 560 v. Chr. Siddhartha geboren.
Das sorgenfreie, ja sogar üppige Leben des heranwachsenden Siddhartha, der verheiratet war, einen Sohn hatte, nach Landessitte über einen Schwarm von unterhaltsamen jungen Damen verfügte, erfuhr plötzlich eine Wandlung. Der Buddha hat die Wandlung später vor seinen Mönchen so dargestellt: »Auch ich, Mönche, habe früher, ... selbst dem Gesetz der Geburt unterworfen, gerade das dem Gesetz der Geburt Unterworfene gesucht, selbst dem Gesetz des Alters ..., der Krankheit ..., des Todes ..., der Trauer ..., der Beschmutzung unterworfen, gerade das ... diesem allem Unterworfene gesucht. Bezüglich dessen, Mönche, wurde mir klar: Warum denn suche ich, ... der ich dem allem unterworfen bin, gerade das diesem Unterworfene? Sollte ich nicht, nachdem ich ... in dem Gesetz der Geburt / usw. / Elend erkannt habe, das ungeborene ..., alterslose ..., krankheitslose ..., todlose ..., trauerlose ..., unbeschmutzte, unübertreffliche, von Mühe freie Verlöschen suchen? Bald darauf, Mönche, zog ich, jung, jugendlich, schwarzhaarig, versehen mit glücklicher Jugend, im ersten Mannesalter, nachdem ich mir Haar und Bart geschoren und die gelben Asketengewänder angelegt hatte, gegen den Wunsch meiner weinenden, tränenüberströmten Eltern aus dem Hause in die Hauslosigkeit hinaus« (Lit 2.14, 10).
Die bildhaft erzählende Legende weiß auch etwas vom Übergang zu

dieser neuen Haltung: Die Götter sorgten dafür, daß Siddhartha bei drei verschiedenen Ausfahrten einem alten Menschen, einem kranken Menschen und einem Toten begegnete. (Nach anderer Version zeigten sich drei Götter in diesen Gestalten.) Und der verwöhnte junge Mann fragte erschrocken seinen Wagenlenker: »Muß denn auch ich so werden?« Und bei jeder Ausfahrt erhielt er die harte Antwort: »Ja, Herr, du und jeder!« (Lit 2.2, 7).

Nach seinem Auszug in die Hauslosigkeit suchte er nach einem geeigneten Lehrer für das Asketendasein (sL). Aber die Lehrer, deren Lehren er nacheinander hört und prüft, enttäuschen ihn. Er beschließt, selbst nach dem Weg zur Erlösung zu suchen. Beim Dorf Uruvelā (200 km südöstlich von Benares) ergibt er sich sechs Jahre lang der härtesten körperlichen Askese (sL) mit Selbstpeinigungen, Atemübungen, Fasten. Fünf Mönche harren bei ihm aus und erwarten seine Erleuchtung. Aber Siddhartha erkennt: Das ist nicht der richtige Weg. Er gibt die Askese auf, gibt die Selbstpeinigungen auf und ißt wieder ausreichend (auf diesen Entschluß stützt sich die buddhistische Kunst, wenn sie den Buddha meistens wohlgenährt darstellt). Die Mönche, die auf ihn gehofft haben, nennen ihn einen Abtrünnigen und verlassen ihn.

Der alleingelassene Siddhartha erinnerte sich eines Jugenderlebnisses, bei dem er (»frei von Lüsten, frei von unheilsamen Regungen«) zur Freude der ersten Meditation (sL) gekommen ist. Und er fragte sich, ob das nicht der Weg sei. Er begann mit der methodischen Meditation. Sieben Jahre nach seinem Auszug in die Hauslosigkeit erreichte er die Erleuchtung (*bodhi*). In der ersten Nachtwache sah er die ungezählten Daseinsformen, die seinem gegenwärtigen Dasein vorausgegangen waren. Während der zweiten Nachtwache sah er das Schicksal der Lebewesen überhaupt: »Ich sah mit himmlischer, klarer, übermenschlicher Einsicht, wie die lebenden Wesen vergehen und wieder entstehen; ich erkannte die niedrigen und die hohen, die schönen und die häßlichen, die frommen und die unfrommen, wie einem jeglichen geschah nach seinem Karma, seiner Tat.« Das milliardenfache Leid der Menschheit und seine Quellen lagen vor ihm. Und unter dieser Erkenntnis wurde sein Geist in der dritten Nachtwache frei: frei von allen sinnlichen Wünschen, frei vom Durst nach Dasein. »Ich wurde mir der Erlösung bewußt und erkannte, daß der Kreislauf der Geburten sich für mich erschöpft hat. Das Ziel des heiligen Wandels, sprach ich zu mir, es ist erreicht; getan ist, was zu tun war; nicht werde ich in neuer Geburt zu dieser Welt zurückkehren.« – Mit diesem Erleuchtungserlebnis wurde der Buddhismus geboren.

Der Erleuchtete fragte sich nun, ob er seine Erkenntnis auch andere lehren solle. Nach inneren Kämpfen kam er schließlich zum Entschluß, nach

Benares zu gehen und den fünf Mönchen, die ihn verlassen hatten, seine Erkenntnis zu bringen: »Geöffnet sei allen das Tor der Ewigkeit!« Als die Mönche von seinem Kommen hörten, wollten sie ihn zuerst abweisen. Aber die Persönlichkeitskraft des neuen »Buddha« war so stark, daß sie ihn mit Worten tiefster Verehrung empfingen. Vor ihnen hielt er seine erste Lehrrede als Buddha. Er legte ihnen dar, was er vom Leid des Daseins erkannt hatte und wie man durch ethische Zucht zur Aufhebung der Leiden gelangen kann.

Kurze Zeit darauf nahmen die fünf Mönche die Lehre des Buddha an und wanderten als seine Anhänger mit ihm. Damit war der buddhistische Orden der Mönche da, ohne ausdrückliche Stiftung. Noch im gleichen Jahr zählte der Orden sechzig Mönche, die die Lehre des Buddha angenommen hatten. Der Buddha sandte sie aus, um die Lehre zu verkünden und so den Menschen zu helfen: »Geht auf die Wanderschaft, Mönche, ... zum Heile der Vielen, zum Segen der Vielen, aus Mitleid mit der Welt, ... zum Nutzen, zum Heile, zum Segen für Götter und Menschen. Gehet nicht zu zweit zusammen! Zeiget, Mönche, die Lehre ... Legt zutage einen vollerfüllten, reinen Tugendwandel! Es gibt Wesen, die mit nur geringem Makel geboren sind; wenn sie nicht von der Lehre hören, werden sie verderben. Sie werden Erkenner der Lehre sein« (Lit 2.14, 12).

Die Mönche des Buddha und der Buddha selbst wanderten durch die Welt, um die Lehre zu verkündigen. Das war nicht sofort ein großes Ereignis. Wie er und seine Mönche wanderten viele in Indien umher: im gelben Asketengewand und mit der Almosenschale. Am Morgen erbettelten sie sich an den Haustüren die Tagesnahrung. Nach der Morgenmahlzeit wanderten sie weiter. Menschen, denen man begegnete und die Fragen stellen wollten, gaben sie Antwort. Am Mittag, wenn die Hitze das Wandern beschwerlich machte, hielt man an einer schattigen Stelle an, aß den Rest der erbettelten Mahlzeit, ruhte, meditierte, sprach miteinander.

So verlief auch das Leben des Buddha, Tag für Tag. Den Buddha begleiteten immer einige seiner Mönche. In der Regenzeit (Ende Juni bis Ende September) verbrachte er die Tage mit seinen Mönchen in einem Kloster (»Möncheheim«) Im Oktober brach er wieder zur Wanderung durch die vier Provinzen des mittleren Nordindien auf. Er suchte die volkreichsten Städte auf, um seine Lehre zu predigen. Und die Wege von Stadt zu Stadt nahm er so, daß er immer viele Menschen treffen mußte. So opferte er seine Liebe zur Einsamkeit der Verbreitung der Lehre.

Im fünfundvierzigsten Jahr seines Wanderlebens nahm er in geschwächtem Zustand einmal Nahrung zu sich, die ihm nicht bekam. Der Achtzigjährige spürte sein Ende kommen. Noch einmal sprach er vor seinen

Mönchen und Anhängern von der Wandelbarkeit aller Dinge und ermahnte sie, die gute Seite dieser Wandelbarkeit zu benutzen, um so an ihrer Befreiung vom Leid zu arbeiten. Dann starb er und ging, nach der Überzeugung seiner Anhänger, in das Nirvana ein. Das war im Jahre 480 v. Chr. (In Ceylon und Hinterindien, betont buddhistischen Ländern, datiert man das Leben Buddhas auf die Zeit von 623–543 v. Chr.)

DIE LEHRE DES BUDDHA. Eine Zusammenfassung der Lehre des Buddha enthält die sogenannte »Predigt von Benares«. In verkürzter Form, ohne die für unsere westliche Ungeduld häufigen Wiederholungen, sei sie wiedergegeben:

»Zwei Enden (Übertreibungen) gibt es, ihr Mönche, von denen sich einer, der der Welt entsagt hat, fernhalten muß. Welche beiden? 1. Die Hingabe an die Sinnesgenüsse, denn sie ist niedrig, gemein, weltlich, unedel, zwecklos; und 2. die Hingabe an die Selbstpeinigung, denn sie ist leidvoll, unedel, zwecklos. Diese beiden Enden vermeidet der Vollendete; er hat den Weg in der Mitte gefunden, der das Auge und die Erkenntnis schafft, der zur Ruhe, zum Wissen, zur Erleuchtung, zum Nirvana führt. Und was ist dieser Weg? Es ist dies der edle Pfad, der da besteht aus acht Gliedern: rechte Anschauung, rechte Gesinnung, rechtes Reden, rechtes Handeln, rechtes Leben, rechtes Streben, rechtes Überdenken, rechtes Sichversenken. Dies ist der Weg in der Mitte, den der Vollendete gefunden hat und der ... zum Nirvana führt.

Dies ist, ihr Mönche, *die edle Wahrheit vom Leiden*: Geburt ist leidvoll, Altern ist leidvoll, Krankheit ist leidvoll, Sterben ist leidvoll. Mit Unlieben vereint zu sein ist leidvoll, von Lieben getrennt zu sein, ist leidvoll, und wenn man etwas, das man sich wünscht, nicht erlangt, auch das ist leidvoll – kurz die fünf ›Gruppen‹ von Daseinsfaktoren, die durch den Lebenshang bedingt sind, sind leidvoll.

Dies ist, ihr Mönche, *die edle Wahrheit von der Entstehung des Leidens*: Es ist der Durst (die Gier), der die Wiedergeburt hervorruft, der von Freude und Begier begleitet ist, der hier und dort seine Freude findet, der Durst nach Sinnenlust, der Durst nach Werden, der Durst nach Entwerden.

Dies ist, ihr Mönche, *die edle Wahrheit von der Aufhebung des Leidens*. Es ist eben dieses Durstes Aufhebung durch völlige Leidenschaftslosigkeit, das Aufgeben, das Sich-Entäußern, Sich-Loslösen, Sich-Befreien von ihm.

Dies ist, ihr Mönche, *die edle Wahrheit von dem zur Aufhebung des Leidens führenden Weg*. Es ist dieser edle Pfad, der da besteht aus acht Gliedern: rechte Anschauung usw. (siehe oben).

Solange ich, ihr Mönche, von diesen vier edlen Wahrheiten nicht die wahre Erkenntnis in voller Klarheit besaß, so lange hatte ich nicht das Bewußtsein, in der Welt die höchste Erleuchtung gewonnen zu haben. Seitdem ich aber diese Erkenntnis besaß, seitdem hatte ich das Bewußtsein, in dieser Welt und denen der Götter, des Mâra und Brahmâ (S. 17), unter allen Wesen einschließlich der Asketen und Brahmanen (S. 12), der Götter und Menschen die höchste Erleuchtung gewonnen zu haben. Und die Erkenntnis ging mir auf: unverlierbare Erlösung des Denkens ist mein, dies ist meine letzte Geburt, nicht gibt es hinfort für mich ein Wiedergeborenwerden.«

Vierundvierzig Jahre lang legte er den Menschen diesen Heilsplan vor. In schlichter Rede predigte er, in Erklärungen und Gleichnissen. Und das Bewußtsein, selbst das Nirvana gewonnen zu haben, strahlte aus ihm als Freude, als Friede, als Milde und Ruhe. Die Menschen erfuhren aus seiner Güte, welche Wonne das Nirvana ist.

»Die fünf Vorschriften« sind ausgesprochen *praktische Verhaltensregeln.* Wer recht reden und sein Leben recht führen will, dem ist verboten, (1) Leben auszulöschen, (2) zu nehmen, was ihm nicht gegeben wurde, (3) unerlaubten Geschlechtsverkehr zu haben, (4) zu lügen, (5) Rauschgifte zu nehmen, weil sie den Geist verdunkeln.

Auf diesen Wegen der Selbstkontrolle des »edlen achtfältigen Pfades« soll der Mensch zur Erlösung kommen: zur »Erleuchtung« (*bodhi*) und durch die Erleuchtung zum Nirvana, d.h. die letzte Wirklichkeit in der Unpersönlichkeit, die unveränderliche Seelenruhe, die »Meeresstille des Gemütes«: »überweltliche Wonne«, die unaussprechlich ist.

War Buddha Atheist? Manche Menschen aus anderen religiösen Kulturkreisen weisen den Buddhismus als Religion zurück, weil Buddha Atheist gewesen sei. Ohne Gott gebe es keine Religion. Aber so einfach läßt sich das nicht sagen. Der Buddha ist nie gegen die Götter Indiens feindlich aufgetreten. Aber »Götter« war für ihn nicht dasselbe wie für den Monotheisten »Gott«. Die Götter gehören für ihn zu den Wesen, die existieren; und als Existierende teilten sie das Schicksal von allem Existierenden. Sie stehen, wie alle Wesen, im unheilvollen Strom. Sie sind vergänglich wie alles Existierende. Wie alle Wesen in diesem Strom des Unheils bedürfen sie des Heils. Trotzdem sind sie geistige Wesenheiten von hoher Tugend, zu deren Geist sich der Mensch erheben soll, wenn es gut für ihn ist.

III. DIE URGEMEINDE UND DER URBUDDHISMUS

Unter »Urgemeinde« müßte man die Gemeinde um den Buddha verstehen und die Gemeinde etwa der ersten Generation nach Buddhas Tod, die noch in die Gemeinde um den Buddha zurückreichte. Unter »Urbuddhismus« aber müßte man den ganzen alten Buddhismus verstehen, der die Lehre des Buddha (einigermaßen) rein bewahrt hat – etwa den Buddhismus der ersten 300 Jahre. Die beiden geschichtlichen Gruppen ließen sich mit viel Scharfsinn sicherlich voneinander trennen; aber diese Arbeit wäre eine Mühe ohne Frucht. Deshalb sollen im folgenden Urgemeinde und Urbuddhismus als eine einigermaßen einheitliche Erscheinung behandelt werden. Sie erhielten später ja auch beide gemeinsam den Namen »das Kleine Fahrzeug« (*hinayana*), der sie beide charakterisiert.

Die urgemeinde des Buddhismus waren die Jünger oder Schüler, die sich um den Buddha gesammelt hatten, um seine Lehre zu hören und sich durch seine Lehre befreien zu können. Man würde sich diesen Jüngerkreis aber falsch vorstellen, wenn man ihn etwa wie den Apostel- und Jüngerkreis um Jesus von Nazareth sehen würde, wie manche es tun. Der Kreis um Jesus war eine freie Bruderschaft; der Kreis um Buddha war eine formelle Mönchsgemeinde. Im Indien der Buddhazeit gab es ungezählte Mönchskreise, die mit ihrem Lehrer als Bettelmönchsorden durch das Land zogen. Daß sich Menschen, die um der Erlösung willen zusammenkamen, zu Bettelmönchsorden zusammenschlossen, war für damals selbstverständlich. Für solche Orden gab es eine seit langem eingespielte äußere Technik. So war also der Zusammenschluß um den Buddha keine auffällige Sache.

Die Worte, mit denen Buddha die neu Hinzukommenden in den Kreis aufnahm, sind überliefert; sie entsprechen den üblichen (wenn auch wohl von Ordenskreis zu Ordenskreis wechselnden) Formeln: »Tritt herzu, Mönch; wohl verkündet ist die Lehre; wandle in Heiligkeit, allem Leiden ein Ende zu machen.« Dann wurde der Mönch geschoren, oder er schor sich selbst und legte das gelbe Mönchsgewand an. Von da an war er (im Falle des Buddhismus) »ein Asket, der dem Schakyasohn anhängt«. Siddartha Gautama gehörte dem Stamm der Schakya an; deswegen wurden seine Anhänger zunächst die »Asketen, die dem Schakyasohn anhangen« genannt. Von nun an gilt für sie Armut und Ehelosigkeit als Lebensform, und für sie gibt es keine Kasten mehr: »Wie, ihr Jünger, die großen Ströme ..., wenn sie den großen Ozean erreichen, ihren alten Namen und ihr altes Geschlecht verlieren und nur den einen Namen des großen Ozeans führen, so auch, ihr Jünger, die vier Kasten ...: wenn sie nach der Lehre und dem Gesetz ... ihrer Heimat entsagen und in die Heimatlosigkeit gehen, verlieren sie den alten Namen und das alte Geschlecht und führen nur den einen Namen von Asketen, die dem Schakyasohne anhangen« (Lit 2.12, 144).

Schon Hermann Oldenberg hat in seinem bewunderswerten Buddha-buch (erschienen 1881) darauf aufmerksam gemacht, daß man heute geneigt sei, in der Nichtbeachtung der Kasten einen sozialreformerischen Zug des Buddha zu sehen, der aber weder für Buddha noch den Buddhismus zutreffe. Buddha dachte nicht an eine Reform der irdischen Zustände, weder in der Gesellschaft noch im Staat; die Sorgen von Staat und Gesellschaft kümmerten ihn nicht. Weil für ihn das Irdische bedeutungslos geworden war, galten für ihn die Kasten nicht mehr. Zwar gestattete der Buddhismus den Menschen aller Kasten den Zutritt zum geistlichen Leben. Das bedeutete aber keine Überwindung der Grenze, die durch die Existenz der Brahmanenkaste (S. 12) gegeben war. Vielmehr gab es schon lange Zeit vor Buddha den zweiten geistlichen Stand, den Stand der Asketen, zu dem jeder Zutritt hatte, der sich von der Welt abwenden wollte. An diese Tradition knüpfte Buddha und der Buddhismus an. In den Orden des Buddha konnte jeder aufgenommen werden, wie bisher in jeden indischen Asketenorden jeder aufgenommen werden konnte, zu welcher Kaste er auch gehören mochte. Im Falle der »Asketen, die dem Schakyasohne anhangen«, muß aber außerdem gesagt werden, daß diese – wie der Stifter – meistens »Söhne edler Geschlechter« waren, wie es schon in der Niederschrift der ersten Buddharede von Benares heißt, die in dieser Niederschrift ganz sicher auch spätere Zustände berücksichtigt. Der Glaube, daß nur die oberen Kasten der Brahmanen und der Adligen einen direkten Übergang zur Erleuchtung und zum Nirvana ermöglichen, weil sie selbst schon Offenbarungen der Läuterung durch frühere Daseinszustände sind, begünstigte auch weiterhin die Hochschätzung der oberen Kasten.

Anfangs gehörten zur Mönchsgemeinde des Buddha nur Männer. Die Pflegemutter des Buddha soll ihn später gebeten haben, auch Frauen in seine Gefolgschaft aufzunehmen. Der Buddha habe sich dem lange widersetzt, aber dann doch zugestimmt. Tausend Jahre würde die reine Lehre bestehen, wenn keine Frauen aufgenommen werden; aber nur fünfhundert, wenn Frauen aufgenommen werden. Gerade auch der Buddha mußte in der Frau »die gewaltigste unter den Mächten der Betörung« sehen, »die den Geist an diese Welt fesseln« (Lit 2.12, 156). Buddha selbst hat keinen direkten Kontakt mit den Frauen gehabt, die er als Nonnen zum Orden zuließ. Selbst die Ordnung ihres Ordens hat er ihnen nur vermitteln lassen.

Aber neben diesen »Bettlern« und »Bettlerinnen« (Mönchen und Nonnen, Asketen und Asketinnen) gab es auch einen äußeren Kreis von Anhängern, die der Buddhismus »Verehrer« und »Verehrerinnen« nannte. Es waren die Laien, die Buddha als Verkünder der Erlösung vom Leid verehrten und ihm glaubten. Vor allem sie waren es, die das Leben des Buddha und seiner Mönche ermöglichten. Sie bildeten keine »Kirche«, in die man durch irgendeinen Akt (z.B. eine Taufe, eine Unterwerfung, ein Versprechen o.ä.) aufgenommen wurde; sie waren vielmehr einfach als Anhänger da, die an das Wort des Buddha glaubten. Und weil sie an sein Wort glaubten, halfen sie auch den Mönchen, die auf sein Wort hin den Weg zur Befreiung suchten. »Wohl an allen bedeutenden Orten, die Buddha auf seinen Wanderungen berührte, fand er Scharen solcher gläubigen Laien, die ihm entgegenzogen, Versammlungen veranstalteten, in denen Buddha redete, die ihm und seinen Begleitern Mahlzeiten gaben, die ihre Behausungen und Gärten zur Verfügung stellten oder sie der Gemeinde zum Eigentum gaben. Zog er mit den Massen seiner Jünger wandernd umher, so begleiteten wohl auch fromme Verehrer mit Karren und Wagen seinen Zug und führten Lebensmittel, Salz und Öl mit sich, um einer nach dem anderen, wenn die Reihe an ihn kam, den Wanderern ein Mahl zu bereiten, und Scharen Notleidender folgten nach, um die Überbleibsel dieser Mahlzeit zu erhaschen« (Lit 2.12, 155).

Die zurückbleibende Mönchsgemeinde nach Buddhas Tod ist keine geschlossene Ordengemeinschaft, sondern eine Anzahl von Gruppen, die zwar alle nach Buddhas Lehren leben, die aber organisatorisch keine Einheit bilden. Bis zu Buddhas Tod war die »Gemeinde« kein so wichtiger Punkt für den Buddhisten. Mit Buddhas Tod aber beginnt »die Dreiheit des Buddhismus« die eigentliche Rolle zu spielen. Das Bekenntnis zu dieser heiligen Dreiheit ist so formuliert worden:
»Zu *Buddha* will ich in klarem Glauben halten: Er der Erhabene ist der heilige, höchste Buddha, der Wissende, Gelehrte, der Gebenedeite, der die Welten kennt, der Höchste, der Ungebändigten Bändiger und Lenker, der Lehrer von Göttern und Menschen, der erhabene Buddha.
Zur *Lehre* will ich in klarem Glauben halten: Wohlverkündigt ist von dem Erhabenen die Lehre. Sie ist sichtbar erschienen; sie bedarf keiner Zeit; sie heißt ›Komm und siehe‹; sie führt zum Heil; im eigenen Innern wird sie von Weisen erkannt.
Zur *Gemeinde* will ich in klarem Glauben halten: In rechtem Wandel lebt die Jüngergemeinde des Erhabenen; in geradem Wandel lebt die Jüngergemeinde des Erhabenen; in richtigem Wandel lebt die Jüngergemeinde des Erhabenen, die vier Paare, die acht Ordnungen der Gläubigen (*die verschiedenen Stufen der Heiligkeit*): das ist die Jüngergemeinde des Erhabenen, würdig der Opfer, würdig der Spenden, würdig der Gaben, würdig, daß man die Hände in Ehrfurcht vor ihr erhebt, die Stätte in der Welt, daß man daselbst Gutes tue.
In den Geboten der Rechtschaffenheit will ich wandeln, welche die Heiligen lieben, die unversehrt, unverletzt, unvermischt, ungefärbt, frei von

den Weisen gepriesen und ungefälscht sind, die da zur Versenkung hinführen« (Lit 2.12, 313).

Praktische Hilfen für die Lehre *und* für die Gemeinde als Zuflucht der Gläubigen gab es nicht. Es gab keinen Nachfolger des Buddha, es gab auch keinen gewählten Leiter der »Gemeinde der vier Weltgegenden«, die nur eine vorgestellte Einheit war. Eine gewisse Einheit gab es in den Distrikten; wenn ein Mönch in diesen Distrikt kam, gehört er dazu (Oldenberg nennt diesen Bereich »Diözese«). Das hat z.B. im Fall eines »Konzils«, das Diözesensache war, zur Folge, daß all jene Mönche dazu gehörten, die zufällig oder manipuliert sich gerade in der Zeit des Konzils in der »Diözese« aufhielten. Die Folge war ein immer bedrohlicher werdender Zustand der Auflösung auch einer geistigen Einheit.
Das erste Konzil soll wenige Monate nach Buddhas Tod stattgefunden haben; es wird aber für unhistorisch gehalten. Es ist wahrscheinlich nur eine Konstruktion, um der Sammlung der Buddhavorschriften, die dort vor sich gegangen sein soll, eine gewisse Legitimation durch die Gesamtgemeinde zu geben. Wenn die sogenannten Konzilien überhaupt gewisse Erfolge hatten und die ganze Buddhagemeinde nicht durch Mißbrauch auseinanderbrach, ist das ausschließlich den großen Gestalten des Altbuddhismus zuzuschreiben, die streng nach der Lehre lebten und als Leiter von Mönchgruppen gestaltende und bewahrende Kraft entfalten konnten. Hinter ihnen stand ja das Wort des Buddha: »Die Lehre und die Regel, die ich euch gepredigt und vorgezeichnet habe, die sind euer Lehrer nach meinem Ende.«

Die kanonischen Schriften des Frühbuddhismus sollen auf den erwähnten Konzilien zustandegekommen sein. Wahrscheinlicher ist jedoch, daß die Reden Buddhas in den ersten Jahrhunderten nach Buddhas Tod nur mündlich weitergegeben wurden. Bestimmt haben sich die ersten beiden Konzilien (um 480 und 380 v. Chr.) nicht mit den Reden des Buddha befaßt, sondern mit den Ordensregeln und den Grundlagen der Lehre. Das dritte Konzil fand um 245 v. Chr. in Pâtaliputta statt; auf ihm wurde der Kanon festgestellt, d.h. es wurden alle inzwischen auch schriftlich fixierten Texte gesammelt, die Richtschnur für das buddhistische Leben sein konnten. Die Bücher dieses Kanon gehören zu drei Abteilungen, die nach der damals üblichen Art, Schriftliches aufzubewahren, »Körbe« genannt wurden. Der ganze Kanon ist »der Dreikorb« (Tipitaka, im Sanskrit: Tripitaka). Die drei Körbe sind: »Der Korb der Disziplin« oder die Mönchsregeln; »der Korb der Lehrreden« mit den Predigten Buddhas; »der Korb der Metaphysik« oder der Dogmatik, eine Auseinandersetzung mit wichtigen Lehrbegriffen. Die Texte sind nicht in der Ursprache des Buddha erhalten, sondern in Pali, einem mittelindischen Dialekt. Das Vertrauen in die Echtheit des Pali-Kanon ist allgemein sehr groß. Man darf annehmen, daß die Texte im großen und ganzen die Linie des Buddha wiedergeben. Freilich darf man daraus nicht den Schluß ziehen, die Texte seien alle Originaltexte des Buddha. Daß sie in den Kanon aufgenommen worden sind, bedeutet lediglich, daß sie echten Buddhismus wiedergeben und auf die Lehrlinie des Buddha gehören.

Die Lehre des Ur- und Frühbuddhismus (Wort der Ältesten). Die wichtigsten Lehren des Buddhismus gehen auf die Lehren Buddhas zurück, die er über die Welt, den Menschen und seine Befreiung aus dem Leidstrom vorgetragen hat. Sie sind als »Wort der Ältesten« überliefert, später auch spöttisch »Hinayana« (Kleines Fahrzeug) genannt.

Die Kosmologie. Die Lehre des Urbuddhismus von der Welt hängt mit seiner Lehre vom Menschen engstens zusammen. Dabei läßt sich nicht sagen, was der Ausgangspunkt war: die Lehre vom Menschen oder die Lehre von der Welt. Der Hintergrund des Buddhismus, die alte Lehre Indiens, daß unten alles wie oben ist, wird hier deutlich.

Der Kosmos (die Welt) ist eine Erscheinung von Energien, die sich in steter Bewegung befinden. Positive und negative Ladungen und Kräfte wirken gegeneinander und bringen die Erscheinungen dieser Welt hervor; dabei wird der Endpunkt eines Ablaufs zum Anfangspunkt des nächsten Ablaufs. Der Kosmos besteht aus einer unendlichen Zahl von Einzelwelten: von der kleinsten, dem Atom, bis zu den größten, den Sonnensystemen. Innere Gesetze seines »Lebens« sind das Gesetz der Zusammenziehung, wodurch sein Wachstum bedingt ist. Die Strahlungen der Massen wirken auf alle anderen Massen. Diese Energiestrahlungen bewirken Werden und Vergehen der Weltmassen. So zerfallen die kleinsten wie die größten Energieträger des Alls: auch die Planeten, auch die Sonnen, auch die Monde, auch die Sonnensysteme im Laufe von Millionen von Jahren. Und immer entsteht gleichzeitig Neues.

Die Lehre vom Menschen. Die Lehre vom Kosmos und die Lehre vom Werden und Vergehen des Menschen haben viele Entsprechungen. Die Lehre vom Menschen geht aus von der Wirkung des Werdens und Vergehens auf den lebenden Menschen.

1. Alles Dasein ist leidhaft, weil es der Veränderung verhaftet ist. Alles, was Veränderung ist und Veränderung macht, ist leidhaft: Geburt, Alter, Krankheit, Tod ist leidhaft. Deshalb ist auch Begehren und was Begehren schafft, leidhaft: Trauer, Jammer, Schmerz, Gram, Verzweiflung; mit Unliebem vereint, von Liebem getrennt sein; was man nicht erlangt,

wenn man es wünscht, ist leidhaft. Auch Glück ist leidhaft; denn Glück läßt sich nicht halten und verwandelt sich beim Verlust in Leiden: »Wer hundert liebe Dinge hat, hat hundert Leiden ... wer zwei liebe Dinge hat, hat zwei Leiden; wer nichts Liebes hat, hat kein Leiden.«

2. All das hängt mit dem Werden und Vergehen der fünf Begehrensgruppen zusammen: Körper, Empfindung, Wahrnehmung, Gemütsregung infolge von Sinneseindrücken, Bewußtsein. Die fünf Begehrensgruppen bilden die erfahrbare Persönlichkeit. Aber weil die fünf Begehrensgruppen nicht beständig sind, sondern dem Gesetz des Vergehens unterworfen, also leidhaft sind, kann die Persönlichkeit, wenn sie sich in diesen fünf Gruppen erschöpft, kein Ich, kein Selbst, keine Seele sein oder haben; denn zum Ich, zum Selbst, zur Seele gehören (nach indischen Begriffen) Unvergänglichkeit und Leidfreiheit. Ist also die Ansammlung der fünf Gruppen, weil sie leidhaft sind, in Wirklichkeit nicht das Selbst, so kann das Selbst in Wirklichkeit von keinem der Leiden betroffen werden. Das Selbst hat mit dem Leid nichts zu schaffen. Die erfahrbare Persönlichkeit (der fünf Begehrensgruppen) ist also nicht die eigentliche Person! Die Erkenntnis, daß die erfahrbare (empirische) Persönlichkeit ein Nicht-Selbst ist, weist bereits den Weg zur Möglichkeit der Erlösung. Deshalb kann es z.B. nicht heißen: Ich nehme wahr; sondern: *Es* vollzieht sich ein Prozeß der Wahrnehmung in den fünf Wahrnehmungsgruppen. Gibt es dann aber überhaupt ein Selbst? Der Buddhismus antwortet darauf nicht. Er denkt nicht in Seinskategorien, sondern in Eigenschafts- und Prozeßkategorien.

3. Der »Durst«, sagt Buddha, der von Wohlgefallen begleitete und deshalb immer wieder die Wiedergeburt erzeugende Durst ist der Prozeß, der das Unheil schafft: Der Durst nach Sinnenlust, der Durst nach Werden, der Durst nach Vernichtung. Und wo entsteht dieser Durst? Im Angenehmen und Reizenden dieser Welt entsteht dieser Durst, dort greift er um sich. »Das Auge ist in der Welt angenehm und reizend, dort entsteht und entspringt eben dieser Durst, dort setzt er sich fest und greift um sich.« Das Ohr, die Nase, die Zunge, der Leib, der Geist, körperliche Formen, Töne, Düfte, Säfte, tastbare Dinge, Denkobjekte sind angenehm und lassen Durst entspringen, »dort setzt er sich fest und greift um sich«. Das Seh-Bewußtsein, das Hör-Bewußtsein, das Riech-Bewußtsein, das Schmeck-Bewußtsein, das Tast-Bewußtsein, das Denk-Bewußtsein sind solche Quellen des Durstes; die Seh-Berührung, die Hör-Berührung, die Denk-Berührung sind solche Quellen des Durstes. Die aus der Seh-Berührung sich ergebende Empfindung, die aus all den genannten Berührungen sich ergebenden Empfindungen sind in der Welt angenehm, und »dort entsteht und entspringt eben dieser Durst, dort setzt er sich fest und greift um sich.« Die Wahrnehmung der körper-

lichen Formen und der Töne, der Düfte und der Säfte, der tastbaren Dinge und der vorstellbaren Dinge machen diesen Durst. Und das Überlegen über diese körperlichen Formen, über die Töne, Düfte, Säfte, tastbare und vorstellbare Dinge machen diesen Durst. Der Durst nach körperlichen Formen, Tönen und Düften usw. und das Denken an körperliche Formen, an Töne und Düfte usw. und das Nachsinnen über körperliche Formen, Töne und Düfte usw. macht Durst nach all dem, dort setzt sich dieser Durst fest, und von dort aus greift er um sich. Das ist die »hohe Wahrheit von der Entstehung des Leidens«.
4. Und was ist die Aufhebung des Leidens? Es ist eben das restlose Aufheben, Aufgeben, Verwerfen, Ablegen, Vertreiben dieses Durstes. Überall da, wo der Durst entsteht, muß er aufgegeben, aufgehoben werden, muß er verschwinden.

Der achtteilige Pfad. Zur Aufhebung der Leiden führt der achtteilige Pfad. 1. Die rechte Anschauung: »Die Erkenntnis des Leidens, die Erkenntnis der Entstehung des Leidens, die Erkenntnis der Aufhebung des Leidens, die Erkenntnis des zur Aufhebung des Leidens führenden Pfades. Das nennt man rechte Anschauung.«
2. Die rechte Gesinnung: »Die Gesinnung des Entsagens, die von Übelwollen freie Gesinnung, die Gesinnung, die keinem Menschen Harm bereitet. Das nennt man rechte Gesinnung.«
3. Rechtes Reden: »Das Abstehen vom Lügen, das Abstehen vom Afterreden, das Abstehen von roher Rede, das Abstehen von eitlem Geschwätz. Das nennt man rechtes Reden.«
4. Rechtes Handeln: »Abstehen vom Zerstören von Leben, Abstehen vom Nehmen nichtgegebener Dinge, Abstehen von unkeuschem Wandel. Das nennt man rechtes Handeln.«
5. Rechte Lebensführung: »Dieser Fall liegt vor, wenn ein edler Jünger eine verkehrte Lebensführung aufgegeben hat und sein Leben in rechter Lebensführung gestaltet. Das nennt man rechte Lebensführung.«
6. Rechter Kampf: »Da erzeugt ein Mönch in sich den Willen, nicht-vorhandene üble, unheilvolle Zustände nicht entstehen zu lassen, und seine Energie zusammenraffend kämpft er, ringt er, treibt seinen Geist an. Er erzeugt in sich den Willen, vorhandene üble, unheilvolle Zustände zu vertreiben ... Er erzeugt in sich den Willen, nicht-vorhandene heilsame Zustände zu erwecken ... Er erzeugt in sich den Willen, vorhandene heilsame Zustände zu erhalten ... Das nennt man rechten Kampf.«
7. Rechtes Gedenken: »Da verweilt ein Mönch beim Körper in der Betrachtung des Körpers, eifrig, klar bewußt, besonnen, um in der Welt Begehren und Kümmernis zu bemeistern. Er verweilt bei den Empfindungen ..., bei den Gedanken ..., bei den Erscheinungen, eifrig, klar

bewußt, besonnen, um in der Welt Begehren und Kümmernis zu bemeistern. Das nennt man rechtes Gedenken.«
8. Rechte Konzentration: »Abgeschieden von den Sinnenlüsten, abgeschieden von unheilsamen Zuständen gewinnt ein Mönch die mit Denken und Sinnen verbundene, aus der Abgeschiedenheit entstandene, von Freude und Glück erfüllte erste Versenkung und verweilt darin. Nach Beruhigung des Denkens und Sinnens gewinnt er die innere Sammlung, die Einheit des Geistes, die von Denken und Sinnen freie, aus der Konzentration entstandene, von Freude und Glück erfüllte zweite Versenkung und verweilt darin. Und nach dem Verschwinden der Freude lebt er gleichmütig, klar bewußt und besonnen, und er empfindet leibhaftig jenes Glück, von dem die Edlen sagen: ›Der Gleichmütige und Besonnene lebt glücklich.‹ So gewinnt er die dritte Versenkung und verweilt darin. Und nach dem Schwinden von Freude und Leid und nach dem Untergang des früheren Frohsinns und Trübsinns gewinnt er die jenseits von Freude und Leid liegende vierte Versenkung, wo Gleichmut und klare Besinnung in voller Reinheit bestehen, und verweilt darin. Das nennt man rechte Konzentration. Dies nennt man die hohe Wahrheit von dem zur Aufhebung des Leidens führenden Pfade« (Lit 2.15, 301 ff).

Das Nirvana. Die Erlösung vom Leid, die Überwindung des Leids, die Befreiung vom Unheil durch Erkenntnis der Ursachen des Unheils führt in den Zustand der Erlösung, ins Nirvana (in der Palisprache: Nibbana). Was aber ist dieses Nirvana? Das ist die große Frage, die die buddhistischen Denker immer von neuem bewegt. Die abendländische Beschäftigung mit dem Nirvana hat die Antworten dazu noch vervielfacht, weil man oft mit abendländischen philosophischen (ontologischen: sL) Begriffen an eine Frage heranging, die man nur mit Zustandsbegriffen lösen kann. Die wörtliche Übersetzung von »Nirvana« ist: das Erlöschen. Ist das Nirvana also das Erlöschen des Selbst? Oder ist es trotz des Erlöschens eine Wirklichkeit, ein wirklicher Zustand? Auch die Aussagen des Buddha darüber sind nicht einheitlich, was man aber aus dem immer neuen Versuch verstehen muß, den Nirvana-Begriff nicht zu »dogmatisieren«.
Da das Unheil in der Wandelbarkeit des Daseins liegt, muß das Heil im Unwandelbaren gesucht werden. Nicht das Sein überhaupt, sondern die Wandelbarkeit ist das Unheilvolle. Deshalb kann das Heil nicht im Nichtsein bestehen. Da das Unheilvolle aber gerade das wandelbare Dasein des einzelnen ist, wird das Heilvolle ein Dasein ohne Individualität sein, ein Dasein ohne vergängliche Erscheinungen, die ja gerade das Leid verursachen. Mit anderen Worten: Alles, was das Leid verursacht hat, ist erloschen, ist aufgehoben. Oder: Die Daseinsfaktoren, die durch

das Einzeldasein veranlaßt waren, sind beruhigt und entstehen nicht mehr neu. Nur das Nirvana-Dasein bleibt übrig.
In Worten der Mystik wird das Nirvana umschrieben: als schwer zu schauender, unbeweglicher Standort; als der ruhige Ort; als die Sphäre der Unsterblichkeit; als die Stätte des Friedens. Nirvana ist das Unendliche, das Ewige, das Ungeschaffene, das Höchste. Daß der Buddha und die Buddhisten sich so »unklar« über das Nirvana ausdrücken, liegt daran, daß eine genauere Charakterisierung dem Nirvana *Eigenschaften* zuerkennen würde, die wiederum wandelbar sind; und gerade in dem Unwandelbaren und Eigenschaftslosen besteht der Zustand des Nirvana. Zwar gibt es zwei Grade des Nirvana: das Nirvana der diesseitigen Ordnung und das jenseitige Nirvana. Das diesseitige Nirvana ist nur so weit, wie es eben möglich ist, von der Verhaftung an die Daseinsfaktoren frei, auf jeden Fall kennt es keinen Durst, keine Gier mehr. Wer Durst nach dem Nirvana hätte, wäre noch nicht im Nirvana; denn wer überhaupt noch Durst und Gier hat, ist nicht im Nirvana.

IV. DIE GRUNDZÜGE DER RELIGION DES »GROSSEN FAHRZEUGS«

Etwa seit 150 v. Chr. teilt sich die Buddhagemeinde immer mehr in zwei Richtungen. Die neue Richtung nannte sich (aber wohl erst seit etwa 150 n. Chr.) »das große Fahrzeug« (Mahayana) und charakterisierte damit die ursprüngliche Richtung als »kleines Fahrzeug« (Hinayana). Diese Bezeichnung des alten Buddhismus als »kleines Fahrzeug« enthielt die Kritik, seine Vertreter dächten nur an ihr eigenes Heil; sie führen auf einem Fahrzeug, das für nur eine Person geeignet sei. Das aber betrachteten die freieren Geister des Buddhismus als Verfälschung der Buddhalehre. Der Buddha habe sein Leben als grenzenloses Erbarmen gelebt und allen Wesen das Heil zeigen wollen. Deshalb nannten sie ihre eigene Richtung »großes Fahrzeug«; auf ihm können viele, ja alle an das Ufer des Heils fahren.

Der Mahayana-Buddhismus löste den Hinayana-Buddhismus jedoch nicht ab. Der strengere Hinayana-Buddhismus bestand weiter. Er wurde die Lehre des Südens (Ceylon, Burma, Thailand). Man könnte auch sagen: Hier blieb die Verbindung zum mönchischen Urbuddhismus lebendiger, während sich im Mahayana-Buddhismus die Lehre zur Volksreligion entwickelte, die der Urbuddhismus nicht hätte werden können. Deshalb wucherten die volkstümlichen Elemente, die im Hinayana immer von neuem zurückgedrängt worden waren, nun im Mahayana üppig aus – was dem Hinayana wiederum eine größere Strenge ermöglichte.

Die Lehre des Mahayana umfaßt ebenfalls die Lehre von der Leidhaftigkeit allen Daseins und der Befreiung vom Leid. Aber es gibt eine Reihe wichtiger Variationen, die den Mahayana-Buddhismus vom Hinayana-Buddhismus unterscheiden.

Die Lehre von der Aufgabe. Im »großen Fahrzeug« ist die Aufgabe des Buddhisten nicht mehr allein darauf gerichtet, sein persönliches Heil zu erreichen – dieses Ziel sieht der Mahayana-Buddhist für zu eng an. Vielmehr glaubt er, daß die meisten Menschen den von Buddha gelehrten Weg nicht aus eigener Kraft gehen können; sie brauchen die göttliche Gnade und menschliche Hilfe. Deshalb kommt es darauf an, daß jeder Jünger des Buddha ein *helfender* Anwärter der Buddhawürde (»Bodhisattva«) wird und sich bemühen soll, möglichst viele Menschen mit dem »großen Fahrzeug« aus der Leidwelt zu retten. Er verzichtet (zunächst) auf das Nirvana, um den anderen ein Retter sein zu können. Menschenwelt und Götterwelt verbinden sich im Bodhisattva. Dieses Ideal des Mahayana-Buddhisten finden wir klassisch ausgedrückt in folgendem Gebet:

»Und ich nehme auf mich die Last aller Leiden, ich bin dazu entschlossen, ich ertrage sie. Ich kehre nicht um, ich fliehe nicht, ich zittere nicht und bebe nicht, ich fürchte mich nicht, ich weiche nicht zurück und ich verzage nicht. Und warum das? Weil ich unbedingt die Last aller Wesen auf mich nehmen muß ... Von mir muß die ganze Welt der Lebenden gerettet werden. Aus der Wildnis der Geburt, aus der Wildnis des Alters, aus der Wildnis der Krankheit, aus der Wildnis des Todes, aus der Wildnis aller Arten von Unheil, aus der Wildnis der schlechten Daseinsformen, aus der Wildnis des ganzen Kreislaufes der Wiedergeburten, aus der Wildnis aller Irrlehren, aus der Wildnis des Verlierens der guten Religion, aus der durch Unwissenheit entstandenen Wildnis, aus allen diesen Wildnissen muß ich alle Wesen erretten ... Ich bemühe mich nicht bloß um meine eigene Erlösung. Denn alle diese Wesen müssen von mir mit dem Boot des Gedankens an die Allwissenheit aus der Flut des Samsara (Leidstrom) herausgeholt werden« (Lit 2.11, 260 f).

Bodhisattva und Buddha. Der menschliche Bodhisattva des Mahayana-Buddhismus ist ein fast vollendeter Buddha, der aber auf dem Weg zum Nirvana freiwillig angehalten hat, um den anderen Menschen Helfer zum Nirvana zu sein. Die Urbilder der Bodhisattvas ziehen die Verehrung und das kultische Interesse auf sich. Sie nehmen die Stelle hilfreicher Gottheiten ein. Auch der Gautama Buddha war eine Wiedergeburt des unter die Götter versetzten Bodhisattva, der heißt: »Herr, der gnädig herabblickt«.

Die Verbindung des Menschen zu einer Buddhagestalt ist nun nicht mehr nur die des Schülers zum Lehrer, wenn auch zu einem hochverehrten Lehrer. Im Mahayana verbindet sich der Mensch dem Buddha in Liebe und Glaubenshingabe. Die Götter sind nicht mehr erlösungsbedürftig (wie im Hinayana, wo Götter wie Menschen die Erlösung brauchen und wo der Mensch keine Erlösung von einem Gott her erhält). Deshalb können im Mahayana Götter dem Menschen helfen (»Heiland« sein), und die Menschen können sich den Götter gewordenen Buddhas und den Bodhisattvas im Glauben hingeben. (Obwohl das typischer Mahayana-Buddhismus ist, findet man die Haltung der Glaubenshingabe zeitweilig auch im Hinayana-Buddhismus.)

Am deutlichsten drückt sich diese so ganz andere Haltung zu den göttlichen Buddhas und Bodhisattvas in den Gebeten aus, z. B. im Gebet an Kuan-yin, die Göttin der Barmherzigkeit, die in der buddhistischen Liturgie oft als männliches Prinzip (Buddha/Bodhisattva) angesprochen wird:

»O! Bei so vielen Übeln, die die Menschen auf der Erde umgeben, rufet oft seinen Namen an, denn er ist der Retter bei allen irdischen Übeln. Für die, die ihn anrufen, zu welcher Welt sie auch gehören mögen, werden sich die Wege der Züchtigung schließen: Sie werden nicht in der Höllenwelt wiedergeboren werden, sondern in der reinen Welt des Amithaba. Sie werden von den Leiden der Kranken und des Alters befreit werden.

O durchdringender Blick, reiner Blick, mitleidsvoller Blick dessen, der die Klagelaute der Welt hört! ... Du, der du die ganze Welt erleuchtest, Mitleid, wie ein Licht leuchtend, liebevolles Erbarmen, alle Wesen einer Wolke gleich als Beschützer umhüllend, milder Tau und wohltätiger Regen! Du, der du Haß und Zwietracht, Streit und Prozeß tilgst, du, der du den Frieden mitten in die Schlachten bringst, Kuan-schi-yin! ... Sei meine Stütze und Kraft! Hilf mir, alle meine Aufgaben zu erfüllen. Du, der du mitleidsvoll alle Lebewesen betrachtest, Ozean wohltätiger Barmherzigkeit! Ich rufe dich an, indem ich mich dir zu Füßen werfe« (Lit 0.11, 133 f).

Das Nirvana des Großen Fahrzeugs. Schon in den Jahrhunderten des alten Buddhismus hatte man viel über das Nirvana nachgedacht. Das Wort von der einzig wahren Wirklichkeit der »Leere« des Nirvana war auch schon von den Frühbuddhisten ausgesprochen worden. Die Mahayana-Theologen wenden die Aussage noch mehr ins Positive und sagen: Der leidlose Zustand des Nirvana ist so sehr das einzig Wirkliche, daß das fortgesetzte unheilvolle Strömen (Samsara) vor dem Nirvana zum reinen Schein erblaßt. Das Unbeständige, Vergängliche und deshalb Leidverhaftete unserer Welt ist so sehr im eigentlichen Sinn nich-

tig, daß es uns, wenn wir es als solches erkennen, im Grunde nicht quälen kann; ja noch mehr: Es ist (für den Gläubigen) so sehr dem Leeren und Nicht-Leidhaften zugewandt, daß es dadurch sogar dem einzig wahrhaft Wirklichen, dem Nirvana, verwandt ist. Damit nimmt unsere Welt, so leiderfüllt sie auch sein mag, schon am Nirvana teil. Denn das Innerste unserer leidhaften Welt und des Nirvana ist dasselbe. Das Leid der Welt ist gewissermaßen ein anderer Aspekt derselben Leere, die auch Nirvana ist. Ewigkeit und Unveränderlichkeit hat zwar nur das Nirvana; aber die ewige Leere hat auch schon das veränderliche leidhafte Dasein. So fallen leidhaftes Leben und Nirvana trotzdem irgendwie zusammen. Nicht mehr nur der Buddha, der zur Erleuchtung gelangte, kann (nach dem Mahayana) das Nirvana erreichen, auch der verbrecherische Mensch ist ein heimlicher Buddha.
Während die Gedanken bis hierher gerade auch von Philosophen gedacht wurden, schloß sich hier aber auch der *volkstümliche* Mahayana-Buddhismus an. Das Buddhatum aller Menschen zu wecken, ist Aufgabe der Priester und Mönche, indem sie für alle beten, indem sie allen durch religiöse Akte helfen, zum Buddhatum hinzufinden. Alle Helfer der Menschen (die sich durch ihr Bekenntnis zum Mahayana-Buddhismus als Menschen bekennen, die auf dem Weg zum Nirvana sein wollen) sind irgendwie Bodhisattvas, die in ihrer menschlichen Weisheit und in ihrer himmlischen Erhöhung Verständnis für alle Schwächen haben und zu denen deshalb jeder seine vertrauensvolle Zuflucht nehmen kann.

DER KULT DES MAHAYANA hat sich, gegenüber dem Hinayana, stark entwickelt. Zum strengen Hinayana gehörte überhaupt kein Kult, obwohl er durch das Hinzuströmen so vieler Verehrer des Buddha auch schon einsetzte. Das Mahayana aber entband den Kult breit und vielfältig. Der geistige Weg zum Buddhatum wurde durch Weihen und Zauber unterstützt, wenn nicht oft sogar ersetzt. Eine Fülle von Buddhabildern macht die Bodhisattvas und die Buddhas der Weltzeiten für die Sinne gegenwärtig. Mit Rauchopfern, Geschenken, unaufhörlichem Gebet in Gestalt von Gebeten an Gebetsschnüren und Litaneien wird das Erbarmen der Heilandsgestalten der Bodhisattvas und Buddhas herabgerufen. Tempelglocken und Tempelchöre, reiche Gewänder und beschwörende Gebärden unterstützen den Ruf um das Erbarmen der Buddhas mit sinnlich wahrnehmbaren Erscheinungen und Lauten.
Reliquienkult. Die Reliquie spielt in der Buddhaverehrung eine große Rolle. Vielen Buddhisten des alten Hinayana-Buddhismus ist dieser Reliquienkult heute peinlich. Sie betonen, die ganze Reliquienverehrung gelte nicht so sehr dem Buddha; es komme mehr darauf an, durch diese Verehrung sich zur buddhistischen Lebensführung zu bekennen. Zweifel-

los sehen sie für sich selbst so die Reliquienverehrung. Ebenso zweifellos verehren jedoch die vielen Gläubigen des volkstümlichen »großen Fahrzeugs« die Reliquien meistens als echte Reliquien und um des Buddha wegen.

Aufbewahrungs- und Verehrungsstätten dieser Reliquien sind die »Stupas« (oder »Pagoden«), die allerdings nicht nur Reliquien, sondern auch besonders verehrte Statuen des Buddha oder Darstellungen der buddhistischen Heilsgeschichten, alte Niederschriften der buddhistischen kanonischen Bücher, wunderbar von Heiligen verfaßte oder wunderbar wirkende Gebete als Verehrungsmittelpunkt enthalten. Wandernde Mönche und Wallfahrer des Volkes kommen zu diesen Stupas, um mit einem Umgang um das Heiligtum (bei dem das Heiligtum stets zur Rechten des Wallfahrers sein soll) Buddha als den großen Erleuchteten zu verehren, ihm zu opfern (Blumen und Nahrungsmittel) und über seine Lehren nachzudenken. Solche Opfer sind verdienstvoll, verdienstvoll ist aber auch der Bau von Stupas, die Mitwirkung bei der Instandhaltung der Stupas, an der Verschönerung und Kostbarmachung der Heiligtümer (z. B. klettert man an ihnen hinauf und nagelt kleine Goldplättchen an der Wand fest) oder die Hilfe bei der Reinigung des Pagodenhofes. Diese Verdienste gehören für das »große Fahrzeug« zur Fahrt ins Nirvana.

STIFTERLEGENDEN. Der Urbuddhismus sah in Buddha kein höheres Wesen, sondern einen zur Erkenntnis gelangten Menschen, der den anderen Menschen zum Lehrer geworden war. Deshalb gab es grundsätzlich im Urbuddhismus keine Geschichten, die den Buddha zum Gegenstand der Legende machten. Da aber längst nicht die strenge Mönchsgemeinde allein auf den Buddha schaute, blieb es nicht aus, daß die Verehrer des Buddha im Volk ihn schon recht früh mit einem Legendenkranz umgaben. So wurde er immer mehr verklärt und erschien seinen Schülern und Anhängern immer herrlicher. Je weiter das Leben des Buddha zurücklag, desto reicher wucherten die Legenden; und als sich dann die Philosophie und Lebenslehre des Kleinen Fahrzeugs (Hinayana) zur Religion des Großen Fahrzeugs (Mahayana) entwickelten, erhielten die Legenden sogar religionsoffiziellen Charakter. Einige dieser Legenden und bekränzenden Erzählungen für den Buddha seien hier wiedergegeben.

Die Legende von der Zeugung des Buddha. Der künftige Buddha war ein Gott in einem der vielen Götterhimmel. Ihn baten die Götter, den Menschen die Lehre von der Aufhebung des Leides zu bringen. Der künftige Buddha wählte unter den Menschen sein Geschlecht und seine Familie und wurde dann auf übernatürliche Weise empfangen; in Ge-

stalt eines weißen (in Indien hochverehrten) Elefanten trat er in den Schoß seiner Mutter Maya ein. Auch das Motiv des Keuschheitsgelübdes tritt in den Geschichten von der Mutter des Buddha auf. Dann trug Maya das Kind nicht neun Monate, wie es sich natürlich ergibt, sondern zehn Monate. Alle solche Züge wollen die Außerordentlichkeit des künftigen Kindes ausdrücken.
Bei der Geburt des Buddha. Als der Buddha geboren wurde, war ein solcher Jubel in den himmlischen Welten der Götter, daß der heilige Seher Asita im Himalaya ihn vernahm. Eine überirdische Macht trug ihn nach Kapilavastu, zum Geburtsort des Buddha. Nachdem der Vater den Seher eingelassen und Asita das Kind gesehen hatte, erkannte er in ihm den zukünftigen Lehrer und wurde traurig darüber, daß er nicht selbst noch sein Schüler werden konnte. Und er sprach die prophetischen Worte: »Den Gipfel der vollständigen Erleuchtung wird dieser Knabe erreichen; er, der sieht, was das Reinste ist, wird rollen lassen das Rad der Lehre, er, der Mitleid fühlt für das Heil vieler Menschen; seine Religion wird weit ausgebreitet werden. Mir aber ist kein langes Leben mehr übrig, inmitten seines Lebens wird mein Tod eintreten, ich werde nicht hören die Lehre des unvergleichlichen Meisters; darüber bin ich betrübt, unglücklich und voll Trauer« (Lit 2.1, 10).
Wunder des Buddha. Obwohl sich der Buddha des öfteren gegen das Wunderwirken ausgesprochen hat, sprechen die buddhistischen Schriften des öfteren von Wundern, die der Buddha gewirkt habe. Wenn man alle Wunder der Schriften zusammenzählt, ergibt sich die Zahl von siebenundsiebzig Wundern. Letztlich sind aber all diese Wundergeschichten nicht als Berichte anzusehen, sondern als Illustrationen zur Lehre.
Ganz deutlich geht das aus dem Wunder bei der Bekehrung des Räubers Angulimala hervor. Eines Tages wanderte der Buddha schweigend und ohne Eile durch einen Wald, in dem der Räuber Angulimala sein Unwesen trieb. Angulimala verfolgte den Buddha. Aber so sehr sich der Räuber auch anstrengte, es gelang ihm nicht, den still wandernden Buddha zu erreichen. Als der Räuber erschöpft stehen blieb, kehrte sich der Buddha nach ihm um und sagte: »Warum läufst du so schnell? Du kommst doch nie an das Ende des Raums, die Grenzen für den, der nicht erkannt hat. Setz dich und lausche der Lehre.«
Auch das Wunder vom Mangobaum zeigt deutlich den Bezug auf die Lehre, um die sich alles im Buddhismus dreht. Als die sieben Häretiker von Schravasti alle Mangobäume einer Gegend gefällt hatten, weil Buddha unter einem Mangobaum ein Wunder gewirkt haben sollte, pflückte der Buddha eine Mangofrucht, aß sie und säte die übriggebliebenen Kerne aus. Sofort wuchs ein neuer Mangobaum und erblühte. Zweifellos ist das Baumwunder ein Symbol für die Wachstumskraft der

Lehre des Buddha. Daß es sich um Häretiker handelt, die die Mangobäume abschlugen, und daß es sich um die Riesenbäume des kultivierten Mango handelt (sie werden bis zu 19 Meter hoch), ist bezeichnend.
Andere Wunder symbolisieren das Wunder der Selbsterlöschung: etwa der Anschlag Devadattas auf das Leben des Buddha. Devadatta stiftete einige Arbeiter an, den Buddha durch Umstürzen einer Säule zu erschlagen. Aber die Säule blieb schräg in der Luft stehen und war von niemandem mehr zu bewegen. Den durch die Lehre Erleuchteten schadet die Gefahr des Todes nichts mehr.

V. AUSBREITUNG DES BUDDHISMUS

In der Form des Urbuddhismus breitete sich der Buddhismus vor allem nach Süden aus. Eine der großen Gestalten bei der Ausbreitung des Buddhismus war Kaiser Aschoka, dessen Reich 272–232 v. Chr. fast die ganze Gangeshalbinsel umfaßte. Er war Buddhist geworden und bezeugte als Kaiser seinen Glauben durch in Fels gehauene Edikte in seinem ganzen Reich; er war Schützer des Konzils von 245; er ließ die Lehre durch Missionare in ganz Indien verbreiten und in alle Nachbarstaaten, ja in alle Erdteile tragen (Ceylon, Mazedonien, Syrien, Ägypten). Diese Missionsbewegung Kaiser Aschokas hatte ihre Auswirkungen vor allem in Indien, bis in die christliche Zeit. Seit 25 n. Chr. verbreitet sich der Buddhismus in China; seit 78 in Zentralasien. Nach 220 Ausbreitung in Vietnam.
In den ersten 500/600 Jahren n. Chr. trat neben den Hinayana-Buddhismus immer mehr der Mahayana-Buddhismus, der einen Volksbuddhismus ermöglichte. Hundert Jahre später begann die sog. »brahmanische Gegenreformation«, die allmählich dazu führte, daß der Buddhismus aus dem Gangesland fast ganz verdrängt wurde. Nur in einigen Fürstentümern des Nordens hielt er sich noch (als Staatsreligion). Die Tradition führten einige Missionsländer (Ceylon usw.) weiter.
Nachdem sich der Mahayana-Buddhismus durchgesetzt hatte, verdrängte er den Hinayana-Buddhismus auch in China. Nach Korea kam der Buddhismus von Anfang an als Mahayana-Buddhismus (327 n. Chr.). Von Korea aus wurde er nach Japan gebracht (um 500 n. Chr.). Da die Religion im japanischen Kaiser Schotoku Taischi (gest. 621) einen gläubigen Förderer fand, erhielt diese Religion hier eine kräftige Grundlage für ihre Weiterentwicklung. Vor allem der Amida-Buddhismus und der Zen-Buddhismus haben sich als besondere Formen des japanischen Buddhismus entfaltet. Seit 640 faßte der Buddhismus (Mahayana) auch in Tibet Fuß.

VI. DIFFERENZIERUNGEN (BUDDHISTISCHE »SEKTEN«)

Vor allem der Mahayana-Buddhismus breitete sich dadurch aus, daß er sich an die Vorstellungen der einzelnen Völker anlehnte. Das brachte eine Menge Differenzierungen hervor. Anderseits konnte sich die Strenge des Hinayana und die buddhistische Grundlinie des Mahayana nur dann halten, wenn sie immer erneuert wurde. Diese Reformationen richteten sich einerseits auf die Erhaltung der buddhistischen Grundlinie, anderseits gegen die Veräußerlichung (vor allem im Mahayana). Hier kann die Unzahl der Differenzierungen nicht einmal angedeutet werden. Lediglich drei wichtige Richtungen sollen kurz besprochen werden.

DER AMIDA-BUDDHISMUS, der sich vor allem in Japan verbreitete, verehrt den göttlichen Buddha Amida (im Sanskrit: Amithaba), den Buddha des Lichtes und der Barmherzigkeit. Die religiöse Beziehung der Gläubigen zu diesem Buddha ist derart, daß sie fast einem Monotheismus gleicht. Dieser Buddhismus fußt zwar ebenfalls auf der Lehre des Gautama Buddha; aber die kanonischen Texte dieser Glaubensgruppe entstanden frühestens in den letzten hundert Jahren v. Chr. und weiter in den drei ersten Jahrhunderten n. Chr. Zu den wichtigsten Texten zählt »Die ausführliche Beschreibung des Seligkeitsparadieses« und die mehr philosophische Sammlung »Mahayana-Lehrschriften vom Jenseits der höchsten Erkenntnis«. Amida/Amithaba ist der Herr des Paradieses im Westen, des »reinen Landes«. In dieses Land hat Amida gelobt, alle Lebewesen zu bringen. Deshalb erhofften die Gläubigen von seiner Gnade die Erlösung.

Die ältesten indischen Texte wurden im zweiten Jahrhundert n. Chr. in China und später in Japan in die Landessprachen übersetzt. Die Inder zählen die Schriftsteller und Lehrer des Amida-Buddhismus zu den eigentlichen Begründern des Mahayana-Buddhismus. Schon zu den frühesten religiösen Eigenarten dieses Buddhismus zählt die oft wiederholte Anrufung des Buddhanamens (Amida/Amithaba). Diese Anrufung ohne Ende ist der Ausdruck für das Vertrauen zu diesem Buddha, der allen die Erlösung verheißen hat (wobei »Erlösung« nicht Erlösung von Sünde und Schuld bedeutet, sondern Erlösung aus dem Kreislauf der Wiedergeburt!).

Zwei besondere Ausbildungen dieses Buddhismus gehen auf die Japaner Honen Schonin (gest. 1192) und Schinran Schonin (gest. 1262) zurück; sie sind die bedeutendsten *japanischen* Formen im Buddhismus. Anlaß zu dieser neuen Amida-Buddhismus-Bewegung war der Religionsbetrieb im japanischen Buddhismus des 9.-12. Jahrhunderts. Der Mönch

Genku, ein nachdenklicher und nach dem Wesen der Religiosität suchender gläubiger Buddhist, war zutiefst beunruhigt über die damaligen Religionszustände in Japan. »Das Volk ging willig auf die ungezählten Veranstaltungen ein, welche der Klerus ihm zu bieten hatte: Tempel- und häusliche Feiern, Beschwörungen, Sutrenverlesungen für Tote, Orakel, Traumdeutung, Loseziehen, Tagewählen, Astrologie, Wahrsagung. Es betätigte sich selbst durch Anrufen von Buddhanamen, Lesen und Abschreiben von Sutren, Wallfahrten, Opfern von Blumen und Weihrauch, Stiftung von Glocken, Tempelgeräten, ganzen Tempeln, schwerwiegende Gelübde, strenge Übungen, sehr viel auch durch Eintritt in den geistlichen Stand, so daß der Klerus ungeheuer anwuchs. Dies führte wiederum zu immer reicherem Ausbau der Hierarchie« (Lit 2.6, 79).

Dem setzte der Mönch Genku seine Bewegung entgegen. Nachdem er alle Riten und Feierlichkeiten beiseitegeschoben hatte, las er in einem Kommentar: »Ob gehend oder stehend, ob sitzend oder liegend, wiederhole nur beständig den Namen Amida mit ganzem Herzen, ohne auch nur einen Augenblick auszusetzen. Dies eben ist das Werk, das unfehlbar zum Heile ausschlägt; denn es ist in Übereinstimmung mit dieses Buddha urzeitlichem Gelöbnis« (d. h. in Übereinstimmung mit dem *Wesen* dieses Buddha Amida). An die Stelle von Kult und Askese trat dieser ganz einfache und demütige Vorgang. Man sprach ohne Unterlaß: »Namu Amida Butsú« (etwa: Deinen Namen, Amida, rufe ich!). Seine Anhänger waren die »Sekte des reinen Landes«, die viele Gläubige fand. Mit »dreifachem Herzen« sind die Amida-Gläubigen in der Mitte ihres Glaubens. Mit aufrichtigem Herzen: »Damit ist gemeint ein Herz der Wahrhaftigkeit sonder Falsch. Das will besagen: Bei unserem Anrufen des Namens Buddha müssen wir innerlich wahr sein und darf kein Trug in uns erfunden werden.« Mit dem Herzen tiefen Glaubens: »Ein Herz, welches tiefes Vertrauen hegt ... Wir sollen einmal entschieden wissen, daß wir, diese inmitten des Qualenmeers beständig in der Gefahr des Versinkens schwebenden und darum auch jeder Möglichkeit des Loskommens baren Wesen, eine eigene Kraft zu unserer Rettung jedenfalls ganz und gar nicht aufbringen können. Sodann aber soll uns mit dem Hinweis auf die Kraft eines anderen zum beglückenden Bewußtsein gebracht werden: Wir brauchen uns nur auf Midas vorzeitiges Gelöbnis zu stützen, und wir werden – o Seligkeit – unfehlbar zum Leben eingehen.« Und schließlich »das Herz hinwendenden Verlangens«, d. h. »daß wir den Wunsch haben sollen, gewißlich zum Leben einzugehen, indem wir unserem Buddha-Anrufen die Richtung auf die Gefilde höchster Seligkeit geben« (Lit 2.7, 59).

Ein Wort über Gnade und Sünde, wie es Honen Schonin (der Mönch Genku) gelehrt hat, enthüllt das Wesen des Amida-Buddhismus wohl am tiefsten: »In Honen Schonins Unterweisung wird gelehrt: ›Man sehe sich wohl vor, auch nur die geringste Übertretung zu begehen, und habe dabei doch den Glauben, daß selbst ein Mensch, der die zehn Sünden begangen hat und der fünf schwerer Vergehen sich schuldig gemacht hat, zum Leben eingehen werde. Selbst diejenigen, die schwere Sünden auf sich geladen haben, sollen nicht wiedergeboren werden: wieviel mehr nicht erst diejenigen, die nur leicht gesündigt!‹ – Wenn er das sagt: ›Man habe den Glauben, daß selbst ein Mensch, der die zehn Sünden begangen und der fünf schwerer Vergehen sich schuldig gemacht hat, zum Leben eingehen werde‹, so will er uns damit die gnädige Gesinnung erkennen lassen, die bei allem Mißfallen an der Menschen Sünde doch der Sünder keinen verwirft. Wenn er aber sagt: ›Man sehe sich wohl vor, auch nur eine geringe Übertretung zu begehen!‹, so will uns das dazu anhalten, daß wir, obschon ja kein Verworfenwerden zu gewärtigen ist, dennoch sein Mißfallen zu erregen uns hüten. Wissen wir, daß er uns nicht verstoßen will, ob er gleich Mißfallen haben muß, so brauchen wir nicht daran zu zweifeln, daß wir nicht werden wiedergeboren werden, auch wenn schwere Sünde auf uns lastet. Wissen wir aber andererseits, daß er, ob er uns schon nicht verwirft, doch Mißfallen hat, und fürchten uns darum vor Übertretungen, so wird man erst recht Vertrauen fassen, zumal es heißt: ›wie viel mehr nicht erst diejenigen, die nur leicht gesündigt!‹« (Lit 2.7, 56).

Schinran Schonin, Schüler Honens, baute auf der Lehre seines Lehrers auf. Seine Gemeinschaft war die »Wahre Sekte des reinen Landes« (*jodo schin schu*). In dieser Form ist der Amida-Buddhismus noch heute lebendig. Das grundlegende Buch für seine Anhänger schrieb Schinran im Jahr 1224: »Aufsätze über Lehre, Übung, Glauben und Erleuchtung«. Auch er geht vom »vorzeitigen Gelöbnis« des Buddha Amithaba aus, alle Wesen ins Paradies des reinen Landes zu bringen, die zu ihm seine gläubige Zuflucht nehmen. Also nicht Erlösung durch Versenkung, wie in der klassischen Buddhalehre; auch nicht Rettung durch gute Werke aus eigener Kraft, wie in der klasischen Mahayana-Lehre; sondern Rettung durch Vertrauen auf die »Kraft eines anderen«. Das heißt: Nicht äußeres Verhalten, sondern *Glaube* entscheidet über das Heil. Deshalb kommt es auch nicht darauf an, ein Mönch zu werden. Der Mensch soll in seinem Beruf bleiben, er soll Laie bleiben, sagt Schinran Schonin. Durch das Vertrauen auf Amida gehört man zur »Wahrheitsschar«; das nächste Leben führt den Menschen zum Nirvana. Das Verhältnis von Paradies und Nirvana stellt ein Kenner des Amida-Buddhismus so dar: »Wenn die Gläubigen den unreinen Körper dieses ihres gegenwärtigen Lebens aufgeben(sterben) und in das Land der Reinheit geboren werden, ernten sie auch alsbald die höchste und herrlichste aller Früchte das Nirvana.«

Die wichtigsten Sätze aus der Charakterisierung dieses Paradieses des »reinen Landes« betonen neben naiven Vorstellungen auch das Wesentliche. Es ist »reich und blühend, behaglich, reichlich mit Nahrung versehen, lieblich und von zahlreichen Göttern und Menschen erfüllt. In dieser Welt ... gibt es keine Höhlen, keine Tiergeburt, kein Gespensterreich, keine Dämonenleiber und überhaupt keine unwillkommenen Daseinsformen ... Es gibt dort Lotusblumen von einer halben Meile im Umfang ... Von jedem Edelsteinlotus gehen sechsunddreißighunderttausend Millionen von Buddhas hervor, mit goldenen, goldfarbenen Leibern, mit den zweiunddreißig Merkmalen eines Großen Mannes, die in unermeßliche, unzählige Weltteile hinausgehen und den Wesen die Lehre predigen ... sie predigen in der ganzen von Hindernissen freien Welt den Wesen die Lehre« (Lit 2.18, 23).

Der Zen-Buddhismus hat sich zwar während der Mahayana-Zeit im indischen Norden gebildet, gleicht aber in den asketischen Zügen mehr dem Ideal des Hinayana. Aus Indien kam die Lehre (498 n. Chr.) durch den indischen Missionar Bodhidarma nach China (man nannte sie »Tschan«: Versenkung). Um 1190 eroberte sie Japan (man nannte sie »Zen«: Versenkung). Fast zehn Millionen Japaner leben heute noch als Mönche und Laien nach den Lebensregeln des Zen.
Die Versenkung ist also der eigentliche Weg der Zen-Lehre. Bodhidarma soll neun Jahre in der Versenkung verbracht haben, das Gesicht zur Wand gekehrt. Trotzdem ist Zen keine späte Abart des Hinayana. Zwar glauben auch die Zen-Anhänger, daß die Erleuchtung nicht aus dem Studium der Schriften des Buddha steigt, sondern aus der Versenkung, und diese Versenkung sucht der Zen-Jünger in harter Disziplin. Aber trotzdem glaubt der Zen-Jünger, daß er nicht durch eigenes Können zur Erleuchtung kommt. Vielmehr wird ihm die Erleuchtung plötzlich *geschenkt.* So nimmt das Zen eine Mittelstellung ein zwischen den Glaubensvariationen, die durch eigene Anstrengung zur Erlösung zu führen glauben, und denen, die nur durch Glaube und Hingabe an einen Buddha aus dem Kreislauf der Geburten gerettet zu werden glauben.
Die Jünger des Zen-Buddhismus machen eine harte Schule durch. Man rechnet mit zehn Jahren, bis frühestens einem Mönch in der Versenkung die Erleuchtung wird. Bis er die Versenkung beherrscht, muß er ein disziplinarisch hartes Leben ertragen. Nicht Bücher, Diskussionen und Unterweisung in geistlichen Dingen sind in erster Linie die Ausbildungsmittel (obwohl auch diese nicht fehlen), sondern zunächst sollen Ohrfeigen, Erniedrigungen, Anbrüllen, Irreführung durch falsche Probleme die Schüler hart im Nehmen machen und ihnen gegenüber allem Unangenehmen Gelassenheit beibringen, so daß sie eine Haltung gewin-

nen, mit der sie sich auf den schweren und langen Weg zur Erleuchtung begeben können. Solche Handgreiflichkeiten sollen sie an die Handgreiflichkeiten des Lebens gewöhnen, so daß sie nicht einmal bei diesen aus der Versenkung herausgeraten. Alles soll für sie Situation der Versenkung werden können. Weder die alltägliche Arbeit noch andere alltägliche Verrichtungen sollen sie stören. Alles soll Situation der Versenkung werden können: nicht nur das Niedersitzen dazu im Lotussitz, sondern auch die Teezeremonie, die japanische Gartenpflege, die körperliche Ertüchtigung beim Bogenschießen, die Naturbetrachtung und die Betrachtung von Kunstwerken, die vor allem in einem »unfertigen Zustand« als Andeutungen geliebt werden, weil sie so echte Wege in die Meditation sind. All das hat die Kultur und das Leben Japans sehr beeinflußt, und vieles von dem, was man für charakteristisch japanisch ansieht, ist irgendwie eine Frucht des fast neunhundertjährigen japanischen Zen-Buddhismus.
Außerdem gibt es natürlich auch die ausdrückliche Zen-Praxis. Die Grundübung des Zen ist das Za-Zen: das Niedersitzen zur Versenkung. Sitzen ist die alte Asketenhaltung: Sitzen mit untergeschlagenen Beinen. Dabei gilt es zuerst, leer zu werden: keine Worte denken, keine faßbaren Gedanken denken, alles Denkbare vermeiden. Jenseits aller Worte erst ist die »Buddhawelt«. Wenn alles im Menschen schweigt; wenn die Gedanken fern sind, Gefühle sich nicht regen, der Wille erloschen ist, nähert sich der Mensch dem Erlebnis, in dem die Buddhanatur des Menschen hervorbricht. Mit Willen und Wissen ist es (nach dem Zen-Buddhismus) nicht erreichbar. Wohl kann der leitende Meister durch Stellung von Scheinproblemen und die schon erwähnten Handgreiflichkeiten eine Art Schock hervorrufen, um das Fortschreiten auf dem Weg zu erleichtern. Aber zum Ergebnis helfen kann er nicht. Das Ergebnis kommt spontan, als Geschenk, als Gnade, als Erlebnis der unendlichen Tiefe des Seins, vor dem alle Dinge des Lebens und Denkens wesenlos werden. Daß der Zen-Buddhismus auf ältesten Traditionen fußt, zeigt die Lehre von der Leerheit, die zu den grundlegenden philosophischen Lehren des Mahayana-Buddhismus gehört. Sie steht in der großen Lehre vom Geist (um 100 n. Chr.):
Das Unsterbliche und das Sterbliche fallen zusammen. Sie sind nicht dasselbe, darum aber doch keine Zweiheit ... Dies mag erläutert werden an dem Wasser und den Wellen, die im Ozean aufgewühlt werden, die weder ganz und gar dasselbe noch auch ganz etwas Verschiedenes sind. Die Wellen werden durch den Wind aufgewühlt, ohne daß dabei das Wasser seine Selbigkeit verliert. Wenn der Wind sich legt, so hört der Zustand der Bewegung der Wellen auf, das Wasser aber bleibt dasselbe. Gleicherweise wird auch der Geist aller lebenden We-

sen, in seiner Grundnatur rein und ungetrübt, aufgewühlt durch den Wind des Nichtwissens. Weder der Geist noch das Nichtwissen haben eigene faßbare Form oder Eigenschaft. Beide bedingen einander. Es ist nicht an dem, daß in dem Geist selbst das Prinzip der Aufstörung zu suchen wäre. Und warum: Ist das Nichtwissen dahin, wird auch die Bewegtheit in ihm nicht länger fortdauern, während das, was sein eigentliches Wesen ausmacht, die Weisheit, unverkümmert bleibt (Lit 2.9, 37).

Weil Zen auch heute noch einen so großen Einfluß hat, seien einige Zeilen aus dem Buch eines Zen-Autors unseres Jahrhunderts wiedergegeben, die auch die Problematik des Zen aufzeigen:

»Zen behauptet, Buddhismus zu sein, aber alle buddhistischen Lehren, wie sie in den Sûtras und Sâstras auseinandergesetzt werden, sind für das Zen wertloses Papier. Trotzdem möge man nicht glauben, daß Zen Nihilismus ist ... So dürfen wir nicht vergessen, daß Zen zugleich mit dem Akt der Negation etwas höchst Positives und ewig Gültiges aufrichtet ...

Ist Zen Religion? Es ist keine Religion im üblichen Sinn. Denn Zen hat keinen Gott zum Anbeten, hat keinen zeremoniellen Ritus zu beachten, keine Zukunft im Jenseits, der die Toten überantwortet sind, und schließlich hat Zen auch keine Seele, deren Heil von irgendeinem andern bedacht werden müßte ... Zen ist frei von all solchen dogmatischen und ›religiösen‹ Lasten.

Wenn ich sage, es gäbe im Zen keinen Gott, so mag sich der fromme Leser dadurch verletzt fühlen; es bedeutet aber keineswegs, daß Zen die Existenz Gottes leugnet. Weder Leugnung noch Bejahung geht das Zen etwas an ... Zen strebt danach, eine höhere Art von Gültigkeit zu finden, der gegenüber es Gegenbehauptungen nicht gibt. So wird Gott im Zen weder geleugnet noch behauptet ... All die Bilder verschiedener Buddhas ... und anderer Wesen, denen man in den Zen-Tempeln begegnet, sind ebenso viele Stücke Holz oder Stein oder Metall. Sie bedeuten soviel wie Kamelien, Azaleen oder Steinlaternen in meinem Garten. Verrichte deine Andacht vor der Kamelie, die heute in voller Blüte steht, und verehre sie, wenn du willst, würde Zen sagen. Darin liegt ebensoviel Religion, als wenn du dich vor den verschiedenen buddhistischen Göttern verbeugst ... All solches fromme Tun ... ist in den Augen des Zen nur Künstelei. Zen erklärt kühn, daß die ›unbefleckten Yogis nicht ins Nirvana eingehen und daß die Mönche, die eine Vorschrift verletzen, nicht in die Hölle kommen‹.... Zen glaubt an (des Menschen) innere Reinheit und Güte. Was immer hinzugefügt oder gewaltsam davon abgetrennt wird, verletzt die Gesundheit des Geistes.

Zen ist darum nachdrücklich gegen alles religiöse Haften an der hergebrachten Form.
Trotzdem ist die Irreligiosität im Zen nur scheinbar ... Als Buddha geboren wurde, soll er eine Hand zum Himmel, die andere zur Erde gestreckt und ausgerufen haben: ›Über den Himmeln und unter den Himmeln bin ich allein der Verehrungswürdige.‹ Ummon (Yün-mên), der Begründer der Ummonschule des Zen, gibt dazu folgende Erläuterung: ›Wenn ich in dem Augenblick dabeigewesen wäre, als er das aussprach, so würde ich ihn sicher totgeschlagen haben.‹ Was mögen Ungläubige über einen denken, der so tolle Reden über einen geistigen Meister verbreitet? Einer der Zen-Meister im Gefolge des Ummon sagt: ›In der Tat, dies ist der Weg, Ummon will der Welt dienen, indem er alles opfert, was er hat, Leib und Seele ...‹
Zen ist nicht zu verwechseln mit einer Art von Meditation, wie sie z. B. von ... gewissen buddhistischen Sekten geübt wird ... Wer sich im Zen übt, mag über einen religiösen oder philosophischen Gegenstand meditieren, aber das ist Nebensache ... Zen strebt die Übung des Geistes selbst an, auf daß er der Meister werde seiner selbst, dann der Einsicht in sein eigenes Wesen ... Die Übung im Zen besteht darin, das geistige Auge zu öffnen und Einblick zu gewinnen in den wahren Grund des Seins ...
Nach der Grundidee des Zen sollen wir mit den innersten Kräften unseres Wesens in Fühlung kommen, und zwar auf dem kürzestmöglichen Wege, ohne Rückgriff auf irgend etwas Äußeres oder Zusätzliches. Daher verwirft Zen alles, was auch nur eine entfernte Ähnlichkeit mit einer äußeren Autorität aufweist. Zen hegt ein unbedingtes Zutrauen zum innersten Wesen des Menschen ... Auch der Verstand wird nicht als letztgültig oder vollkommen angesehen ... Der Intellekt erfüllt seine Sendung, wenn er als Mittler auftritt, und Zen hat nichts mit dem Mittler zu tun, es sei denn in dem Augenblick, in dem es sucht, sich andern Menschen mitzuteilen ... Die Lebensfülle, so wie sie wirklich lebt, ist das, was Zen zu erfassen sucht ... Zen verkündet von sich selbst, daß es der Geist des Buddhismus ist, in Wirklichkeit ist es der Geist aller Religion und Philosophie. Wird Zen im Tiefsten verstanden, so erreicht der Geist den vollkommenen Frieden, und ein Mensch lebt, wie er leben sollte« (Lit 2.16, 52–61).

Der Lamaismus. Nachdem der Buddhismus um das Jahr 630 n. Chr. in Tibet Fuß fassen konnte, entwickelte sich dort eine ganz eigengeartete Form des Buddhismus: eine Mischung des alten tibetanischen Dämonenglaubens mit dem Mahayana-Buddhismus. Für den Außenstehenden sind am auffälligsten die Zauberelemente und die Mechanisierung des religiösen Vorgangs. Am tiefsten unterscheidet sich der Lamaismus vom Urbuddhismus dadurch, daß dieser den Menschen auf sich selbst stellte, während der Lamaismus eine institutionalisierte Religion ist. Um das Jahr 1400 wurden bei einer großen Reform im Lamaismus das Zauberelement stark zurückgedrängt und durch Einführung des Zölibats an den geistlichen Stand härtere Anforderungen gestellt.

Es bleibt aber das Gemeinsame der buddhistischen Gruppen, so weit sie im einzelnen auch voneinander entfernt stehen mögen. Denn wie der Meister – der Erhabene, der Erleuchtete, der Buddha – stehen alle Gemeinden, die sich nach ihm nennen, zwischen dem Strom des Unheils (*samsara*) und dem Nirvana. Deshalb gilt es zuerst zu erkennen, daß »alles, was geworden ist, vergeht«. Und weil das Leid zum Gewordenen gehört, vergeht es, wenn wir es nur ganz tief als Gewordenes erkennen, wenn wir erkennen, daß es kein Wert, sondern ein Unwert ist. In all dem, was irdisch ist, gibt es nichts Beständiges, so kann es nichts Wertvolles sein. Das muß der Buddhist nur ganz tief erkennen.

Zweitens: Was ein Wesen erlebt, erlebt es nicht als ein beständiges Ich oder als ein beständiges Selbst. Das Ich ist nur »vorübergehend« da: als Träger des Karma, d. h. als Erlebnisträger vergeltender Kräfte. Daß es ein unteilbares beständiges Ich gibt, muß der Buddhist als Irrtum ablegen. Nur wer diesen Ichtrieb abgelegt hat, kann in den Frieden des Nirvana eingehen.

Drittens: Nur das Nirvana ist Ruhe. Das Nirvana ist »das ganz andere«. Es ist die »Stadt der Stille und des Friedens«. Buddha selbst sagt nicht, daß im Nirvana sein heißt: bei Gott sein. Vielleicht gehörte für den Buddha Gott sogar zum Leid der Welt, das der Mensch in der Erleuchtung verliert. Trotzdem haben viele buddhistische Richtungen das Nirvana als ein Bei-Gott-Sein empfunden.

Viertens muß der Mensch für den Eingang in das Nirvana mehrere Voraussetzungen erfüllen. Sein sittlicher Wandel muß vollkommen sein, d. h. er muß Begierde, Zorn, Haß, Rauschsucht abgelegt haben – er muß den Durst nach dem Dasein abgelegt haben. In der Versenkung muß er in das Innerste des reinen Geistes gelangt sein.

VII. GIBT ES EINEN MODERNEN BUDDHISMUS?

Die Krise der Religionen regt die Erneuerung der Religion an. So ging es mit dem Buddhismus, als er in China von den Kommunisten in Frage gestellt wurde. Die Kommunisten zogen 1949 den Grundbesitz der Klöster, d. h. der wichtigsten Träger des Buddhismus, ein und führten

die Mönche »nützlicher Tätigkeit« zu. In der damaligen Zeit wurden unter den buddhistischen Mönchen die ersten Liberalisierungstendenzen lebendig. Progressive Buddhisten (vor allem Mönche) versuchen in China, Tibet und Südostasien mit dem Marxismus in einen Dialog zu kommen, indem sie vom Ziel her ein Zusammengehen für möglich erklären: Der Kommunismus sucht die klassenlose Gesellschaft, und der Buddhismus lehre seit eh und je die Gleichheit aller Menschen.
Solche Überlegungen sind in der Welt nicht allgemein bekannt. Deshalb hat man sich oft darüber gewundert, daß Buddhisten dem Kommunismus so wenig Widerstand entgegengesetzt haben. Der Buddhismus hat zwar offiziell den Kommunismus als Weltanschauung oft verworfen. Aber ein buddhistischer Minister konnte in Burma sagen (1951): »Die marxistische Lehre und die buddhistische Philosophie sind einander nicht bloß ähnlich, sondern in Wahrheit in ihrer Grundidee gleich und zusammengehörig. Ich erkläre, daß ich an den Marxismus glaube und gleichzeitig ein wahrer Buddhist bin. Die marxistische Theorie bezieht sich auf weltliche Angelegenheiten und sucht materielle Lebensbedürfnisse zu befriedigen. Die buddhistische Lehre befaßt sich mit geistigen Dingen, der Befreiung aus dieser Welt« (Lit 0.2, 72). Obwohl ein westlicher Kommunismus sich zu solcher Interpretation nicht bekennen würde, finden sich doch in Asien viele, die diese Zweiteilung der Weltanschauung für möglich halten. Die Totalität des marxistischen Kommunismus akzeptieren sie nur für »weltliche Angelegenheiten« und »die Befriedigung materieller Lebensbedürfnisse«; aber der wahre Marxismus ist sicherlich ebenso eine geistige Bewegung.
Als die Welt des Buddhismus im Jahre 1954 die 2500-Jahrfeier des Eingangs Buddhas in das Nirvana beging, regte der sozialistische Premierminister von Burma, U-Nu, die Einberufung eines buddhistischen Weltkonzils an. Auf diesem 6. Konzil trat man (mehr denn je in der buddhistischen Religionsgeschichte) für eine systematische Missionstätigkeit ein, die sich an die ganze Welt wenden soll. Das war ein weiter Weg: von den Grundlehren, die sich zur Zeit Buddhas vor allem an Mönche (und Ordensfrauen) gerichtet hatten, bis zu einem Buddhismus mit Sendungsbewußtsein, der sich an die Welt wendet. Um das Selbstbewußtsein der einzelnen buddhistischen Gruppen zu stärken, gründete man auf dem Konzil in Rangoon eine zusammenschließende Organisation, deren Sitz heute Bangkok ist. Die Aufgaben dieser Organisation sind Weltmission, Jugenderziehung, Laienschulung.
Die Anziehungskraft des wenigstens organisatorisch geeinten Buddhismus auf junge Menschen, zumal in Europa und Amerika, ist groß. Die klösterlichen Buddhismusschulen in Burma und Thailand sind längst keine rein asiatischen Schulen mehr. Die Ausbildung in buddhistischer

Meditation und das Studium der Schriften des Pali-Kanon hat schon europäische Mönche hervorgebracht, die als Buddhistenmissionare auch mit den Mitteln westlicher Erwachsenenbildung und mit einem guten Schuß Liberalität genau die Mentalität treffen, die heute unter den Heranwachsenden und jungen Erwachsenen herrscht.

Aber »Mission« ist nur die eine neue Linie, die von Rangoon ausging. Neben diesem Auftrag steht seitdem auch die nach innen gerichtete Mission der »Jugenderziehung und Laienschulung«. Denn eine Erneuerung des Buddhismus tat not. Nicht als ob der Buddhismus in seiner Breitenwirkung nachließe, aber, schreibt Peter Gerlitz, »die führenden Äbte der buddhistischen Klöster bemerkten mit Sorge, wie sich die Lehre Gautamas, besonders in ihrer mahayana-buddhistischen Ausprägung, in unzählige Sekten aufsplitterte, die ihrerseits alle an der Substanz zehrten und den Buddhismus immer mehr zu einer bedeutungslosen Philosophie werden ließ« (Lit 0.6, 44).

Auf dem buddhistischen Konzil von Rangoon ging es um die Rückführung zu den Quellen, d. h. zum Pali-Kanon; und bei dieser Rückführung um die zentrale Lehre des Buddha, das Nirvana. Wenn es gelang, dem Nirwana einen Sinn zu geben, den auch der moderne Mensch bejahen kann, muß der Buddhismus damit Land gewinnen. Die absolute Zustandslosigkeit, wie Buddha das Nirvana beschrieb, kann vielen Menschen heute nicht mehr als erstrebenswertes Ziel gelten: »Es gibt, ihr Mönche, eine Stätte, wo es weder Erde, noch Wasser, noch Feuer, noch Luft gibt. Es ist nicht die Stätte der Raumunendlichkeit, noch die der Bewußtseinsunendlichkeit, noch die des Nichtseins, noch auch die Stätte, wo es weder ein Vorstellen noch ein Nichtvorstellen gibt. Es ist nicht diese Welt noch jene Welt ... Ich nenne es weder ein Kommen noch ein Gehen, noch ein Stehen, weder ein Vergehen noch ein Entstehen. Es ist ohne Stütze, ohne Anfang, ohne Grundlage – das eben ist das Ende des Leidens.« Zwar begünstigt diese Beschreibung des Nirvana, in dem auch das Übel Gott vernichtet ist, den Atheismus der Moderne; aber dieser Atheismus und diese Form von Nirvana sagt nur den Intellektuellen etwas. Die Buddha-Sätze vom Nirvana als »Befreiung«, als »Ruhe«, als höchstes »Glück« wurden deshalb auch im Volk populärer und ebneten zugleich einer sozialrevolutionären Schule des modernen Buddhismus in Hinterindien und Ceylon den Weg zu einem neuen, allerdings westlich gefärbten Nirvana-Begriff. Die gegen den Besitz gerichtete Philosophie Buddhas nannte man nun das Ende von Halbheiten, weil sich Buddha gegen den Besitzinstinkt wendet. Unter Nirvana versteht diese sozialrevolutionäre Buddhismusschule gesellschaftliche Strukturänderung, weil diese zum Glück führt.

Da der Buddhismus von Anfang an die Selbstbestimmung (und Selbsterlösung!) des Menschen gelehrt hat, kann er solche entgegengesetzten Schullehren entwickeln und Dogmen vertreten. Darin liegt heute die größte Chance seiner Ausbreitung.

VIII. DER BUDDHISMUS UNTER DEN RELIGIONEN

Was über die vielfältigen Möglichkeiten gesagt wurde, in denen der Buddhismus erscheinen kann, charakterisiert auch seine Stellung zu anderen Religionen. Die »vielfältigen Möglichkeiten« zeigen ja, daß das Zentrum des Buddhismus sich mit anderen religiösen Haltungen verbinden kann, ohne daß sein Kern verlorengeht. Daraus zieht der Buddhismus seine Haltung zu anderen Religionen. Die Buddhisten haben fast nie verlangt, daß sich ein Buddhist nur zum Buddhismus bekennt. Hat er sich vorher zu einer anderen Religion bekannt, dann kann er die Verbindung dazu aufrechterhalten und wird trotzdem als rechter Buddhist anerkannt.

Die theistischen Religionen haben es immer sehr schwer gehabt, den Buddhismus richtig einzuschätzen. Oft wurde ihm der Vorwurf des Atheismus gemacht. Richtig ist die Feststellung, daß der Gautama Buddha Gott außer Betracht läßt; aber er leugnet ihn nicht. Wo man den Glauben an einen Gott in seine buddhistische Haltung aufnehmen will, mag man das tun. Diese Liberalität ist besonders für Juden und Christen schwer zu verstehen.

In der Charakterisierung des Guten, das auch der Christ am Buddhismus würdigen möchte, geht das Zweite Vatikanische Konzil deshalb nicht auf die Gottesfrage ein, sondern auf die Haltung des Buddhisten zur Welt: »In den verschiedenen Formen des Buddhismus wird das radikale Ungenügen der veränderlichen Welt anerkannt und ein Weg gelehrt, auf dem die Menschen mit frommem und vertrauendem Sinn entweder den Zustand vollkommener Befreiung zu erreichen oder – sei es durch eigene Bemühung, sei es vermittels höherer Hilfe – zur höchsten Erleuchtung zu gelangen vermögen« (Erklärung über das Verhältnis der Kirche zu den nichtchristlichen Religionen, Nr. 2: Lit 0.13, 356).

Der chinesische Universismus

Zu den bedeutenden religiös-sittlichen Gebäuden gehören die verschiedenen Formen der chinesischen Weltdeutung, die (zusammen und als Einheit gesehen) seit Johann Jakob Maria de Groot »Universismus« genannt wird. De Groot war Niederländer und hatte von 1911 bis 1921 in Berlin die Professur für Sinologie (Chinakunde).
Obwohl es sich bei diesem »Universismus« nicht um eine einheitliche Religion handelt, sondern um die »primitive« Urreligion, um den hochgeistigen Konfuzianismus, den mystischen Taoismus *und* schließlich in gewisser Hinsicht auch um den Buddhismus chinesischer Prägung, läßt sich diese Vielfalt doch als Einheit ansprechen; sie ist eben alles in allem die Religion der Chinesen, die aus der Urreligion hervorgegangen ist und sich im Laufe von rund 4000 Jahren zu mehreren Formen entwickelt hat.
Der Name »Universismus« ist die wissenschaftliche Bezeichnung für das Gemeinsame dieser Religiosität, für das die Chinesen selbst aber keinen Namen dieser Art benutzen. Trotzdem ist den Chinesen das Gemeinsame dieser verschiedenen Formen ihrer Religiosität durchaus bewußt, indem sie sich nämlich oft selbst nicht darüber klar sind, ob sie Konfuzianer, Anhänger des Laotse oder Buddhisten chinesischer Prägung sind. In der Literatur nennt man diese religiöse Pluralität (sL), die westlichen Menschen, vor allem westlichen Christen schwer verständlich ist, »drei Wege, die zum selben Ziel führen«. Zwar bezeichneten sich bei der Volkszählung 1947, in der zuletzt nach der Religion gefragt wurde, von 530 Millionen Chinesen 300 Millionen als Konfuzianer, 30 Millionen als »Taoisten« (nach Laotse) und 150 Millionen als Buddhisten, was aber nicht ausschließt, daß sie sich bei anderer Gelegenheit anders bezeichnen würden. Für Taoisten (d. h. Menschen, die nach dem Tao suchen) halten sie sich daneben alle. Eine offizielle Zugehörigkeit gib es außerdem nicht (S. 93).

I. DIE UNIVERSISTISCHE URRELIGION CHINAS

Man hat die Chinesen in religiöser Beziehung ein Volk ohne Leidenschaft genannt. Das mag seit etwa 2500 Jahren für einen Teil des Volkes stimmen. Sie seien in ihrer alten Kultur über die Religion hinausgewachsen, hat man wohl auch gesagt. Nicht das Göttliche und das Jenseits sind für viele Chinesen die Richtungspunkte ihres Denkens, sondern die Richtigkeit und Anständigkeit des Handelns (die Ethik) und die sich daraus ergebende Glückseligkeit des Lebens. Seitdem das beim Großteil der Chinesen so geworden ist, spricht man sich nicht mehr gern klar über Gott, die Götter und das Göttliche aus. Fast möchte man sagen: Sie lieben das Wort »Gott« nicht; lieber reden sie von Geistern, auch vom höchsten Geist o. ä. Infolge dessen spielt der Priester in ihrer Religion nicht die eigentliche Rolle, sondern der Gelehrte. Aber das war nicht immer so.

Die ältesten Religionsformen der Chinesen gehören zum Animismus, d. h. zu jenem Glauben, der in das Äußere der Dinge, in den »Leib« der Dinge eine Seele (*anima*) hineindenkt. Der Seelenglaube wird dabei oft zum Geisterglauben. Alles hat seine Seele, seinen Geist: der Ackerboden, die Flüsse, Hügel, Berge, Pflanzen, Bäume, Tiere und der Mensch, die Gestirne und der Himmel ... Wie weit all die Geister, die in der ältesten Zeit dieser Religion verehrt und gefürchtet wurden und besänftigt werden mußten, als Götter betrachtet wurden, ist schwer zu sagen. Ganz sicher wurden mehrere dieser Geister als Götter verehrt; aber es gab auch ein höchstes Wesen. Das Eigenartige dieses chinesischen Urglaubens ist, daß er bis heute in weiten Volksteilen lebendig ist, daß er auch schon Elemente der chinesischen Weltsicht enthält, die später von den Gelehrten auseinandergefaltet wurden.

Zu den ältesten Literaturdenkmälern Chinas zählt das später »kanonisch« (sL) genannte »Buch der Urkunden« (Schu-king). Seine frühesten Abschnitte kann man in das Jahr 2357 v. Chr. datieren; astronomische Angaben in diesen Abschnitten erlauben eine so genaue Datierung. Bereits aus diesem Schu-king lassen sich die Elemente des chinesischen Denkens ersehen; auch die Berechtigung der Bezeichnung »Universismus« für das ganze Religionsgebäude der Chinesen geht bereits aus diesen ältesten Auslassungen hervor: »Es ist ein innerster Zusammenhang zwischen dem Himmel oben und dem Volke unten, und wer das im tiefsten Grund erkennt, der ist der wahre Weise« (Lit 3.7, 22).

Die frühe Überzeugung von diesen Zusammenhängen hat man auf die zerstörenden Mächte der chinesischen Landschaft zurückgeführt, gegen die sich die Menschen zusammenschließen mußten: »Das Kernland der altchinesischen Kultur ist das Tal des Hoangho in Nordchina, wo mannigfaltige örtliche Einzelkulturen zusammenströmten und aus ihrer Mischung das entstand, was später durch Jahrtausende hin als chinesische Kultur wirksam blieb. Die Notwendigkeit, in den dicht bevölkerten Lößtälern die Gewalten des launischen Stromes zu bändigen, führte zuerst zu größerer Staatenbildung. So hat der Kampf mit dem Strom das Wesen der Kultur bestimmt. Der Dienst an den Deichen forderte eine strenge Ordnung des Staatswesens. Aus dieser Wechselwirkung zwischen Natur und Staatsordnung entstand der Gedanke von der kosmischen (sL) Wechselwirkung zwischen dem Naturgeschehen und der sittlichen Ordnung unter den Menschen, denn wenn der Deichbau in Zeiten politischen Verfalls vernachlässigt wurde, rächte sich die Natur durch Katastrophen unvorstellbaren Ausmaßes. Diese Katastrophen wurden aber wiederum als ein Zeichen dafür aufgefaßt, daß unter den Menschen die sittliche Ordnung gestört war« (Lit 3.6, 9).

Die Verbindung von Himmel, Erde und Menschen drückt der alte Glaube dadurch aus, daß er den »Sohn des Himmels« zugleich als staatliches und religiöses Oberhaupt ansah. Und wenn die Mythen (sL) der Chinesen die Erfindung und Entdeckung wichtigster Lebensgüter der Kultur (Feuerbohren, das Haus, Viehzucht und Ackerbau, Gartenanlagen und Seidenraupenzucht) bestimmten Herrschern ihrer Urzeit zuschrieben, wollten sie damit die Verantwortung, aber auch die *bestandene* Verantwortung dieser Fürsten ausdrücken, wodurch sie erst rechte Fürsten waren. Wenn dieser »Sohn des Himmels« versagte, wurde ihm der Auftrag des Himmels entzogen; er wurde abgesetzt. Staat und Religion waren im Fürsten so eng verbunden, daß »die neun Dreifüße« (d. h. die Vollzahl der Opfergeräte) den Staat bedeuteten, und »die neun Dreifüße umstürzen« war der Ausdruck für den Sturz des Fürsten (Lit 3.6, 16). Und wie der Kaiser oder Fürst durch seine gesellschaftliche Stellung der Sohn des Himmels« war, so hatte auch jeder andere Mensch durch seine gesellschaftliche Stellung seinen religiösen Rang. Diese Vorstellungen haben sich bis heute erhalten, soweit sie nicht durch den Kommunismus zerstört worden sind.

Weil alle Elemente und Vorgänge in Himmel, Erde und Mensch sich entsprechen, gibt es für sie auch die Möglichkeit, in Harmonie zu sein. Die Vorgänge der Atmosphäre, die Gestaltungskräfte der Erdoberfläche, die von den Planeten und vom Mond und von der Sonne ausgehenden Gestaltungskräfte, die Himmelsrichtungen und die Jahreszeiten und alle anderen Himmels- und Erdkräfte haben eine Entsprechung im Menschen. Deshalb können sie den Menschen beeinflussen; aber auch der Mensch kann jene Kräfte beeinflussen. Das ist sogar der eigentliche Kern des chinesischen Glaubens. Im sittlichen Menschen sind diese Kräfte des Universums so ausgeglichen, daß der Mensch die Kraft hat, Himmel und Erde zu bewegen.

Das höchste Wesen. Die Urreligion der Chinesen kannte ein höchstes Wesen, das unter mehreren Namen verehrt und angerufen wurde: »Himmel« (Tien), »Herrscher in der Höhe« (Schang-ti), »Herrscher im Himmel oben« (Hao-tien schang-ti). Dieser Gott scheint in der alten Religion Chinas als ein wirklich *lebendiger* Gott geglaubt worden zu sein: ein Gott, der über Recht und Ordnung in der Welt wacht, der deshalb auch belohnt und straft. Obwohl er oft »Himmel« genannt wird, ist er nicht nur ein örtlich Gedachtes, ein Allumfassendes, sondern ein höchster Gott, der auch *über* dem Himmel ist. Er war für die Gläubigen der Urreligion ein persönliches Wesen, zu dem man persönlich ein Verhältnis haben konnte. Die religiösen Schriften zeichnen jedoch diesen höchsten Gott sowohl als »Herrscher in der Höhe« und noch mehr als »Himmel« sehr blaß, ruhend, aber durchaus gegenwärtig. In dieser Art glauben auch heute noch viele Chinesen an Gott.

Gebet an den höchsten Geist

Am Anfang aller Dinge herrschte das große, dunkle und formlose Chaos. Die Offenbarung der fünf Elemente hatte noch nicht begonnen; die Sonne, der Mond schienen noch nicht. Mitten in diesem Chaos waren weder Form noch Laut wahrzunehmen. Da tatest du, Höchster Geist, deine Macht kund und begannst, das Grobe und das Feine voneinander zu trennen. Du hast den Himmel erschaffen. Alle Wesen haben von dir ihr Dasein und die Kraft sich fortzupflanzen erhalten (Lit 0.11, 84).

Das Tao. Die Ordnung im Universum (sL) ist schon in der chinesischen Urreligion das alles durchwaltende Prinzip (sL). Der Chinese nennt diese Ordnung »Weg des Himmels« (Tao, sprich: dau). Dieser Weg des Himmels wird nicht von einer Person vorgezeichnet, sondern er wirkt wortlos und still: in den Dingen und in den Menschen, die die sittliche Ordnung befolgen. Mit »Tao« bezeichnet der Chinese die Gesamtheit der Ordnung: die Ordnung in der Bewegung der Gestirne ebenso wie den Ablauf der Jahreszeiten, die Folge von Wachsen und Blühen und Reifen und Samenausstreuen im Pflanzenreich, die Ordnung von Geburt und Wachsen und Vergehen beim Menschen, die Ordnung des Denkens und die sittliche Ordnung. Die Naturordnungen und die geistigen und sittlichen Ordnungsvorgänge sind verschiedene Arten der einen Ordnung. Im Gleichklang mit dem Kosmos (sL) zu leben, ist für den Chinesen die Erfüllung des Menschseins.

Es gibt vier Eigenschaften des *Himmels*, die die Naturordnung ausmachen: Geist (Luft), stete Bewegung, Kugelförmigkeit, blau; demgegenüber ist die *Erde* ein Körper, ruhend, viereckig, gelb. Den vier Eigenschaften des Himmels entsprechen die vier Grundtugenden der moralischen Ordnung (Te): Gerechtigkeit, Menschenliebe, Erfüllung der religiösen Riten, Wissenschaft.

Die Gesetzlichkeit muß man erforschen. Wegen der Verflochtenheit der Ordnungen im Himmel, auf Erden (in der Natur) und im Leben der Menschen (des einzelnen Menschen und der menschlichen Gesellschaft) muß der Mensch die Gesetze des Himmels und der Erde erforschen, um sie im menschlichen Einzelleben und im Leben der Gesellschaft wirksam machen zu können. Aufgrund dieser Beobachtungen entstand die Wahrsagerei und das Wahrsagebuch, das diese Gesetzlichkeiten von

Himmel und Erde für die Menschenwelt vorlegt. Wahrsager legen die Aussagen des Wahrsagebuches für den Einzelfall aus. Die große Bedeutung der Wahrsagerei, die in älteren Zeiten hauptsächlich Aufgabe der Priester war, bewirkte die große Bedeutung der Priester in der chinesischen Urreligion. Zu Anfang des 20. Jahrhunderts wurden in der zentralchinesischen Provinz Honan beim Eisenbahnbau Schriften aus der Zeit 1500 bis 1000 v. Chr. ausgegraben: nur Orakeltexte (sL). Man tat nichts Wichtiges ohne vorherige Orakelbefragung.

Die Grundkräfte des Tao. Der Chinese nennt die Grundkräfte des Tao Yang und Yin. In ihrer Bewegung geschieht Wechsel, Entwicklung und Fortschritt der Welt.

Yang ist das positive, harte, männliche, aktive, zeugende, schöpferische, trockene, lichte, glänzende, wärmende, beständige, himmlische Prinzip (sL); *Yin* ist das negative, weiche, weibliche, passive, empfangende, hingebende, feuchte, dunkle und verhüllende, wolkige, kalte, wechselhafte irdische Prinzip. Aber diese Kräfte sind keine Gegenkräfte, keine Gegensätze, sondern sich entsprechende Gegenstücke. Sie bekämpfen sich nicht, sie rufen einander. Trotzdem kommen von Yang die himmlischen Geister, von Yin die niederen Geister. Vielleicht lag auch in der Bezeichnung »himmlische Geister« (Schin) und »niedere Geister« (Zwei) ursprünglich keine Bewertung, sondern eine Bezeichnung der Wirkung im Sinne des ganzen Yang und des ganzen Yin. Nach gewissen Gesetzen wechseln sie einander ab und bringen durch ihr gemeinsames wechselhaftes Wirken alles hervor: sowohl im großen Kosmos (sL) von Welt und Erde wie auch im kleinen Kosmos des Menschen. Das sich geradezu aufdrängende Beispiel für die Erklärung ist der Wechsel der Jahreszeiten. Yang bringt den Sommer hervor; im Herbst arbeitet sich immer stärker die Kraft des Yin durch, bis Yin im Winter seine höchste Kraft entfaltet, die es im Frühjahr wieder an Yang abgibt.

Der Mensch. Zwischen Himmel und Erde, zwischen Yang und Yin, hat der Mensch teil an den Kräften von oben und an den Kräften von unten. Seine Seele ist himmlisch. Da gute und böse Taten schon hier auf Erden belohnt und bestraft werden (durch Glück und Unglück, das alle Taten in sich tragen), lebt jede Seele nach dem Tode des Menschen als Kraft des himmlischen Yang weiter. Auf der Ahnentafel wird der Name des Menschen festgehalten, und die Lebenden verehren seine himmlische Seele durch Opfer.

Der Ahnenkult ist in China mindestens 3500 Jahre alt. Die Idee des Ahnenkults läßt sich für die Urreligion Chinas nicht eindeutig ausdrücken. Jedenfalls wird heute damit das Bekenntnis abgelegt, daß jeder Mensch auch nach dem Tod als Geist mit den Lebenden verbunden bleibt. Für die Lebenden heißt dies, daß alles, was der Mensch ist und hat, auch Teil und Anteil seiner Ahnen ist. Was die Ahnen den Lebenden weitergegeben haben, ist Dankes wert: dafür opfern die Lebenden den Geistern der Toten. Die kindliche Ehrfurcht, welche die Söhne und Töchter den Eltern schulden, setzt sich im Ahnenkult fort. Vernachlässigter Ahnenkult ist gestörte Harmonie, die das Glück der Lebenden gefährdet. Aber die neu gerufenen Geister der Ahnen können hilfreich sein. Deshalb ist es so wichtig, daß alle Totenbräuche und Gedächtnisbräuche am Grab und vor der Gedächtnistafel immer genau beobachtet und mit aller Sorgfalt vollzogen werden.

Feste und Riten. Alle Riten genau zu beobachten, hat man bei allen Opfern, Beschwörungen, Dämonenaustreibungen, Festfeiern seit ältesten Zeiten für ausschlaggebend gehalten. Auch das geht auf den universistischen Grundglauben zurück, daß alles mit allem zusammenhängt. Es gibt keinen Akt des Menschen (gewiß keinen Akt, der sich auf die Geister bezieht, die in der Natur und in den Kulturwerken der Menschen leben), der nicht auch das Leben der Menschen beeinflußte. So ist die gewissenhafte Absolvierung der Opferakte und Festfeiern überall da, wo man im Sinne der universistischen Urreligion (und dann auch im Sinn der daraus entstandenen Religionsformen) diese Opferakte und Feste gläubig begeht, eine Notwendigkeit.

An den Himmelsgeist des Höchsten Herrn

O Herr, nachdem du der passiven Kraft (*Yin*) und der aktiven Kraft (*Yang*) der Materie freien Lauf gegeben hast, hast du dein Werk fortgesetzt. Du hast, o Geist, den Himmel und den Mond und die fünf Planeten erschaffen; und ihr Glanz war rein und von großer Schönheit. Das Himmelsgewölbe breitet sich wie ein Zelt aus, und die Erde in der Gestalt eines Quadrates trug dies alles, und alle Geschöpfe waren glücklich. Ich, dein Diener, erlaube mir, dir meinen ehrfürchtigen Dank abzustatten und, während ich dich anbete, dir, o Herr, zu verkünden, daß wir dir den Namen des Höchsten Herrn verleihen (Lit 0.11, 85).

– In einer Zeit, als die Kritik an der animistischen Religion des chinesischen Ur-Universums bereits als sehr heftig angesehen werden muß, traten zwei Denker auf, die das ganze Gebäude der Urreligion in eigener Weise deuteten. Sie wollten beide ursprünglich damit keine eigene Religion stiften, sondern nur eine Lebenshaltung für den Chinesen verkündigen. Beide Lehren wurden aber durch die Einflüsse der Urreligion dennoch zu Erscheinungsweisen der Religion des chinesischen Universismus. Diese beiden Formen chinesischer Religionen heißen »Konfuzianismus« und »Taoismus«. Man sollte sich jedoch immer klarmachen, daß beide keine selbständigen Religionszweige sind, sondern daß sie genau genommen nur in ihrer Verbindung, die sie mit der Urreligion des Universismus behalten haben oder eingegangen sind, Religionen oder Erscheinungsformen des chinesischen Universismus genannt werden können. Das rechtfertigt auch die Art, wie die Gründung des Konfuzius und die des Laotse in dieser Einführung behandelt werden.

a II. LEBEN UND LEHRE DES KONFUZIUS

Der Name »Konfuzius« wurde dem chinesischen Weisen von katholischen Missionaren gegeben, die als erste seinen Namen und seine Lehre in lateinischen Büchern unter den Europäern bekannt gemacht haben. Der chinesische Name lautet Kung-fu-tse oder einfach Kung-tse (d. h. Meister Kung); Kung ist der Familienname. Bei der Namengebung nach seiner Geburt erhielt er den Namen (»Milchnamen«) Ch'iu (d. h. Hügel), bei der Mannbarerklärung wurde er Chung-ni genannt (d. h. Mittlerer Ni, was eine Beziehung auf seinen Bruder, den Ältesten Ni, enthält). Ni war ein in der Familie üblicher Name.

Das leben des konfuzius. Als sein Geburtsjahr gilt das Jahr 551 v. Chr. Er war der Sohn des Gouverneurs von Tsou. Der Junge erhielt eine sorgfältige, auf die Überlieferungen des chinesischen Volkes ausgerichtete Unterweisung und Erziehung. Früh begann er als Lehrer zu wirken, zunächst als Privatlehrer in einfachen Häusern, später in vornehmeren Häusern und schließlich als Erzieher und Lehrer im Hause eines Ministers seines Heimatstaates Lu. Bei einem Regierungssturz in Lu wich der junge Kung in den Nachbarstaat aus; er konnte dort aber nicht Fuß fassen. Nach Lu zurückgekehrt, begann er die klassischen Bücher der chinesischen Tradition systematisch zu studieren, zu sichten und für eine zusammenfassende Vorlage zu bearbeiten. Gleichzeitig widmete er sich dem Lehren. Ein Amt übernahm er zunächst nicht.

Im Jahre 501 berief ihn der Fürst von Lu zum Distriktsverwalter. Kung nahm das Amt an. Wegen seiner Erfolge ernannte ihn der Fürst zum Justizminister. Als sich der Fürst einem ausschweifenden Leben hingab und die Regierung vernachlässigte, bat Kung um Entlassung (496). Die folgenden dreizehn Jahre zog er als wandernder Lehrer mit Schülern von Ort zu Ort. Nach seiner Rückkehr in das Land Lu (483) widmete er sich erneut literarischen Arbeiten; der Fürst berief ihn nicht wieder in ein Amt. Er starb 479 v. Chr. In der Provinz Schantung, in Ch'ü-fou, ist sein Grab zum Wallfahrtszentrum geworden. Bis vor wenigen Jahren war ein Herzog aus der Familie Kung Betreuer des verehrten Konfuzius-Grabes.

Den Staatsmann Konfuzius muß man als einen Gescheiterten ansehen.

Denn obwohl er sich als Fünfzigjähriger für fähig hielt, ein heruntergekommenes Staatswesen in einem einzigen Jahr wieder einigermaßen in Ordnung zu bringen und in drei Jahren wieder ganz zu ordnen, gelangte er kaum zu einflußreichen Staatsstellen. Er war ein Staatstheoretiker, der selten an die Praxis kam. Seine Antwort darauf war Resignation.

Seine Lebensaufgabe umschreibt Konfuzius mit den Worten: »Ich bin nicht geboren mit der Kenntnis (der Wahrheit), ich liebe das Altertum und ich bin ernst im Streben (nach der Wahrheit)«; er wollte nicht die inspirierte Stimme eines Offenbarers sein, sondern im Studium der großen Tradition suchte er die Erkenntnis. Er schätzte sich bescheiden ein; seine Aufgabe sei, »vieles hören, das Gute davon auswählen und ihm folgen, vieles sehen und sich merken«. Er wollte »beschreiben und nicht machen, treu sein und das Altertum lieben«, also nicht etwas Neues schaffen. Das Nachdenken schätzte er nicht so hoch wie das Lernen: »Ich habe oft den ganzen Tag nicht gegessen und die ganze Nacht nicht geschlafen, um nachzudenken. Es nützt nichts, besser ist es zu lernen« (Lit 3.1: 7,19;7,27; 7,1; 15,30).

Immer wieder war er bemüht, alle Überschätzung abzuwehren: Das höchste Wissen besitze er nicht, die höchste Sittlichkeit lebe er nicht. Was er besitze, sei eine durch Fleiß gewonnene literarische Bildung; nach der Sittlichkeit *strebe* er, und er wolle immer andere fördern. Jeder Mensch habe Talente; er selbst habe sie durch seine entbehrungsreiche Jugend fördern können (sein Vater starb, als Konfuzius drei Jahre alt war); über ein höheres, geheimes Wissen verfüge er nicht (Lit 3.1: 7,32 ff., 9,6.7).

Bei aller Bescheidenheit zweifelte er nicht an seiner Berufung, die Kultur und Sittlichkeit zu erneuern, die von den heiligen Kaisern des Altertums begründet worden waren. Durch diesen Auftrag fühlte er sich gegen alle Gegner geschützt (Lit 3.1: 9,5; 7,22).

Die Lehre des Konfuzius sollte keine neue Lehre sein, sondern lediglich eine Anwendung der Lehren der altchinesischen Religion und Kultur auf das »moderne« (d. h. zur Zeit des Konfuzius moderne) Leben der Menschen. Dabei traf Konfuzius so sehr die Eigenart der Chinesen, daß seine Lehre bis heute eine außerordentliche Wirkung behielt. Die Lebendigkeit der Lehre wird dadurch unterstützt, daß Konfuzius keine systematische Darstellung seiner Lehre gegeben hat. Wohl sind seine Worte überliefert, wenn viele dieser Worte auch spätere Formulierungen aus seinem Geiste sein mögen; aber sie sind nur durch die Mitteilung seiner Schüler und ersten Anhänger überliefert. Dadurch fehlt der Lehre das lückenlos Schlüssige einer systematischen Darstellung. Alles

Gesagte hat gewissermaßen Bezug auf eine aktuelle Situation und wird dadurch nicht zum Lehrsatz; sondern zum Anwendungssatz einer Haltung.

Der gute Mensch. Der allgegenwärtige Ausgangspunkt der konfuzianischen Lehre über den Menschen ist die Überzeugung, daß der Mensch gut ist. Das ist schon die Überzeugung des altchinesischen Universismus. Denn wie das Universum harmonisch ist, so soll auch der Mensch harmonisch sein. Wenn er es nicht ist, fehlt ihm lediglich die Erkenntnis, durch die er harmonisch werden und sein kann. Deshalb sucht Konfuzius immer wieder nach Ausdrücken, Sätzen, Regeln, durch die er dem Menschen die Harmonie vermitteln kann. Er denkt sich diese Regeln aber nicht selbst aus, sondern findet sie beim Studium der Vergangenheit. In den Heiligen der chinesischen Geschichte findet er die persönlichen Vorbilder; in den Vorgängen der Geschichte die Ereignisvorbilder für die Menschen der Gegenwart und Zukunft. Er will seine Lehre auch nicht als erschöpfende Formulierung dessen verstanden wissen, was die Vergangenheit lehren könnte. Er will mit seinen ethischen Sätzen nur Beispiele geben. Andere Menschen, vor allem spätere Menschen werden dem anderes Wichtiges hinzufügen können.

Man stellt die Meinung des Konfuzius wohl am richtigsten dar, wenn man von seiner Lehre über die Gesellschaft ausgeht. Die patriarchalische Familie der Alten wurde durch die Tugend der Kindesliebe gesichert. Deshalb sind »Pietät und Gehorsam die Wurzeln des Menschentums (Lit 3.1: 1,2). Das bezieht sich in erster Linie auf die Eltern: »Solange die Eltern leben, dient man ihnen, wie es sich ziemt; sind sie tot, begrabe man sie, wie es sich geziemt, und opfere ihnen, wie es sich ziemt« (Lit 3.1: 2,5). Das rechte Verhalten in der Beziehung Kinder/Eltern ist aber nur der Ausgangspunkt für die rechten Beziehungen der Menschen in ihren verschiedenen Stellungen zueinander. Der Mensch hat deshalb die Aufgabe, vor allem fünf Beziehungen zu pflegen: die Beziehung Vater/Sohn, die Beziehung Gatte/Gattin, die Beziehung älterer Bruder/jüngerer Bruder, die Beziehung Herr/Diener, die Beziehung Freund/Freund. (Man beachte, daß meistens die stärkere Position voransteht.) Diese Beziehungen der Menschen zueinander glücken nur, wenn der Mensch die »Riten« (*li*) befolgt. Voraussetzungen dieser Riten sind »Würde, Weitherzigkeit, Wahrhaftigkeit, Eifer und Güte. Zeigt man Würde, so wird man nicht verachtet; Weitherzigkeit, so gewinnt man die Menge; Wahrhaftigkeit, so vertrauen einem die Menschen; Eifer, so hat man Erfolg; Güte, so ist man fähig, die Menschen zu verwenden« (Lit 3.1: 17,6). Deshalb gilt es, diese Voraussetzungen bei jeder Gelegenheit zu vergrößern und zu üben. Mit ihnen allein kann man die »Riten«, d. h. die Mittel für die Pflege der persönlichen Beziehungen handhaben:

Achtung, Ehrerbietung, Selbstbeherrschung, Vermeidung von unkultiviertem Benehmen, Beobachtung der überlieferten Höflichkeitsformen u. a. Denn »Ehrerbietung ohne Anstand wird Kriecherei, Vorsicht ohne Anstand wird Furchtsamkeit, Tapferkeit ohne Anstand wird Unbotmäßigkeit, Aufrichtigkeit ohne Anstand wird Grobheit« (Lit 3.1: 8,2).

Die goldene Regel. Wie Buddha und Jesus (vgl. Lk 7,12) lehrt auch Konfuzius die »goldene Regel« des Handelns als allgemeine Faustnorm. Konfuzius formuliert sie in der negativen Form: »Was du nicht willst, das man dir tu, das füg auch keinem andern zu« (Lit 3.1: 15,23). Zugleich gibt diese Regel aber auch das Prinzip wieder: Die Anerkennung der Gegenseitigkeit ist das Sittlichkeitsprinzip des gesellschaftlichen Lebens. Man könnte diesen Grundsatz auch das Prinzip der Gerechtigkeit nennen, wobei die Gerechtigkeit von unten nach oben nicht geübt werden soll: »Wenn der Vater ein Schaf gestohlen hat, so soll der Sohn ihn *nicht* anzeigen« (Lit 3.1: 13,18). Die Gegenseitigkeit findet bei der Begegnung von Güte und Unrecht zwei Reaktionen: »Durch Güte vergelte man Güte, Unrecht durch Gerechtigkeit« (Lit 3.1: 14,36). Mit diesem Satz stehen wir aber schon nicht mehr nur im Bereich der Personen-Beziehungen, sondern mehr im Bereich der gesellschaftlichen Beziehungen, vor allem im Bereich der Staatsgerechtigkeit.

Das sittliche Ideal des einzelnen sieht Konfuzius im »Fürstensohn«, d. h. im edlen Menschen, im vornehmen Charakter, im vollständigen Weisen, der sich selbst beherrscht und sich zum Mitmenschen richtig verhält: Er kennt nur die Gerechtigkeit, der gemeine Mensch kennt nur seinen Vorteil; er wünscht langsam zu sein in seinen Worten, aber rührig in seinen Taten; in seinem Benehmen ist er höflich, im Dienste der Obrigkeit ehrerbietig; in der Fürsorge für das Volk gütig, in der Art, wie er das Volk verwendet, gerecht; er stellt Anforderungen an sich selbst, der Gemeine stellt Anforderungen an andere; er ist nur besorgt, um das Tao (S. 65 f), er ist nicht besorgt über etwaige Armut; er ist unerschüttlich, aber nicht eigensinnig; er hütet sich in der Jugend vor der Wollust, in der Blüte seiner Kraft vor der Streitsucht, im Alter vor der Habgier; er hat Ehrfurcht vor den Befehlen des Himmels, vor den großen Männern und vor den Worten der Weisen der Vergangenheit; er haßt diejenigen, welche die schlechten Eigenschaften anderer verbreiten, welche ihre Vorgesetzten verleumden, welche Tapferkeit ohne Anstand zeigen und welche entschlossen, aber beschränkt sind (Lit 3.1: 4,15.16.24; 5,15.20.31.36; 16,7.8.; 17,24).

Nicht nur bildlich nennt Konfuzius diesen Edlen, diesen vornehmen Charakter den »Fürstensohn«. In der Beziehung liegt auch die Absicht, den Fürsten ihre Bedeutung für die Hebung der Volkssittlichkeit zu zeigen. Konservativ ist dabei zwar seine Haltung, daß das Volk dem

Fürsten Gehorsam schuldet: »Der Herrscher gleicht dem Winde, der Geringe dem Grase. Wenn der Wind über das Gras dahinfährt, muß es sich beugen« (Lit 3.1: 12,19). Ein wirklicher Herrscher ist aber erst der, der dieses Beugen des Volkes vor dem Wind zu einem Beugen vor dem Guten macht. Erst ein solcher Fürst hebt das Volk zur Sittlichkeit empor und ist dadurch ein wirklicher Herrscher: »Wer durch sein tugendhaftes Wesen herrscht, gleicht dem Polarstern. Der verweilt an seinem Ort, und alle Sterne umkreisen ihn ... Wenn man durch Erlasse leitet und durch Strafen ordnet, so weicht das Volk aus und hat kein Gewissen. Wenn man durch Kraft des (tugendhaften) Wesens leitet und durch Sitte ordnet, so hat das Volk Gewissen und erreicht das Gute« (Lit 3.1: 2,1.3).

Gott und Religion bei Kung-tse. Seine ethischen Lehren begründet Konfuzius nicht durch einen Gotteswillen. Trotzdem kann man nicht sagen, daß sie nicht im Metaphysischen (sL) gründen; sie gründen im Tao, in der »Ordnung des Himmels und der Erde«. Das Ziel aller ethischen Vorschriften des Konfuzius ist die Herstellung der Harmonie, der Ordnung unter den Menschen, die das Leben der Menschen zu einem friedlichen Leben macht.

So gut wie kein klärendes Wort sagt Konfuzius über »den Himmel«, obwohl er das Wort oft als Bezeichnung für eine (sächliche) höchste Macht gebraucht. Er spricht auch nicht über das Wesen von Göttern, Erdgeistern, Ahnengeistern, Ahnenverehrung und Leben nach dem Tode. Wenn man ihn danach fragte, lehnte er oft eine Antwort ab. Er betete zu Göttern und Erdgeistern, er verehrte die Ahnen durch Opfer und empfahl ihre Verehrung, aber er gab zu, daß er über das Wesen des Todes genau so wenig zu sagen wisse wie über das Wesen des Opfers. Wohl erkannte er sie an: »Wie herrlich sind doch die Geistkräfte der Götter und Ahnen! Man schaut nach ihnen und sieht sie nicht, man horcht nach ihnen und hört sie nicht. Und doch gestalten sie die Dinge, und keiner kann ihrer entbehren. Sie bewirken, daß die Menschen auf Erden fasten und sich reinigen und Feiergewänder anlegen, um ihnen Opfer darzubringen. Wie Rauschen großer Wasser (ist ihr Wesen), als wären sie zu Häupten, als wären sie zur Rechten und Linken. In den Liedern steht: Der Götter Nahen läßt sich nicht ermessen, wie dürfte man sie mißachten!« (Li-chi I, 1,8). So ergibt sich aus den Texten, daß er trotzdem nichts um das Äußere der Opfer gibt, sondern ihren lebendigen Sinn zu erfüllen sucht, vor allem auch beim Ahnenopfer. »Dieser Sinn«, sagt der Religionswissenschaftler Mensching, liegt im Bewußtsein der numinosen Gegenwart der heiligen Mächte, dem daher auch die persönliche Anwesenheit des Opfernden zu entsprechen hat, so daß man sich dabei nicht von anderen vertreten lassen kann« (Lit 0.10, 276).

a III. DIE URGEMEINDE DES KONFUZIUS

Die Urgemeinde des Konfuzius muß sehr klein gewesen sein. Die Überlieferung sagt, er habe 72 Schüler gehabt. Diese Zahl ist symbolisch zu verstehen. Etwa in dem Sinne: jedes seiner Lebensjahre hatte einen Schüler; Konfuzius wurde 72 Jahre alt. Vielleicht beruht die Zahl aber auch auf astrologischen oder mythologischen Zahlen

VON EINEM »LEBEN DER URGEMEINDE« kann man im Zusammenhang mit Konfuzius kaum sprechen. Er hat ja keine religiöse Gemeinschaft gegründet. Seine Schüler (»Jünger« sagt man für gewöhnlich bei Religionsstiftern) waren keine Gemeinde im Sinn einer Glaubensgemeinschaft. Sie lebten kaum einmal als Gemeinschaft. Die »Urgemeinde« des Konfuzius waren die einzelnen, die er für seine Welt- und Lebenssicht gewonnen hatte: nicht nur Menschen des beschaulichen Lebens, vor allem Staatsmänner, darunter auch Fürsten, Kaufleute, Lehrer, allerdings auch Philosophen; und gerade sie waren es, die unter ihren Schülern aller Art seine Lehre weitertrugen.

DIE LEHRE der »Urgemeinde« war gerade im Fall Konfuzius ganz wesentlich die Lehre des Meisters.

STIFTERLEGENDEN UND LEHREN ÜBER DEN STIFTER KONFUZIUS. Eigentliche Legenden aus der Frühzeit des Konfuzianismus gibt es kaum. Eine Geburtslegende knüpft bei dem Namen Chiu (Hügel) und Chung-Ni (Mittlerer Ni) an. In der Nähe des Geburtsortes des Konfuzius, bei Tsou in der Provinz Schantung, liegt der Hügel Ni (Ni-chiu). Als nämlich der Vater des Konfuzius schon ein alter Mann war, erzählte die Legende, heiratete er ein ganz junges Mädchen. Der Grund für die Heirat war die Hoffnung auf einen Sohn, der ihm das Ahnenopfer darbringen könnte; bis dahin hatte er nur von einer Nebenfrau einen Sohn, der ihm das Ahnenopfer hätte darbringen können; aber er hatte verkrüppelte Füße und war deshalb dazu ungeeignet. Da nun durch das Alter des Mannes keine Hoffnung auf einen Sohn bestand, betete die junge Frau auf dem Hügel Ni (Ni-chiu) um Schwangerschaft. Und der Geist des Berges erfüllte ihre Bitte. Der dankbare Vater gab deshalb dem Kind den Namen Chiu (Hügel) und später den Männernamen Ni. Man darf aber wohl sagen, daß nicht die Namenserklärung hier das Wichtigste ist, sondern die Geschichte von der wunderbaren Empfängnis; denn daß ein berühmter Mann als Sohn eines alten Mannes oder einer alten Frau durch wunderbare Zeugung zur Welt kommt, ist ein uraltes und immer wiederkehrendes Legendenmotiv. Indem von einem Menschen so erzählt wird, soll von ihm gesagt werden, daß er von Anfang an für seinen hohen Weg vorbestimmt war und nicht etwa zufällig dazu gekommen ist. Andererseits wird dadurch erzählerisch unzweideutig ausgesagt, daß dieser Mensch zu den großen Menschen zu zählen ist (man denke zum Beispiel an Isaaks Eltern Sara und Abraham, an die Eltern Johannes des Täufers, Elisabeth und Zacharias, an die einundachtzigjährige Mutter des Lao-tse). – Da Konfuzius seine Schüler dazu erzogen hat, von ihm selbst nicht wie von einem Übermenschen zu reden, ist es sehr bezeichnend, daß es nur wenig allgemein erzählte Geschichten gibt, die die Einzigartigkeit des Meisters herausstellen.

a IV. DIE GRUNDZÜGE DES KONFUZIANISMUS

DIE ÜBERLIEFERUNGEN, auf die sich der Konfuzianismus stützt, sind die Überlieferungen der universistischen Urreligion. Wichtige Einzelelemente dieser Urreligion gehören zur philosophischen Weltsicht des Konfuzius. Die Bücher, in denen die Urreligion niedergelegt ist oder wenigstens zu einem Teil ihren Niederschlag fand, hat Konfuzius auch als die kanonischen Bücher seines eignen Denkens anerkannt. Zwar ist kaum genau zu bestimmen, wieweit Konfuzius und der Konfuzianismus wirklich zu den kanonischen und klassischen Büchern stehen. Fraglos stehen sie heute zu den kulturell schattierten Büchern; und die religiös schattierten Bücher verwerfen sie durchaus nicht, wenn aus ihnen auch viel im Sinne der Ethik, die bei Konfuzius die Oberhand hat, umgedeutet wird.

DIE BÜCHER DES KONFUZIANISMUS sind also zum Teil auch schon die Bücher des altchinesischen Universismus. Konfuzius wollte gerade diese Bücher des chinesischen Altertums in gültiger Form überliefern. Dem galt seine literarische Arbeit, und dem galt auch seine moral-philosophische Lehre. Die Bücher werden für gewöhnlich in zwei Gruppen eingeteilt: in die Gruppe der kanonischen Bücher und die Gruppe der klassischen Bücher.

1. Das kanonische *Buch der Wandlungen* (I-king) wird dem Sagenkaiser Fu-hsi (2950 v. Chr.) zugeschrieben; um 1000 v. Chr. soll der Inhalt von König Wen und dessen Sohn neu geordnet worden sein. Wir besitzen das Buch jedoch nur in der Redaktion des Konfuzius.

Das »Buch der Wandlungen« ist ein Grundbuch des Universismus überhaupt; denn es geht ja im Leben um die Harmonie mit dem Universum. Deshalb muß der Mensch wissen, welche Richtung der Weltlauf nimmt, um sich ihm harmonisch einzufügen. Wie man sich dem Gang des Universums einfügen kann, lehrt das »Buch der Wandlungen«. Alles Dasein ist Übergang von Yang in Yin und von Yin in Yang nach festen Gesetzmäßigkeiten. Indem man diese Gesetzmäßigkeiten aus der Erscheinungswelt erforscht und in bestimmten Symbollinien (sL) aufzeichnet, zeigen sich dem Menschen die Tendenzen (sL) des Weltgesetzes, das sich in der Erscheinungswelt offenbar macht. Wer diese Symbollinien richtig begreift, versteht deshalb die Vergangenheit und erfährt die Richtung des zukünftigen Geschehens. Diese Zukunft, die durch Wandel kommt, entwickelt sich langsam. In diesen langsamen Wandel kann sich der Mensch lenkend einfügen und so die Weiterentwicklung bestimmen.

Die Erkenntnismethoden, mit deren Hilfe man die Richtung des Universums erspürt, ist die Lehre von den Bewegungen im Kosmos (kurz »Astrologie« genannt), die Lehre von der Qualität der Zeiten (Chronomantie), die Lehre von der Zahlensymbolik und Farbensymbolik, von den Witterungserscheinungen und die Lehre von der Deutung des Schildkrötenrückens (der Schildkrötenpanzer ist ein Symbol des Kosmos). Einen Anflug von Wissenschaftlichkeit hat die Lehre vom Einfluß der Erdkräfte des Windes und des Wassers (Geomantie), durch welche die Wohnbereiche der Lebenden und der Toten nach den kosmischen Forderungen beeinflußt werden. – Wie der Kosmos nach ewigen Regeln der Ordnung (Tao) lebt, soll auch der Mensch nach ewigen Regeln, den Regeln der Ordnung (Tao) leben. Dieses *Tao* in der Natur und im Kosmos verlangt vom einzelnen Menschen und von der Gesellschaft der Menschen ethisches Handeln. Unethisches Handeln zieht unweigerlich Störungen des Tao in der Natur und im Kosmos nach sich.

Da für den Chinesen bis nach 1800 n. Chr. China das Zentrum der Erde war, war die Harmonie des chinesischen Reiches auch ausschlaggebend für die Harmonie der ganzen Erdbevölkerung. Deshalb mußte China von einem Kaiser regiert werden, der ganz in Einklang mit dem Weltgesetz stand!

2. Das kanonische *Buch der Lieder* (Schi-king) enthält 305 Lieder der vorkonfuzianischen Zeit, die Konfuzius aus einem umfangreichen Material auswählte.

3. Das kanonische *Buch der Urkunden* (Schu-king) mit Gesetzen, Erlassen und amtlichen Dokumenten, beginnend mit der Zeit des Kaisers Yao (2350 v. Chr.), bis zu Dokumenten des Herzogs Mu von Chin/Tsin, eines Herzogshauses, das nach langer Zeit der Unsicherheit 221 v. Chr. wieder eine gemeinchinesische Dynastie errichten konnte.

4. Das kanonische Buch *Frühling und Herbst* (Chun-chiu), die Geschichte des Staates Lu, des Heimatstaates des Konfuzius, in dem Konfuzius an den Ereignissen der Geschichte aufgrund seiner Lehren moralische Kritik übt.

5. Das kanonische *Buch der Riten* (Li-ki), dessen Einzelheiten z. T. von konfuzianischen Denkern aufgeschrieben wurden, aber erst unter der Han-Dynastie (206 v. Chr. bis 221 n. Chr.) gesammelt, zusammengestellt, redigiert und für kanonisch erklärt wurden.

6. Das klassische Buch *Lun-yü*, in dem Schüler des Konfuzius Gespräche mit dem Meister, Aussprüche des Meisters und Anekdoten aufgezeichnet haben.
7. Das klassische Buch *Große Lehre* (Ta-hsüeh), eine Darstellung der rechten Moral; sie wird als Arbeit des Konfuzius ausgegeben.
8. Das klassische Buch *Weg der Mitte* (Chung-yung) spricht vom inneren Gleichmut als der großen Tugend des Weisen. Der Enkel des Konfuzius hat dieses Buch unter Verwendung vieler Aussprüche des Meisters geschrieben.
9. Das klassische Buch mit Aufzeichnungen über den konfuzianischen Philosophen *Meng-tse* (lateinisch: Menzius), der von 372–289 v. Chr. die Lehren des Konfuzius auslegte und weiterentwickelte.

Glaube und Lehre der Konfuzianer ist die ein wenig mehr systematisierte Lebensweisheit und Lebensphilosophie des Konfuzius. Eigentlich sollte man sie eine Staats- und Sittenlehre nennen; aber da sie auch Elemente hat, die man sonst als religiöse Elemente anspricht, und da sie von den Konfuzianern auch als Religion empfunden wird, kann man diesen Konfuzianismus mit Recht eine Religion nennen. Man sollte jedoch nicht übersehen, daß der Kern dieser Religion eine Sittenlehre für Gesellschaft und Staat ist.
Da der Kern des Staates die Familie ist, gelten die Beziehungen der Familie auch für den Staat. Die Gesamtheit der »fünf Beziehungen« ist deshalb: Die Beziehung zwischen Fürst und Staatsdiener, Vater und Sohn, Mann und Frau, älterem und jüngerem Bruder, Freund und Freund. Die Grundlage der rechten Beziehungen sind die Tugenden der Menschenliebe, der Gerechtigkeit und der Ehrerbietung (Ehrfurcht). Gegenüber Alter und Rang spricht man von »Pietät«. Sie ist die Grundlage für Familie und Staat: gegenüber den Eltern wie gegenüber dem Fürsten. Was die Eltern, die Ahnen, die guten Fürsten und ihre Ahnen dem Menschen der Gegenwart übergeben haben, ist schon allein deshalb verehrungswürdig, weil es von ihnen kommt. Das Ererbte, das Überkommene, das Überlieferte, auch die überlieferten Riten (die alles Geformte umfassen: von der Höflichkeitsform bis zum Opfergang), auch die überlieferte Musik als Ausdrucksmittel der Gefühle, das zugleich ordnend wirkt, sind die Zeugnisse der Ahnen, und indem wir all das hochhalten, ehren wir sie. Um die Kraft der Ahnen zu rufen, um immer wieder im Zeichen darzutun, daß die Ahnen bei uns sind und auch wir von ihren Kräften leben, vollzieht der Konfuzianer das Ahnenopfer. Aber wie er die Kräfte der Ahnen im Ahnenopfer gegenwärtig erlebt, so erlebt er auch im Opfer für Erd- und Himmelsgötter den Gottesdienst der Ahnen und damit ihre Kraft.

EIN KONFUZIUSKULT widersprach eigentlich der Meinung der konfuzianischen Lehre. Trotzdem ergab sich, auf Grundlage des Ahnenkults, im Lauf der Jahrhunderte auch ein Konfuziuskult. Im Jahr 174 v. Chr. besuchte der erste Kaiser der Han-Dynastie das Konfuziusgrab und brachte ihm ein Totenopfer dar. In seiner Heimat wurde 1200 n. Chr. dem Konfuzius ein Tempel errichtet.

In den nächsten Jahrhunderten wuchs das Ansehen des Konfuzius so sehr und wurde seine Gestalt so sehr zur überragenden Weisengestalt Chinas, daß im Jahr 555 n. Chr. ein kaiserliches Edikt verfügte, in der Hauptstadt einer jeden Präfektur müsse ein Konfuziustempel stehen. Damit war gewissermaßen auch verfügt, daß jede Stadt, die einige Bedeutung hatte, einen Konfuziustempel haben mußte.

Bis Anfang des 20. Jahrhunderts könnte man Konfuzius etwa mit einem christlichen Heiligen vergleichen, dem zu Ehren man Kirchen baut. Das kaiserliche Edikt vom 30. Dezember 1906 der Mandschu-Dynastie setzt Konfuzius dann aber mit den Gottheiten des Himmels und der Erde gleich.

aV. DIE AUSBREITUNG DES KONFUZIANISMUS

Konfuzius verkörperte das Lebensideal des nüchternen und praktischen Chinesen. So ist kein Wunder, daß gerade die große Zahl der Auswanderer seine Verehrung in die Länder der Welt trug. Aber auch die Ausbreitung der chinesischen Kultur war ein Fahrzeug für die Verehrung des »Meister Kung«. Die Führungsschicht in Vietnam sah in ihm ihr Ideal. Zwischen 1400 und 1900 hat in Korea die Yi-Dynastie seine Verehrung begünstigt. Seit 1600 breitete sich der Konfuzianismus in Japan aus; drei verschiedene Schulen suchten den chinesischen Klassiker für die japanische Geistigkeit zu erschließen. Die japanischen Staatsmänner gehören sehr oft zu den Konfuziusanhängern.

aVI. DIFFERENZIERUNGEN

Die Lehren, die auf dem Werk des Konfuzius fußen, nennt man oft die Lehren der »Schule des Konfuzius«. Das ist mißverständlich, weil diese »Schule« des Konfuzius sehr oft keineswegs mit der Lehre des Konfuzius übereinstimmt, wenn sie auch von ihr ausgeht oder auf ihr aufbaut. Trotzdem zählen sich all diese Lehren zum Konfuzianismus.

Zur »Schule« im engeren Sinne muß man *Meng-tse* zählen, den die christlichen Missionare (in ihren Schriften über die chinesischen Weisen) »Menzius« nannten. Er lebte von 372–289 v. Chr.; war ein angesehener Lehrer, Beamter und Berater von Fürsten, in der Nachfolge des Konfuzius auch Wanderlehrer. Meng-tse sah sich beauftragt, die Lehre des Konfuzius zu verbreiten, auszulegen und in faßliche Form zu bringen.

Er wurde zum größten Verteidiger der konfuzianischen Lehre. Von den Konfuzianern wird er »der zweite Weise« genannt; christliche Religionswissenschaftler haben ihn den »Paulus des Konfuzius« genannt, was aber nicht besonders gut auf ihn paßt. Zwei wichtige Grundzüge seines Werkes sind der Akzent, den er der Lehre vom guten Menschen gibt: Menschenliebe und Gerechtigkeit sind natürliche Gaben; wer sie übt und sie in sich entfaltet, der kann alles erreichen. Ferner der Akzent, mit dem er die Menschenliebe des Fürsten als das beste Mittel der Regierung hervorhebt: Gäbe es einen Fürsten, »der kein Vergnügen daran fände, Menschen zu töten, so würde das Volk des ganzen Reiches die Hälse reckend zu ihm emporblicken ... Wer Güte übt, ist imstande, alles Land innerhalb der vier Meere zu beschirmen« (Lit 3.5).

Als Gegner der Lehre vom natürlich guten Menschen trat, im gleichen Jahrhundert wie Menzius, *Hsün-tse* auf. Der Mensch ist schlecht, lehrte er; aber durch Erziehung kann er gut gemacht werden. Man muß ihn unter die »Riten« stellen, d. h. ihn Achtung, Ehrerbietung, Selbstbeherrschung, Vermeidung von unkultiviertem Benehmen, Beobachtung der überlieferten Höflichkeitsformen lehren, wie das Konfuzius schon zugunsten des guten Menschen gesagt hatte.

Unter der Han-Dynastie (206 v. Chr. bis 221 n. Chr.) wurden die Ansätze, die in der *Lehre des Konfuzius* für eine *Staatsweltanschauung* lagen, von kaiserlich beauftragten politischen Denkern in ein System gebracht, das die Herrschaften stützte, allein das Überkommene rechtfertigte und die Staatsmacht zum Garanten der konfuzianischen Ethik erklärte. Damit wurde ein Teil der Lehren des Konfuzius verfälscht. Denn niemals hatte Konfuzius die Macht der Fürsten schlechthin heiliggesprochen, sondern nur die Macht der *guten* Fürsten, die für das Volk Beispiel waren und es emporhoben. Indem ein ganz bestimmtes Verständnis des Konfuzianismus sanktioniert wurde, schuf man gleichzeitig die Grundlage für die Bekämpfung anderer Religionen (z. B. des Taoismus und des Buddhismus), womit man einem Wort des Konfuzius ausdrücklich entgegenhandelte: »Irrlehren anzugreifen, schadet nur« (Lit 3.1 : 2,16). Das Volk wurde aber durch die Verstaatlichung des Konfuzianismus nicht als Ganzes konfuzianisch, weil die Lehre des Konfuzius vor allem in der Schicht der Intellektuellen lebendig war.

Die Luft des Konfuzius war den meisten Menschen zu dünn, um sie als Lebensdeutung oder gar als Religion leben zu können. Deshalb gab es mehrere Versuche, *den Konfuzianismus mit anderen Lehren zu verbinden* (z. B. Taoismus oder Buddhismus) und daraus einen für breitere Kreise gangbaren weltanschaulichen Weg zu schaffen.

Der *Neukonfuzianismus* des Tschu-Hsi (1130–1200) wurde unter diesen Neudeutungen die bekannteste und angesehenste: Die Welt besteht aus einem geistigen Prinzip (Vernunft) und einem materiellen Prinzip (luftförmige Substanz). Die Weltvernunft (Li) »ist unsichtbar, unbegrenzt und Quelle der Einheit« (Lit 3.4, 388). Das materielle Prinzip (Ch'i) »ist sichtbar, begrenzt und Ursache der Vielheit. Es gibt kein absolutes Nichts. Auch in der großen Leere hat die Materie immer existiert, aber im Zustand völliger Ruhe; erst durch Li kam sie in Bewegung ... Indem die Materie, von der Vernunft bewegt, sich in Bewegung setzt, entstehen die beiden Erscheinungsformen Yin und Yang, die von Chu Hsi als ruhende und bewegte Materie aufgefaßt werden, und aus ihren verschiedenen Mischungen entstehen die fünf Elemente« (ebd.).
Das höchste Prinzip der Welt, die Weltvernunft, ist im Neukonfuzianismus kein Gott, es »ist keine Persönlichkeit, sondern nur eine nach ganz festen Regeln wirkende Kraft (ebd.). – »Die Menschennatur besteht ebenfalls aus Li und Ch'i. Das immaterielle Prinzip ist stets gut, ... das materielle verschiedenartig, bald gut, bald böse. Dadurch kommt das Böse in die Welt, das durch die Vernunft geregelt werden muß« (ebda).
Die Tätigkeit des Yang ist »Geist« (Shen): Ausdehnen, Sich-Ausbreiten; die Tätigkeit des Yin ist »Dämon« (Kuei): Sich-Zusammenziehen, Zurückkehren, »also nur zwei entgegengesetzte Äußerungsformen desselben Wesens, sein Wachsen und sein Verfall« (ebda). Einen solchen Geist und einen solchen Dämon hat jedes Wesen, ohne sie könnte es gar nicht bestehen. »Auch in den Naturerscheinungen, wie Regen, Wind, Donner, Sonnenschein, sind solche Geister tätig. Es gibt gute Geister des Lichts und böse Geister der Finsternis, auch solche, zu denen man betet. Es gibt heimliche Geister: Sonne, Mond und Sterne, irdische: Berge, Flüsse, Bäume und Geister der Verstorbenen. Das ist die alte Naturreligion in neuer Begründung. – Der Mensch besteht aus Materie und Vernunft. Der feinere Teil der Materie heißt Lebenskraft, der gröbere heißt Körper. Das, womit der Mensch denkt und erkennt, ist seine Intelligenz, die höhere Seele; das, womit er sieht und hört, ist seine Empfindung, die niedere Seele. Beim Tode verläßt die höhere Seele den Körper und kehrt zum Himmel zurück, woher sie stammt. ... Die niedere Seele kehrt mit dem Körper zu ihrem Ursprung, der Erde, zurück. Eine Zeitlang bleibt die höhere Seele noch zusammengeballt und ist für Opfer empfänglich, dann aber verfliegt sie. Den Tod muß der Weise mit Ruhe hinnehmen, da er nichts daran ändern kann« (ebd).
Diese auf der Grundlage des Konfuzius aufbauende Lebensphilosophie bezeichnet der Chinese als »Menschennatur und Vernunft« (Hsing-li). Der dritte Ming-Kaiser (1415 n. Chr.) ließ die Aussagen von 128 Ge-

lehrten dieser Schule sammeln und verschaffte ihr so auch die kaiserliche Billigung. Seit 1750 hatte eine – ebenfalls in kaiserlichem Auftrag hergestellte – verkürzte Fassung dieser Sammlung den Charakter eines amtlichen Philosophiebuches des Konfuzianismus.

bII. LEBEN UND LEHRE DES LAO-TSE

Um das Jahr 604 soll im Dorf Klüschen des südlichen Lehnstaates Tschu der Familie Li ein Kind geboren worden sein, das Erh (oder Ohr, oder Ri, oder Tan – soviele Überlieferungen gibt es) genannt wurde. Sein Mannesname war angeblich Li-Poh-yang. Er wurde (sagt man) in der königlichen Bibliothek zu Lojang, der Reichshauptstadt der Dynastie der Tschu, Archivar. Dieser Archivar soll »lao tse«, d. h. der alte Meister, gewesen sein, von dem das berühmte Buch »Tao-te-king« stammt und den man deshalb den Stifter des Taoismus nennen könnte. Um 350 v. Chr. gab es einen Eremiten Li Erh, der den Beinamen Lao-tse gehabt haben soll. Auch mit diesem Eremiten hat man den Verfasser des Buches gleichgesetzt. Nach anderen Mußmaßungen war »der alte Meister« *(lao-tse)* Orakelpriester am Königshof.

All das ist sehr unbestimmt. Zwar erzählen die Legenden mehr; wahrscheinlich ist sogar schon das oben Gesagte Ergebnis von Legendenerzählungen. Viele Wissenschaftler bezweifeln, daß es überhaupt einen Lao-tse gegeben habe. Sie halten den »alten Meister« für eine Sagengestalt, in der sich das Volk für die im Tao-te-king stehenden Weisheiten einen Verfasser schuf, obwohl die Sprüche und Weisheiten auf viele Philosophen des taoistischen Denkens zurückgehen. Trotzdem weiß man sogar für Laotses Tod ein bestimmtes Jahr zu nennen; er soll 517 v. Chr. gestorben sein.

DAS BUCH DES »ALTEN MEISTERS« stammt also vielleicht weder von einem Philosophen Li Erh aus dem 6. Jahrhundert v. Chr., noch von einem Eremiten-Philosophen aus dem 4. Jahrhundert v. Chr.; aber für die Zeit nach 300 v. Chr. sind Sprüche und Abschnitte aus dem Buch bezeugt. Zweifellos gehört es zu den ältesten Texten der chinesischen Hochliteratur. Den Namen dieses Buches wissen wir für jene Zeit nicht. Erst seit dem Jahre 250 n. Chr. trägt das Büchlein den Namen »Tao-te-king«, d. h. »Buch vom Weltgesetz und seinem Wirken«. Das Büchlein besteht aus 81 Abschnitten, gereimten Texten und Prosaabschnitten. Es hat keinen planmäßigen Aufbau, sondern ist mehr zufällige Sammlung als systematische Darstellung. Das hat die Vermutung gestützt, daß Tao-te-king nicht von einem einzigen Autor sei. Viele Sprüche sind sprachlich dunkel, rätselhaft, aber oft von höchster Poesie. Das Rätselhafte veranlaßte die verschiedensten Deutungen und viele voneinander abweichende Übersetzungen. Auch die deutschen Übersetzungen weichen stark voneinander ab.

Der Hintergrund, vor dem das Buch vom Tao oder vor dem die Philosophie des Tao-te-king zu sehen ist, war die Naturentfremdung der Entstehungszeit, zu der vielleicht auch das allzu systematische Denken des Konfuzianismus gehörte (falls der Konfuzianismus tatsächlich älter sein sollte als der angeblich von Lao-tse stammende Taoismus). Man strebt zur unverdorbenen, ursprünglichen Natur zurück, das heißt: man will das Tao (das ewige Gesetz) wieder wirksam sein lassen, und selbst will man durch Nichthandeln zum rechten Dasein kommen.

Das Tao. Das Grundprinzip der Lehre des Tao-te-king ist das Tao. Das Tao tritt an die Stelle der Götter. Das Tao bei Lao-tse ist nicht mehr die Gesetzlichkeit des Ur-Universums, über das die Götter oder der Gott (»Himmel«) wacht; vielmehr wird jetzt das Tao selbst das Höchste, zwar nicht etwas Persönliches, sondern ein Urgrund von allem Sein und allem Eigensein. Als Urgrund von Sein und Eigensein ist es das wirksame Gesetz der Wesen und die Norm für das Handeln. – Als Grundprinzip von Dasein und Handeln ist das Tao ewig. Das Ewige läßt sich nicht fassen und nicht begreifen und nicht benennen. Alle Benennungen sind Versuche, das Unbenennbare für den Menschen, der wissen will, zu erfahren. Deshalb wird das Tao »aller Wesen Ahnherr«, »Mutter der zehntausend Wesen« genannt.

Im Menschen wirkt das Tao spontan. Dieses spontane Wirken nennt Lao-tse: Te. Der Mensch, der in Verbindung mit dem Tao steht, hat die Aufgabe, die Gesetzlichkeit des Tao zu verwirklichen. Das Wirken des Tao im Menschen umschreibt Lao-tse so: Ein solcher Mensch »streitet nicht und weiß doch zu bezwingen; er redet nicht und weiß doch Antwort zu bekommen; er ruft nicht, und man kommt von selbst; er scheint zu zaudern und sieht doch den Zeitpunkt vor«. Aber der Mensch kann sich auch durch egoistische Ziele und Begehren vom ewigen Gesetz des Tao entfernen, und er wird unglücklich. Nur wenn der Mensch dem natürlichen Fluß des vom Tao gelenkten spontanen Geschehens freien Lauf läßt, kann er recht leben und glücklich werden. Voraussetzung, um nach dem Tao leben zu können, ist deshalb Lösung von aller Leidenschaft, von allen Süchten wie Herrschsucht, Machthunger, Gewinnsucht, ja sogar Wissensdurst.

Texte aus dem Tao-te-king:

Verkörperung des *Sinns*

Der *Sinn,* den man ersinnen kann,
ist nicht der ewige *Sinn.*

Der Name, den man nennen kann,
ist nicht der ewige Name.
Jenseits des Nennbaren liegt der Anfang der Welt.
Diesseits des Nennbaren liegt die Geburt der Geschöpfe.
Darum führt das Streben nach dem Ewig-Jenseitigen
zum Schauen der Kräfte,
das Streben nach dem Ewig-Diesseitigen
zum Schauen der Räumlichkeit.
Beides hat einen Ursprung und nur verschiedene Namen.
Diese Einheit ist das große Geheimnis.
Und des Geheimnisses noch tieferes Geheimnis:
Das ist die Pforte der Offenbarwerdung aller Kräfte.

Pflege der Persönlichkeit

Wenn auf Erden alle das Schöne als schön erkennen,
so ist dadurch schon das Häßliche gesetzt.
Wenn auf Erden alle das Gute als gut erkennen,
so ist dadurch schon das Nichtgute gesetzt.
Denn Sein und Nichtsein erzeugen einander.
Schwer und Leicht vollenden einander.
Lang und Kurz gestalten einander.
Hoch und Tief verkehren einander,
Stimme und Ton vermählen einander.
Vorher und Nachher folgen einander.
Also auch der Berufene:
Er verweilt im Wirken ohne Handeln.
Er übt Belehrung ohne Reden.
Alle Wesen treten hervor,
und er verweigert sich ihnen nicht.
Er erzeugt und besitzt nicht.
Er wirkt und behält nicht.
Ist das Werk vollbracht,
so verharrt er nicht dabei.
Und eben weil er nicht verharrt,
bleibt er nicht verlassen.

Friede auf Erden

Die Bedeutenden nicht bevorzugen:
so verhütet man, daß die Leute streiten.
Schwer zu erlangende Güter nicht wert halten:
so verhütet man, daß die Leute zu Dieben werden.
Auf nichts Begehrenswertes sehen:
so verhütet man, daß das Herz sich verwirrt.

Also auch ist das die Ordnung des Berufenen:
Er macht ihr Herz leer und ihren Leib tüchtig.
Er macht ihr Begehren schwach und ihre Knochen stark.
Er sorgt stets, daß die Leute ohne Erkennen und ohne Begehren sind,
und daß jene »Erkennenden« nicht zu handeln wagen.
Das Nicht-Handeln üben:
so kommt alles in Ordnung.

Das Wesen der Beweglichkeit

Höchste Güte ist wie das Wasser.
Des Wassers Güte ist es, allen Wesen zu nützen ohne Streit.
Es weilt an Orten, die alle Menschen verachten.
Drum steht es nahe dem *Sinn*.
Beim Wohnen zeigt sich die Güte an dem Platze.
Beim Denken zeigt sich die Güte in der Tiefe.
Beim Schenken zeigt sich die Güte in der Liebe.
Beim Reden zeigt sich die Güte in der Wahrheit.
Beim Walten zeigt sich die Güte in der Ordnung.
Beim Wirken zeigt sich die Güte im Können.
Beim Bewegen zeigt sich die Güte in der rechten Zeit.
Wer sich nicht selbst behauptet,
bleibt eben dadurch frei von Tadel.

Rückkehr zur Wurzel

Wenn wir die äußerste Selbstenteignung erreicht,
Die Stille unerschütterlich bewahren,
so mögen alle Wesen zugleich sich regen:
wir schauen zu, wie sie wiederkehren.
Der Wesen zahllose Menge entwickelt sich,
doch jedes wendet sich zurück zu seiner Wurzel.
Zurückgewandt sein zur Wurzel: das ist Stille.
Stille: das ist Rückkehr zur Bestimmung.
Rückkehr zur Bestimmung: das ist Ewigkeit.
Die Ewigkeit erkennen: das ist Weisheit.
Wer die Ewigkeit nicht erkennt, der handelt blindlings und unheilvoll.
Erkenntnis der Ewigkeit bringet Duldsamkeit.
Duldsamkeit bringet Edelsinn.
Edelsinn bringet Herrschaft.
Herrschaft bringet himmlisches Wesen.
Himmlisches Wesen bringet *Sinn*.
Der *Sinn* bringet Dauer.
Ist das Ich nicht mehr, so gibt es keine Gefahren.

Verfall der Sitte

Der große *Sinn* ward verlassen:
So gab es Sittlichkeit und Pflicht.
Klugheit und Edelsinn kamen auf:
So gab es die großen Lügen.
Die Blutsverwandten wurden uneins:
So gab es Kindespflicht und Liebe.
Die Staaten kamen in Verwirrung und Unordnung:
So gab es treue Diener.

Die drei Schätze

Alle Welt sagt, mein »*Sinn*« sei zwar großartig,
aber er scheine für die Wirklichkeit nicht geschickt.
Aber gerade das ist ja seine Größe,
daß er für die Wirklichkeit nicht geschickt erscheint.
Denn die Geschicklichkeit führt auf die Dauer zur Kleinlichkeit.
Ich habe drei Schätze,
die ich schätze und hüte:
Der eine ist die Liebe,
der zweite ist die Genügsamkeit,
der dritte ist die Demut.
Die Liebe macht, daß man mutig sein kann;
Die Genügsamkeit macht, daß man weitherzig sein kann,
die Demut macht, daß man fähig wird zu herrschen.
Heutzutage ist man mutig unter Preisgabe der Liebe,
weitherzig unter Preisgabe der Genügsamkeit,
den andern voran unter Preisgabe der Demut:
Das ist der Tod.
Denn die Liebe siegt im Kampfe,
ist fest in der Verteidigung.
Wen der Himmel retten will,
den schützt er durch die Liebe.

Entfaltung des Wesentlichen

Wahre Worte sind nicht schön,
schöne Worte sind nicht wahr,
Tüchtigkeit überredet nicht,
Überredung ist nicht tüchtig.
Der Weise ist nicht gelehrt,
der Gelehrte ist nicht weise.
Der Berufene häuft keinen Besitz auf.
Je mehr er für andere tut,

desto mehr besitzt er.
Je mehr er anderen gibt,
desto mehr hat er.
Des Himmels Sinn ist segnen ohne zu schaden.
Des Berufenen Sinn ist wirken ohne zu streiten.

Verborgenes Leben
Der Erkennende redet nicht,
der Redende erkennt nicht.
Er hält seinen Mund zu und schließt seine Pforten.
Er mildert ihre Schärfe,
er löst ihre Wirrsale,
er mäßigt ihren Glanz,
er vereinigt sich mit ihrem Staub.
Das ist geheime Vereinigung.
Er ist unzugänglich für Annäherung.
Er ist unzugänglich für Entfremdung.
Er ist unzugänlich für Gewinn.
Er ist unzugänglich für Schaden.
Er ist unzugänglich für Ehre.
Er ist unzugänglich für Niedrigkeit.
Darum ist er der Vornehmste auf Erden. (Lit 3.2)

Nach Lao-tse ist das Tao das schweigsame, unbeschreibliche Prinzip des Alls. Wo es herrscht, da geschieht alles unbewußt richtig, und es geschieht leicht. Es gab einmal eine Zeit, glaubte Lao-tse, da standen die Menschen ganz unter dem Einfluß des Tao. Die Folge davon war ein unbewußt glücklicher Zustand. Vielleicht waren die Menschen »primitiv«, aber sie waren vollkommen. Sie lebten ein einfaches, naturnahes Leben. Sie hatten keine Kenntnisse, sie unterschieden sich nicht durch besondere Leistungen. Aber dann zerfiel die Herrschaft des Tao in ihnen. Es kam Wissen, es kamen Erfindungen – und darin lag der Grund allen Übels. Das Unbewußt-Richtige war nicht mehr, geschah nicht mehr; statt dessen traten bloße Namen an die Stelle der Sache. Nun begann man die Tugenden zu rühmen, aber man hatte sie nicht mehr. »Könnten wir nur unsere Heiligkeit abtun und unsere Weisheit loswerden, so würde es hundertmal besser um das Volk stehen. Könnten wir nur unsere Menschenliebe abtun und unsere Tugend loswerden, so würde das Volk wieder anhänglich, liebevoll werden.« Wir wollen Tao wieder zur Geltung bringen? Dann müssen wir uns selbst hingeben, aufgeben – samt unseren Tugenden.

bIII. DIE URGEMEINDE DES TAOISMUS

Von einer Urgemeinde des Taoismus zu reden ist gewagt. Selbst die Legende erzählt nichts von direkten Schülern des Lao-tse, die mit ihm gezogen sind. Und von Anhängern, die sich unmittelbar zum lebenden oder toten Lao-tse bekannt hätten, wissen wir auch nichts. Es wird sogar gesagt, das Buch Tao-te-king habe unmittelbar nach seinem Erscheinen keinen großen Eindruck gemacht. Aber nach und nach fanden sich dann doch Gelehrte und Weise, die sich zur Denkweise des Taoismus bekannten und die Philosophie des Taoismus als Grundlage des Lebens dozierten. Man könnte auch sagen, falls das Buch aus der Lehre mehrerer Philosophen und Lehrer hervorging: Die Urgemeinde der Lehrer und Weisen war eher da als das Tao-te-king. Die Philosophen sammelten sich nicht um das Buch, sondern die Philosophen schufen sich mit dem Büchlein einen Sammelpunkt ihres Denkens. Aus diesem Grunde ist es nicht möglich, gegenüber dem Tao-te-king von einer eigenen Lehre der Urgemeinde zu sprechen. Denn entweder hat die Urgemeinde das Buch gemacht oder das Buch hat die Urgemeinde gemacht.

STIFTERLEGENDEN gab es auch über Lao-tse, obwohl es ihn vielleicht gar nicht gegeben hat. Gerade das Fehlen jeglicher Geschichtlichkeit hätte dann den Wuchs der Legenden gefördert.

Die Geburtslegende erzählt, ein Sonnenstrahl habe das Kind in seiner damals 81 Jahre alten Mutter gezeugt. Die Mutter trug das Kind 81 Jahre lang; dann wurde es aus ihrer Hüfte geboren. Wenn man weiß, daß das Buch Tao-te-king, das dem Lao-tse zugeschrieben wird, 81 Sprüche (Abschnitte) enthält, findet man sehr bald eine Auslegung für die 81-jährige Mutter und für die 81 Jahre, die der Autor dieses Buches im Mutterleib getragen wurde.

Zu den Legenden gehört auch die Erzählung von der Begegnung des jungen Konfuzius mit dem alten Lao-tse am Königshof in Lojang. Die Legenden halten immer und überall an der fast gleichzeitigen Lebenszeit von Lao-tse (604 – 517 v. Chr.) und Konfuzius (551 – 479 v. Chr.) fest.

Dichtung und Legende erzählen, Lao-tse habe die Dynastie seines Königs außerordentlich geliebt. Aber der Egoismus der Vasallen habe die Dynastie dem Verfall nahegebracht; in Sorge darüber habe der Philosoph seinen Archivardienst verlassen, um sein Ende in der Einsamkeit abzuwarten. Beim Überschreiten der Landesgrenze habe ihn der Grenzbeamte Yin-hi am Grenzpaß Han-ku gebeten, seine Philosophie schriftlich niederzulegen und sie ihm zu übergeben. *Bert Brecht* hat darüber ein nüchtern treffendes Gedicht geschrieben: Legende von der Entstehung des Buches Taoteking auf dem Weg des Laotse in die Emigration.

Als er Siebzig war und war gebrechlich,
Drängte es den Lehrer doch nach Ruh.
Denn die Güte war im Lande wieder einmal schwächlich,
Und die Bosheit nahm an Kräften wieder einmal zu.
Und er gürtete den Schuh.

Und er packte ein, was er so brauchte:
Wenig. Doch es wurde dies und das.
So die Pfeife, die er immer abends rauchte,
Und das Büchlein, das er immer las.
Weißbrot nach dem Augenmaß.

Freute sich des Tals noch einmal und vergaß es,
Als er ins Gebirg den Weg einschlug.
Und sein Ochse freute sich des frischen Grases,
Kauend, während er den Alten trug.
Denn dem ging es schnell genug.

Doch am vierten Tag im Felsgesteine
Hat ein Zöllner ihm den Weg verwehrt:
»Kostbarkeiten zu verzollen?« – »Keine«.
Und der Knabe, der den Ochsen führte,
sprach: »Er hat gelehrt«.
Und so war auch das geklärt.

Doch der Mann in einer heitren Regung
Fragte noch: »Hat er was rausgekriegt?«
Sprach der Knabe: »Daß das weiche Wasser
in Bewegung
Mit der Zeit den mächtigen Stein besiegt.
Du verstehst, das Harte unterliegt«.

Daß er nicht das letzte Tageslicht verlöre,
Trieb der Knabe nun den Ochsen an.
Und die drei verschwanden schon um eine schwarze Föhre,
Da kam plötzlich Fahrt in unsern Mann,
Und er schrie: »He, du! Halt an!

Was ist das mit dem Wasser, Alter?«
Hielt der Alte: »Interessiert es dich?«
Sprach der Mann: »Ich bin nur Zollverwalter,
Doch wer wen besiegt, das interessiert auch mich.
Wenn du's weißt, dann sprich!

Schreib mir's auf! Diktier es diesem Kinde!
So was nimmt man doch nicht mit sich fort.
Da gibt's doch Papier bei uns und Tinte.
Und ein Nachtmahl gibt es auch: ich wohne dort.
Nun, ist das ein Wort?«

Über seine Schulter sah der Alte
Auf den Mann: Flickjoppe. Keine Schuh.
Und die Stirne eine einzige Falte.
Ach, kein Sieger trat da auf ihn zu.
Und er murmelte: »Auch du?«.

Eine höfliche Bitte abzuschlagen,
War der Alte, wie es schien, zu alt.
Denn er sagte laut: »Die etwas fragen,
Die verdienen Antwort.« Sprach der Knabe:
»Es wird auch schon kalt«.
»Gut, ein kleiner Aufenthalt«.

Und von seinem Ochsen stieg der Weise.
Sieben Tage schrieben sie zu zweit.
Und der Zöllner brachte Essen (und er
fluchte nur noch leise
Mit den Schmugglern in der ganzen Zeit).
Und dann war's soweit.

Und dem Zöllner händigte der Knabe
Eines Morgens einundachtzig Sprüche ein.
Und mit Dank für eine kleine Reisegabe
Bogen sie um jene Föhre ins Gestein.
Sagt jetzt: Kann man höflicher sein?

Aber rühmen wir nicht nur den Weisen,
Dessen Name auf dem Buche prangt!
Denn man muß dem Weisen seine Weisheit
erst entreißen.
Darum sei der Zöllner auch bedankt:
Er hat sie ihm abverlangt.

Nachdem Lao-tse das Buch Tao-te-king geschrieben hatte, berichtet die Legende weiter, ging er zu den »Barbaren des Westens«, um ihnen die Weisheit vom Tao zu bringen. Keiner weiß genau, wohin er gegangen; keiner weiß, wo er gestorben ist. Aus der Lehre aber, die er den Bewohnern des Westens brachte, habe sich *auch* der Religionszweig des Buddhismus entwickelt. (Das heißt, daß die Legende auf jeden Fall an der Lebenszeit des Lao-tse und der Entstehung des Tao-te-king im 6. Jahrhundert v. Chr. festhält.)

bIV. DIE GRUNDZÜGE DES TAOISMUS ALS RELIGION

Wer nicht alles Fremde ablehnt, weil er nur gelten läßt, was ihm von Jugend auf vertraut ist, der wird für viele Züge des (von Lao-tse gelehrten) Taoismus Zuneigung, ja Bewunderung empfinden können; er wird darin manches finden, das er für sich bejahen möchte. Aber was er dabei bejaht, ist nicht der Taoismus als Religion, sondern der Taoismus als Philosophie, Lebenslehre und Ethik. Der »chinesische Taoismus« als Religion hat mit diesem Taoismus des Lao-tse oder des Tao-te-king nur noch sehr wenig zu tun. Der Taoismus als Religion steigt aus einer volkstümlichen, um nicht zu sagen vulgären (sL) Weltsicht. Er hat sich aus der chinesischen Urreligion, aus mahayana-buddhistischen Formen (S. 44–50) und aus einem sehr abgesunkenen Verständnis des Taoismus altchinesischer Prägung entwickelt.
Aus den heiligen Büchern des altchinesischen Taoismus ragt zwar noch das Tao-te-king hervor; aber nur wenige Sätze dieses Buches sind noch im Gedächtnis geblieben.

GLAUBE UND LEHRE. Das »Tao als Lebenskraft« scheint schon in der Zeit des Lao-tse eine volkstümliche Vorstellung vom Tao gewesen zu sein. Diese Vorstellung fußte auf der alten philosophischen Vorstellung vom schöpferischen Tao, verstand dies aber sehr naturalistisch, d. h. als aus der Natur erklärbar und in der Natur wirkend: Tao hat alles Vorhandene ins Dasein gerufen; Tao weilt in allem Körperlichen; Tao ist das eigentlich Lebenerhaltende; deshalb versucht man sich des Tao zu versichern. Tao ist eine Macht, mit der man in Kontakt bleiben muß. Götter und Halbgötter, die offensichtlich hohen »Anteil« am Tao haben, können zu diesem Kontakt helfen.
Die taoistische Götterwelt. Die taoistischen Götter sind unübersehbar. Zu ihnen gehören Naturgötter (Sterngötter, Götter der Metalle, Götter in Gestalt legendärer Tiere u. a.), Schutzgötter (der Küchengott, die Stadtgötter, Götter der Berufe, Götter der Epidemien usw.), helfende Götter (z. B. ein Gott des Reichtums, ein Räubergott, ein Gott der Betrunkenen), Heldengötter (vor allem Helden der chinesischen Frühgeschichte) und zu Gottheiten gewordene Weise (z. B. Konfuzius). An ihrer Spitze stehen die »drei Reinen« als höchste Götter: der Fabelkaiser des Altertums Hwang-ti (der Himmelsgott); der »Uranfang«, das ist

das als Person gesehene und verehrte Tao, das als »Urmensch« die Welt aus sich hervorbrachte; und Lao-tse, der unter die Götter versetzte »alte Meister« des Tao-te-king.

Zwar darf man glauben, daß nicht alle, die von diesen Göttern sprachen oder sprechen, diese Götter *so* geglaubt haben oder *so* glauben, wie die Menschen an einen Hochgott oder an den Einen Gott glauben. Es ist viel Symbolik in diesem Glauben. Trotzdem waren für das schlichte Volk die Götter wirkliche Götter.

Der Jenseitsglaube. Im Taoismus entwickelte sich zweifellos aus einer ursprünglich sehr geistigen Vorstellung vom »Himmel« ein sehr massiver Jenseitsglaube. Ein Zeichen dafür sind die 81 Himmel des Taoismus, die auf die 81 Abschnitte des Buches Tao-te-king hinweisen und eher heißen mögen, daß jeder dieser Sprüche ein Heilsweg ist und zum Himmel führt. Aber im volkstümlichen Taoismus der späteren Zeit führte das zur Vorstellung von 81 Himmeln, aus denen zwei herausragen: im Westen Chinas, von hohen Gebirgen geschützt, das Paradies – der Ort der Heiligen und zu Göttern gewordenen Weisen und Helden. – Die Büßer und Asketen, die zu Helfern der Menschen geworden sind, leben auf den »Inseln der Seligen« im östlichen Meer. Demgegenüber stehen die zehn Regionen der Hölle, von denen jede von einem Höllenkönig regiert wird, die den Bösen ihr Strafteil zumessen. Die Höllenkönige schicken die Bestraften auch manchmal wieder auf die Erde, damit sie dort als Tiere oder geringe Menschen ihre Strafe in einer Wiederverkörperung abbüßen (hinduistisches Erbe, durch den Mahayana-Buddhismus vermittelt: S. 44 ff u. 89).

DER KULT DES TAOISMUS kennt Speiseopfer für Götter und Geister, Bittopfer für Lebende und Tote, Prozessionen und theatralische Darstellungen der Heilsgedanken. All das geht in unvorstellbarem Prunk vor sich. Stark entwickelt sind die magischen Kultelemente wie Zauberei, Wahrsagerei, Talismanhandel, Elixierbrauerei. Der Kult dient ja nicht so sehr der Anbetung und Verehrung der Götter wie der Sicherung des eigenen Lebensglücks (im Sinne von Reichtum und langem Leben). Es geht um die Verbindung mit dem Tao; es geht darum, »im Tao zu sein« oder ähnliches.

Die Mönche. Mönche spielten im Taoismus früher eine größere Rolle als heute; aber unter den Anhängern des Taoismus gelten sie auch heute noch viel. Ihr eigentlicher Dienst ist die »schöpferische Muße«, in der sie sich in das Wunder und die Wirklichkeit des Tao versenken. Obwohl viele von ihnen ganz sicherlich dem Taoismus im Sinne des Lao-tse anhängen, dienen die meisten von ihnen trotzdem dem vulgären Taoismus als Liturgen (sL), Exorzisten (sL) und Zauberer.

bV. DIE AUSBREITUNG DES TAOISMUS

Der Taoismus ist im großen und im ganzen auf China beschränkt geblieben.

bVI. »DIFFERENZIERUNGEN«

Im Zusammenhang der chinesischen Tao-Religionen ist das Thema »Differenzierungen« etwas anders anzufassen als bei andern Religionen; denn das Tao ist ein Thema des gesamten chinesischen Universismus. Es ist ein Begriff, der schon vor Lao-tse bekannt war und weltanschauungsbildend gewirkt hatte. Die Weltanschauungen, die sich auf das Tao gründen, gehen als breiter und starker Strom durch das ganze chinesische Geistesleben. Freilich zeigt sich der Tao-Begriff in den geistigen Landschaften des Chinesentums in verschiedensten Zusammenhängen. Will man also von »Differenzierungen« sprechen, so sind auch die beiden Philosophien oder Religionen, die wir hier besprochen haben (Konfuzianismus und Taoismus), als Differenzierungen der allgemeinen Tao-Weltanschauung Chinas anzusehen. Weil sich der Tao-Begriff, je nachdem in wessen Händen er sich befindet, wandelt, ist er auch so schwer zu fassen. Wer Tao mit einem einzigen Wort wiedergeben will, würde damit leugnen, daß er mehr als *eine* Bedeutung hat. Zwar kann man, von der eigentlichen Wortbedeutung ausgehend, sagen: *tao* bedeutet »Weg«. Aber was für ein Weg ist gemeint? Tao kann vieles sein: Methode, Prinzip, Naturkraft, Lebenskraft, die Naturvorgänge in ihrer gesetzlichen Ordnung, Idee der Welt, Ursache aller Erscheinungen dieser Welt, das ethisch Rechte, das ethisch Gute, die sittliche Weltordnung.

Das Tao war auch für *Konfuzius* der eigentliche Wert. Aber er wollte ihn um jeden Preis in Zusammenhang mit der Vergangenheit finden. Im Zusammenhang mit der Vergangenheit sah er die Garantie für Recht und Wohlfahrt. Wenn man die Betonung des Tao durch *Lao-tse* (oder durch die Weisen, die das Tao-te-king verfaßten) für die Zeit nach Konfuzius ansetzt, hat man bald den Grund, warum sich die Bewegung, die von hier ausging, »Taoismus« nannte. Hier sollte das wahre Tao gelehrt und betont werden: das Tao, das immer neu ist, das sich stets wandelt, das völlig unabhängige Lebensprinzip, das nicht auf Aktivismus beruht wie die Lebenshaltung des Konfuzius.

So würde also einerseits der Name »Taoismus« betonen, daß zum Tao die Differenzierung gehört, und weiterhin, daß es auch Chinesen gibt, die das wahre Tao verlieren, indem sie es zu finden behaupten (wie der Konfuzianer). Und drittens wird man nach einer solchen Überlegung erkennen, daß die bedeutendste, folgenreichste, vom Ursprung her gesehen am meisten verfälschende Abweichung vom Taoismus des Laotse in der Durchdringung des Taoismus des Tao-te-king mit Zauberpraktiken geschah. In der Mitte des Taoismus steht ja der Glaube, daß der Mensch durch *Erkenntnis* des Tao Macht über Natur und Tod gewinnt; ewiges Leben wird ihm dadurch sicher. Indem man diese »Erkenntnis« vergröberte, glaubte man, das Wissen durch Zaubertrank oder Zauberpille erlangen zu können und so bereits bei irdischen Lebzeiten das ewige Leben zu erreichen. Aber sehr oft richteten sich diejenigen, die davon tranken oder aßen, zugrunde. Ähnlich nahm man Bilder, die von den »Inseln der Seligen« sprachen, so irdisch und realistisch, daß Kaiser Shi-huang-ti (der erste »erhabene Göttliche, Herr und Kaiser« aus der Chin-Dynastie: seit 221 v. Chr.) Jünglinge und Jungfrauen auf Schiffen ins Ostmeer schickte, um die Insel der Seligen zu suchen.

Kaiser Chang Tao-ling aus der Han-Dynastie gründete im 1. Jahrhundert n. Chr. sogar eine taoistische Hierarchie. Die Spitze war der »Himmelsmeister«, der Vertreter des höchsten taoistischen Gottes war, des Edelsteinkaisers. Er war nicht nur der oberste taoistische Magier, sondern auch der Herr der taoistischen Magier. Von ihm erhielten Zauberer und Geisterbeschwörer ihre Diplome, und das entsprechende Staatsministerium erhielt von ihm Gutachten über die Versetzung verdienter Persönlichkeiten unter die Götter. Von 1016 bis 1930 war der Sitz des Himmelsmeisters auf dem Drachen- und Tigerberg in Kiangsi. 1930 wurde Kiangsi von der Roten Armee besetzt. Seitdem gibt es keinen »Himmelsmeister« mehr.

VII. DAS MODERNE GESICHT DES UNIVERSISMUS

Die ganze chinesische Kulturwelt ist durch die Begegnung mit der westlichen Kultur und der modernen Technik in eine schwere Krise geraten. Die stetige, etwa dreitausendjährige kulturelle Entwicklung Chinas begann schon vor dem Jahre 1800 zu stocken, wodurch sie für die späteren Fremdeinflüsse desto anfälliger wurde. Das alles wirkte sich auch auf die universistische Religion in China aus.

Ein großer Teil des Volkes, das man von Konfuzius und Laotse gebildet glaubte, ist heute kommunistisch. Auch wer dem Kommunismus positiv gegenübersteht, wird zugeben, daß von Konfuzius und Laotse bis zu Mao Tse-tung ein weiter Schritt ist. Ist dieser Schritt plötzlich gekommen?

Für einen plötzlichen Schritt wäre dieser Schritt zu weit. Vor dem Schritt zum Kommunismus Mao Tse-tungs steht sowohl für das China des Konfuzius wie das China des Taoismus ein gewisser Leerlauf des Religionslebens. Es fing mit der Protestbewegung des jungen China gegen die Rückständigkeit des zivilisatorischen Zustandes an; das erste Opfer war der Kaiser, der ja nach alten Vorstellungen, falls er in ethischer Lauterkeit lebte, die Verbindung der Erde mit dem Himmel garantierte. Als der Garant fortfiel, fiel auch viel Glaubensstütze fort. Konnte man unter solchen Umständen noch sein Lebensideal im »Fürstensohn« sehen? Die Jugend wandte sich seit 1919 deshalb lieber mehr und mehr radikalen Idealen zu: »Wenn China sich nicht ändert und nicht die Vergangenheit vergißt, muß es untergehen!« Die Vergangenheit war aber sowohl die zivilisatorische Rückständigkeit als auch der Konfuzianismus und Taoismus. Nicht mehr die kanonischen Bücher der Tradition waren nun die Schriften, aus denen man etwas lernen konnte; 1928 begann man die russischen proletarischen Romane zu lesen. Vor solchen Idealen konnten die Unterwürfigkeitsideale des Konfuzianismus nicht mehr bestehen. Er wurde nach Strich und Faden lächerlich gemacht, ohne daß man ihn systematisch bekämpfte. Die Fortsetzung ist der chinesische Kommunismus.

VIII. RELIGION UNTER RELIGIONEN

Obwohl der Universismus die typisch chinesische Religion genannt werden darf, haben Konfuzianismus und Taoismus auch in China niemals eine universale Verbreitung erreicht. Das Volk hat zwar in einer Form des Ur-Universismus seine Religion gelebt, die stark animistisch genannt werden muß. Seit etwa 25 v. Chr. drang der Buddhismus in China ein und fand später vor allem in der Form des »großen Fahrzeugs« (Mahayana-Buddhismus) weite Verbreitung. Am Vorabend des entscheidenden Bürgerkrieges (1947) zählten sich von 530 Millionen Chinesen 150 Millionen zu den Buddhisten, während sich nur 30 Millionen Taoisten nannten. Als Konfuzianer bezeichneten sich um 1947 in China und Japan über 300 Millionen. Jedoch läßt sich kaum sagen, ob das als Religionszugehörigkeit zu verstehen ist. Vor allem in Japan vermischt sich konfuzianische Ethik mit anderen religiösen Haltungen (z. B. Shintoismus). Der Konfuzianismus wurde in Korea, vor allem in China (17.–19. Jahrhundert) und auch in Japan von den politischen Kreisen gepflegt. In Westchina gab es zur selben Zeit etwa 48 Millionen Islamanhänger. In ganz China etwa 5 Millionen Christen, die sich auf 3,4 Millionen Katholiken und 1,4 Millionen Protestanten und einige andere Denominationen aufteilten.

Das Judentum

Das Judentum gehört nicht zu den Weltreligionen. Es ist weder Weltreligion in dem Sinne, daß es in den Völkern weltweit als Religion verbreitet ist; noch ist es Weltreligion in dem Sinne, daß es den Anspruch erhebt, eine Religion für alle Völker zu sein. Trotzdem gebührt dem Judentum in dieser Darstellung ein Platz. Denn abgesehen davon, daß es zu den interessantesten Religionsphänomenen gehört, ist es auch in der ganzen Welt – wenn auch oft nur in sehr kleinen Gruppen – verbreitet. Ferner entstammt das Christentum, die Religion mit dem ausgesprochensten Anspruch auf Weltreligionscharakter, dem Judentum. Auch die Religion des Islam hat manche seiner Wurzeln im Judentum.
Schließlich wendet sich dieses Buch vor allem an deutsche Menschen. In der deutschen Geschichte hat das Judentum mehrmals eine wichtige Rolle gespielt. Deshalb kann es sein, daß sich gerade deutsche Menschen mehr mit dem Phänomen des Judentums auseinandersetzen möchten. Um auch das zu ermöglichen, werden hier die wichtigsten Grundzüge des Judentums vorgetragen.

I. ÄLTESTE VORGESCHICHTE DES JUDENTUMS

Das Judentum ist hervorgegangen aus dem Glauben der Israeliten; gleichzeitig gehört aber der Glaube der Israeliten zum jüdischen Glauben, so daß man israelitischen Glauben und Judentum nicht als zwei verschiedene Glaubensformen, sondern höchstens als zwei Glaubensstufen ansprechen kann. Welches aber ist der Mutterboden des israelitischen Glaubens? Woher kamen die Menschen, die sich später Israeliten nannten? Mit Vorbehalt (weil es darauf keine absolut sichere Antwort gibt) darf man folgendes sagen: Die meisten Israeliten kamen aus dem Zweistromland zwischen Euphrat und Tigris (Mesopotamien), etwa zu Anfang des 2. Jahrtausends v. Chr. Sie hatten als Nomaden im Reiche Ur gelebt, waren dann unter dem Druck von Weidenot und Kriegswirren ausgewandert und in das damals dünn bevölkerte Land zwischen Mittelmeer und Jordangraben eingeströmt. Manche siedelten sich auch östlich des Toten Meeres an. Sie wohnten zwischen der Bevölkerung des Landes, ohne sie vertreiben zu wollen. Sie schlossen Verträge (»Bünde«) mit der Bevölkerung und sicherten sich so Frieden und Lebensraum. Manche wanderten auch wieder aus, vor allem in Zeiten von Hungersnöten. Das eigentliche Land für Auswanderung aus diesem Landstreifen war Ägypten.
Die Bibel erzählt von einem Stamm oder einer Gruppe von Stämmen, die nach Ägypten ausgewandert waren und dort unter den Königen

Ägyptens mehrere Jahrhunderte als Nomaden gewohnt haben. Als dann zur Zeit der Ramseskönige die Fremden aller Stämme zu Fronarbeiten herangezogen wurden, wurden auch diese Auswanderer zum Ziegelpressen beim Bau der neuen Kasernen- und Vorratsstädte gezwungen. Das war für die freien Nomaden ein großes Unglück.

Zum Volk dieser Nomaden gehörte auch ein junger Mann namens Mose, der zwar ägyptisch erzogen worden war, aber den Kontakt zu seinem Volk nicht verloren hatte. Er setzte sich, nachdem er in jahrelanger Mühe die Befreiung seines Volkes vorbereitet hatte, die Rückwanderung zum Ziel.

Das etwa ist der geschichtliche Hintergrund der Gründung der israelitischen Religion. Die Bibel nennt diese Stämme von vornherein »Israel«. In Wirklichkeit kann dieser Name aber erst später der Name des Stämmebundes gewesen sein, der später das Reich Israel und Juda wurde.

II. LEBEN UND LEHRE DES STIFTERS DER ISRAELITISCHEN RELIGION

DAS GESCHICHTLICH GESICHERTE IM LEBEN DES MOSE, der schließlich zum Stifter der israelitischen Religion wurde, ist so gut wie Null. Es wird sogar für möglich gehalten, daß er gar nicht existiert hat. Anderseits wäre es gleichgültig, ob es den Mose der Bibel gegeben hat oder nicht – irgendeine Persönlichkeit, irgendein Volksführer oder deren mehrere, die die Befreiung einer Volksgruppe (aus Ägypten) vorbereitet und in Angriff genommen haben, hat es bestimmt gegeben. Versucht man, das Geschichtliche aus dem legendarisch Verbrämten, wie es die Bibel darstellt, herauszulösen, könnte man etwa folgendes Bild entwerfen (nach 2 Mos = Exodus, zumal 1–18):

Als Eltern Moses werden Amran und Jochebed genannt. Sie gehörten zu den ägyptischen Hebräern, um 1400 v. Chr., in der Zeit der ersten Bedrückung der Hebräer (Fremden) durch die ägyptischen Könige. Durch irgendeinen Umstand wurde Mose nicht in der Familie seiner Eltern erzogen, sondern in einer gebildeten Ägypterfamilie (die Bibel spricht von der Tochter des Pharao als Pflegemutter des Kindes Mose). So erhielt Mose eine gute ägyptische Erziehung, verlor aber trotzdem nicht den Kontakt zu seinem Volk, den Hebräern. Als er bei einem Besuch in den Fronarbeitslagern erlebte, wie ein ägyptischer Aufseher einen seiner hebräischen Schicksalsgenossen totprügelte, erschlug er den Ägypter und floh danach in die arabische Wüste. Hier scheint er mit einer Priesterfamilie Kontakt zu haben (die Bibel nennt den Priester Jethro, der zum Stamm der Midianiter gehört und dessen Tochter er geheiratet haben soll). In Kontakt mit dem Priester (Jethro) und als Hirt in der Weite der arabischen Wüste wurde er sich über seine Aufgabe klar,

die hebräischen Fronarbeiter in Ägypten zu befreien. Die Darstellung der Bibel ist vor allem bei diesen Themen stark legendarisch gefärbt; aber man darf annehmen, daß sich Mose über die religiösen Zusammenhänge dieser Befreiung klar wurde wie auch über die Praxis des Vorgehens. Da er – gemäß dem allgemeinen Glauben der Zeit – all solche Befreiungspläne als göttlich eingegeben sah, erkannte er möglicherweise den Regionalgott und Gott des Priesters (Jethro?) als inspirierenden Gott an; und dieser Gott war wohl Jahwe. Mose setzte sodann, in seinem durch seine Bildung ermöglichten Hochgottglauben, diesen Jahwe mit dem »Gott der Väter« der Hebräer gleich, so daß er, nach Ägypten zurückgekehrt, sagen konnte, daß der Gott der Väter ihn beauftragt habe, die Hebräer zu befreien.
Der Pharao aber wollte die wichtigen Fronarbeiter nicht einfach ziehen lassen. Nach langen Auseinandersetzungen erreichte Mose die Erlaubnis, das Volk zu einem Gottesfest in die Wüste führen zu dürfen. In Wirklichkeit hatte er die Flucht geplant. Der Pharao, der die Arbeiter nicht ziehen lassen wollte, versuchte sie zurückzuzwingen, nachdem er von der verheimlichten Flucht erfahren hatte. Aber das Heer, das die Flüchtlinge zurückholen sollte, kam um (wie die Bibel erzählt) oder kehrte unverrichteter Sache zurück. Die fliehenden Hebräer konnten in die Wüste entkommen.
In der Wüste bildete Mose aus dem formlosen Fluchthaufen sobald wie möglich das Volk. Nach vielen Widerständen und Hindernissen konnte sich das Volk bis in das Land Kanaan durchschlagen, wo es sich zwischen den Kanaanitern Wohnstätten suchte. Mose selbst gelangte anscheinend nicht bis ans Ziel. Er starb, bevor das Volk sein neues Wohnland erreichen konnte.

Als urlehre des mose könnte man etwa folgendes feststellen: Der Gott Jahwe, der das Volk aus Ägypten herausgeführt hat, ist derselbe Gott, den die Stämme als ihren »Gott der Väter« verehrt haben. Dieser Gott hat mit dem Volk einen Bund geschlossen, wie die Könige der Völker mit unterworfenen Völkern einen Bund schließen. Die Könige legen den Völkern Gebote auf, und diese Gebote müssen die Völker halten. Der Bundesherr (König) verpflichtet sich, das Volk zu schützen und ihm Lebensraum zu gewähren. So hat auch der Gott am Sinai mit den Flüchtlingen einen Königsbund geschlossen. Er hat ihm Gebote gegeben, die das Volk zu halten hat. Wenn das Volk diese Gebote hält, wird es sicher ans Ziel gelangen und Lebensraum gewinnen. Dieser Gott, der es aus Ägypten herausgeführt hat, wird es auch in das Land führen, das er ihm verheißen hat.
Das etwa war die Grundlehre, die Mose dem Volke gab. Eine sehr ein-

fache Lehre, die aber alles enthielt, was das Volk als religiöse Führung brauchte. Die Gesetze, die Mose dem wandernden Volke gab, sind im Buch Exodus (20, 1–17) aufgezeichnet; freilich sind die Formeln dieser Exodusstelle weit ausführlicher, als sie zur Zeit des Erlasses gewesen sein können; dieser »Dekalog« (d. h. zehn Worte) wurde ja immer erweitert, je nach den zeitlichen Gegebenheiten. Und meistens haben wir die jeweils letzte erweiterte Formel von Erlassen, Anweisungen, Gesetzen usw. in den biblischen Büchern vor uns. So müssen wir also sagen, daß das Urgesetz für das Volk des Mose zwar im Text des Dekalogs enthalten ist, daß dieser Text das Urgesetz aber nicht wortwörtlich wiedergibt. Der Text der »zehn Gebote« nach Ex 20, 1–17 lautet so:

»Nun redete Gott all diese Worte und sprach: Ich bin Jahwe, dein Gott, der dich aus dem Ägypterlande, dem Sklavenhause, herausgeführt hat. Du sollst keine anderen Götter haben als mich. Du sollst dir kein geschnitztes Bild machen, kein Abbild von dem, was im Himmel droben und unten auf der Erde oder im Wasser unter der Erde ist. Du sollst dich nicht vor diesen Bildern niederwerfen und sie nicht verehren. Denn ich, Jahwe, dein Gott, bin ein eifernder Gott, der die Schuld der Väter ahndet an den Kindern, Enkeln und Urenkeln derer, die mich hassen, der aber Huld erweist bis ins tausendste Glied an denen, die mich lieben und meine Gebote halten. – Du sollst den Namen Jahwes, deines Gottes, nicht mißbrauchen; denn Jahwe läßt den nicht ungestraft, der seinen Namen mißbraucht. – Gedenke des Sabbattags, daß du ihn heiligst. Sechs Tage sollst du arbeiten und all dein Werk tun. Der siebte Tag aber ist Sabbat für Jahwe, deinen Gott. Da darfst du keinerlei Werk tun, weder du selbst noch dein Sohn, noch deine Tochter, noch dein Knecht, noch deine Magd, noch dein Vieh, noch der Fremde, der sich in deinen Toren aufhält. Denn in sechs Tagen hat Jahwe den Himmel, die Erde und das Meer und alles, was in ihnen ist, erschaffen; aber am siebten Tage ruhte er. Deshalb hat Jahwe den Sabbattag gesegnet und ihn geheiligt.

Ehre deinen Vater und deine Mutter, damit du lange lebst in dem Lande, das Jahwe, dein Gott, dir geben will. – Du sollst nicht töten. – Du sollst nicht ehebrechen. – Du sollst nicht stehlen. – Du sollst nicht als falscher Zeuge gegen deinen Nächsten auftreten. – Du sollst nicht begehren das Weib deines Nächsten, noch seinen Knecht, noch seine Magd, noch sein Rind, noch seinen Esel, noch irgend etwas, was deinem Nächsten gehört« (Ex 20, 1–17).

Die grundlegende Gesetzgebung des Mose war den Israeliten und Juden so wichtig, daß in den heiligen Schriften des Judentums auch später noch alles, was als Gesetz vorgelegt wird, als Lehre und Gesetz des

Mose angesprochen wird. Es wäre deshalb ein Irrtum zu glauben, all diese Gesetze gingen tatsächlich auf Mose zurück. Der Orient sah vielmehr den als Verfasser an, auf den der Grundgedanke eines Ideenganzen oder das erste Gesetz eines Gesetzesganzen zurückging. Wenn also die »zehn Gebote« auf Mose zurückgehen, so laufen alle Spezialisierungen dieser Gebote aus späterer Zeit ebenfalls unter dem Namen des Mose, weil man diese Spezialgesetze als Entfaltungen des Urgesetzes sieht: man sah in ihnen den Geist der »zehn Gebote« und des Mose weiterwirken. So erklärt sich die Ausdrucksweise: »Wie Mose gesagt hat«, auch wenn es sich um Gesetze handelt, die Mose unmöglich erlassen haben kann.

III. DIE URGEMEINDE DES JUDENTUMS: DIE ISRAELITEN

Es ist nicht üblich, von den Israeliten als »Urgemeinde« des Judentums zu sprechen. Trotzdem darf man in unserer Darstellungsreihe diese Bezeichnung für richtig halten; denn von Judentum im eigentlichen Sinn kann man erst seit Rückkehr der deportierten Bevölkerung des Südreichs Juda aus Babylonien nach Jerusalem reden (um 400 v. Chr.).

Das leben der israeliten. Die Israeliten um das Jahr 1200 v. Chr. (d. h. vor und nach dem Einzug der später staatstragenden Stämme oder Gruppen in das Land Kanaan) waren weder eine geschlossene Volksgruppe, noch eine geschlossene Religionsgruppe. Am besten stellt man sich die Teilgruppen der allmählich werdenden Stämmegemeinschaft »Israel« als Vielheit einzelner Stämme vor, die die verschiedensten religiösen Anschauungen hatten. Einige gehörten zu den Stämmen Kanaans; ihr Gott war einer der Baale oder auch mehrere Götter und Göttinnen. Einige gehörten zu Stämmen, die in früheren Jahren von Mesopotamien her in das Land eingewandert waren; sie brachten ihre religiösen Anschauungen aus Mesopotamien mit, meistens als Glauben an einen »Gott der Väter«. Andere gehörten zu Gruppen, die vor längerer Zeit aus Ägypten eingewandert waren; sie brachten mit Sicherheit ägyptisch beeinflußte Religionsvorstellungen mit. Und eine Gruppe (vielleicht sogar eine geschlossene Stammesgruppe aus mehreren Stämmen: »das Haus Joseph«) war diejenige, deren Wanderung aus Ägypten nach Kanaan die späteren Erzähler als Vorlage nehmen, um die Wanderung des ganzen Volkes Israel nach Kanaan darzustellen; zu den Traditionen dieser Stämmegruppe gehörte die Auswanderung aus Ägypten, die Verleihung einer Grundverfassung unter der Vorstellung eines Bundes mit Gott (Zehn Gebote), vielleicht auch der Name Jahwe als Gottesname.

Diese Sippen, Stämmesplitter und Stämme wohnten entweder als kleine Einheiten zwischen den Kanaanäern oder waren selbst Kanaanäer. Sie lebten in Zeltdörfern, die meisten in festen Dörfern, einige wenige in befestigten Dörfern, die man Städte nannte: im Gebirge oder in den Talebenen zwischen den Gebirgen. Alle pflegten ihre eigenen Überlieferungen, zu denen natürlich auch die religiösen Überlieferungen gehörten. Die Überlieferungen bestanden vor allem in Erzählungen von ihren Stammvätern und deren gesellschaftlichen religiösen Unternehmungen.

Da sich die einander verwandt fühlenden, aus Mesopotamien stammenden Gruppen um ihrer Sicherheit willen im Laufe der Zeit immer mehr zusammenfanden und sich diese Gruppen zu einem Stämmebund zusammenschlossen, ergab es sich von selbst, daß dieser Stämmebund auch auf einer religiösen Linie zusammenfand. Das geschah jedoch nicht dadurch, daß man über seinen Glauben sprach, sondern dadurch, daß man die eigenen Überlieferungen mit denen der anderen verband. Richtunggebend waren dabei wohl die Überlieferungen des Hauses Joseph, das mit mehreren Stämmen im Ephraimgebirge saß. Sie teilten den andern Stämmen ihren Gottesglauben mit, und ihre Propheten (aber auch die Priester, die sich um den Opferkult kümmerten) bemühten sich um das Zusammenbringen der Traditionen. Außer den Stämmen, die aus Mesopotamien stammten, wenn auch einige zuletzt über den Umweg Ägypten ins Philisterland (Palästina) gekommen waren, kamen – vielleicht erst zur Königszeit (nach 1030 v. Chr.) – kanaanäische Stämme als Glieder des wachsenden Stämmebundes hinzu: entweder solche, die sonst unter den umwohnenden Israeliten (so nannten sie sich vielleicht schon um diese Zeit) kleine Einzelgängerstämme geworden wären; oder auch weil sie zu den kanaanäischen Bruderstämmen ein gespanntes Verhältnis hatten; oder weil sie bisher noch keinem Stämmebund angehörten und der sich entwickelnde Stämmebund ihnen Anschlußmöglichkeiten bot und sie sogar gern aufnahm.

Das Beschwörungszeichen des Stämmebundes war das Bekenntnis zum gemeinsamen Gott des Stämmebundes. Das hieß wohl kaum, daß alle Stämmebundglieder ihre alten Götter ganz aufgaben; jedoch hieß es, daß man Jahwe, *den* Gott, der einige ihrer Stämme (und *damit* sie alle) aus Ägypten herausgeführt hatte, als den Gott des *Stämmebundes* anerkannte. Dieser Gott hatte, so wußten die Stämme des Hauses Joseph zu erzählen, mit dem Fluchtvolk am Sinai einen Bund geschlossen (und deshalb nun auch mit ihnen allen). Wegen dieses Bundes hatten sie alle Jahwe zu dienen, und Jahwe würde ihnen beistehen.

Das Leben dieser Leute, die sich als Stämmebund »Israel« nannten, war ein einziger großer Kampf um das Überleben. Sie waren arm und mußten sich von dem kargen Landbesitz ernähren, den sie gekauft oder erobert hatten. Sie waren von andersartigen Nachbarstämmen bedroht;

deswegen hatten sie sich zusammengeschlossen. Die Philister beschränkten die Produktion der Israeliten, indem sie ihnen die Eisenverhüttung verboten, damit sie ihnen nicht durch Waffen gefährlich werden konnten. Sogar das Eisen, das die Israeliten für ihre Pflüge brauchten, mußten sie bei den Philistern kaufen, die sich das Verhüttungsmonopol genommen hatten.
Diese Israeliten waren alles andere als ein frommes Volk. Im Gegenteil: Sie waren ein auf Leben und Durchhalten und Kampf eingestelltes Volk, welches von seinem Gott erwartete, daß er ihnen half. Wenn er ihnen nicht half, glaubten sie, er habe sie gestraft. Mit diesem Leben und mit diesem Glauben kämpften sie sich langsam zu einem tragbaren Reichtum durch.

Der glaube der Israeliten. Was die Israeliten glaubten, schrieben die unbekannten Propheten des Volkes auf oder ihre Könige ließen es von ihren Hofpropheten aufschreiben. Das Ergebnis war etwa dies:
Die Urväter der Israeliten kamen in dieses Land, das ihnen der Gott ihrer Väter gegeben hat. Manche von ihnen zogen wieder fort, manche kamen wieder zurück. Die große Masse kam aus Ägypten zurück, wohin sie wegen einer Hungersnot geflüchtet war. Sie hatten Jahrhunderte in Ägypten gelebt – bis zur Zeit der Könige, die die freien Israeliten zu Frondiensten heranzogen. Dagegen erhob sich ein Mann ihres Volkes: Mose, der alle Israeliten aus Ägypten herausführte – mit Hilfe Gottes, als Gesandter Gottes. Am Berg Horeb (Sinai) gab dieser Gott seinem Volk das Gesetz, nach dem das Volk leben sollte. Wenn das Volk das Gesetz hielt, sollte es ihm gut gehen. Aber das Volk hielt das Gesetz schon auf der Wüstenwanderung nicht, als es zum neuen Land auf dem Wege war. Deshalb ließ Gott die Wandernden viele Jahre durch die Wüste irren oder in der Wüste wohnen. Aber nach vierzig Jahren kamen sie doch nach Kanaan und erkämpften sich dort neue Wohnsitze. Der Herr war mit ihnen. Wenn sie taten, was der Herr wollte, war der Herr mit ihnen; wenn sie die Gebote des Herrn nicht erfüllten, strafte sie der Herr. So war es mit dem Volk unter seinen Richtern und auch später unter den Königen. Es gab Könige, die taten, was der Herr wollte; und es gab Könige, die taten nicht, was der Herr wollte. Manche ließen sogar fremden Göttern opfern. Vielleicht war auch die Trennung der zwölf Stämme eine Strafe. Das war nach König Solomo. Nun lebte das Volk in zwei Königreichen, und oft bekämpfte man sich sogar. In Jerusalem war der Tempel, den König Salomo gebaut hatte; aber auch anderwärts gab es Opferstätten für Jahwe. Trotzdem – beide Reiche stiegen auf. Sie wurden jedes für sich mächtig. Wohlstand zog bei ihnen ein. Aber auch viele Arme gab's, die am Wohlstand nicht teilnahmen.

Gegen alles, was sich an Mißstand in den beiden Reichen zeigte, traten jene Propheten auf, die wir heute »die Schriftpropheten« nennen. Diese Propheten haben einen großen Anteil an der Entwicklung der Religion des Judentums. Sie betonen die Wichtigkeit der geistigen Haltung. Mit äußeren Opfern und äußerem Fasten und religiösen Praktiken und Worten allein kann man Gott nicht loben. Dazu gehört die Rücksicht auf den Menschen, das lautere Herz. Sie verurteilen das äußere religiöse Treiben und verkündigen die Wichtigkeit frommer Haltung. Sie drohen dem Volk und seinen Führern Vernichtung an, wenn sie sich nicht zu einem gerechten Leben bekehren. Und sie pflanzen im Volk die Hoffnung ein, daß es auch Könige geben kann, die den Willen Gottes ganz erfüllen; die tun, was der Herr will; die gerecht sind und fromm. Dann wird die Zeit des Friedens und des Glücks für das Volk anbrechen.
In der Religion Israels stak noch viel von der Religion Kanaans. Die Propheten versuchten, beides scharf zu trennen. Aber auch ihnen gelang das nicht ganz. Als die Zeit der Zerstörung des Staates Israel (722) und Juda (586 v. Chr.) kam, war der Glaube Israels und Judas im Wesen derselbe, wenn man sich in Israel auch nicht an den von Juda proklamierten einen Tempel zu Jerusalem kümmerte, und wenn in Israel auch viele Formen als rechtgläubig galten, die man in Juda verwarf: z. B. die Verehrung Jahwes unter der Gestalt eines Stiers. Aber die Grundlage war in beiden dieselbe: Jahwe ist der Herr, und Jahwe hat das Volk aus Ägypterland befreit, und Jahwe ist mehr als nur der Gott des Volkes Israel und der Reiche Israel und Juda – Jahwe ist der Herr, »der Himmel und Erde erschaffen hat.« Als die Priester des Tempels von Jerusalem in der Babylonischen Gefangenschaft waren, verfaßten sie zu diesem Glaubenssatz die verkündigenden Kapitel, die später den Anfang der Schrift bilden werden: »Im Anfang erschuf Gott den Himmel und die Erde«.

LEHREN ÜBER DEN STIFTER. Bei der großen Rolle, die Mose bei der Rettung der Hebräer aus Ägypten und als erster Verkünder des Gottes Jahwe unter den ägyptischen Hebräern und späteren Israeliten gespielt hatte (»Stifter«), blieb es natürlich nicht aus, daß Mose auch selbst zum Gegenstand der Erzählung wurde. Der Kern dieser Erzählungen deckt sich jedoch mit der Lehre des Mose, daß nur der Jahwe-Gott es war, der das Volk befreit hat. Deshalb gibt es Erzählungen über Mose nur in Verbindung mit dem Jahwe-Gott, »der das Volk aus Ägypten befreit hat« und an die Grenze des versprochenen (»gelobten«) Landes geführt hat. Mose werden dabei alle Charakteristica des Retters beigelegt.
Wann diese Erzählungen entstanden sind, ist in den meisten Fällen nicht herauszufinden. Zwar sind sie bestimmt nicht vor dem Jahre 1000 v. Chr.

aufgeschrieben worden; aber es darf als sicher angenommen werden, daß wenigstens einige auch vorher schon im Volk erzählt wurden. Bestimmt sind aber andere auch später, ja viel später erfunden worden. Diese Erzählungen hatten, wie gesagt, nicht den Sinn, etwas Geschichtliches über Mose zu überliefern, sondern Geschichten zu erzählen, die ihn als Retter des Volkes charakterisieren, der im Auftrag Jahwes handelte und in dem Jahwe selbst als Handelnder und Redender und Befehlender gegenwärtig war. Daß er von Anfang an von Gott für seine Aufgabe aufbewahrt worden war, will die Geschichte von seiner Errettung sagen:

Geburt und Errettung des Mose. »Der Pharao hatte seinem ganzen Volk den Befehl gegeben: Werfet alle Knaben, die den Hebräern geboren werden, in den Fluß ... – Ein Mann aus dem Hause Levi ging hin und nahm eine Levitin zur Frau. Die Frau empfing und gebar einen Sohn. Da sie sah, daß er schön war, verbarg sie ihn drei Monate lang. Als sie ihn nicht länger verbergen konnte, verschaffte sie sich für ihn ein Kästchen aus Papyrusschilf und dichtete es mit Asphalt und Pech. Dann legte sie das Kind hinein und setzte es in das Schilf am Ufer des Nil. Seine Schwester aber stellte sich in einiger Entfernung hin, um zu sehen, was mit ihm geschehen werde.
Da kam eine Tochter des Pharao an den Nil herab, um zu baden, während die Dienerinnen am Nilufer auf- und abgingen. Sie sah das Kästchen im Schilf und schickte ihre Leibmagd hin, und diese holte es. Sie öffnete es und sah: ein Kind, das weinte. Da empfand sie Mitleid mit ihm; sie dachte: das ist eines von den Kindern der Hebräer. Da sagte seine Schwester zu der Tochter des Pharao: Soll ich gehen, dir eine Amme von den Hebräern holen, damit sie dir das Kind stillt? Die Tochter des Pharao antwortete ihr: Ja, gehe! Das Mädchen ging hin und holte die Mutter des Kindes. Die Tochter des Pharao sprach zu ihr: Nimm dieses Kind mit und stille es mir; ich will dir dafür den Lohn geben. Die Frau nahm das Kind und stillte es. Als der Knabe größer geworden war, brachte sie ihn der Tochter des Pharao. Diese nahm ihn als Sohn an und nannte ihn Mose; denn, sagte sie, aus dem Wasser habe ich ihn gezogen« (Ex 1,22; 2,1–10).

Die Berufung des Mose »Mose hütete die Schafe seines Schwiegervaters Jetro, des Priesters von Midian. Einmal trieb er die Schafe über die Steppe hinaus und kam zum Berge Gottes, zum Horeb. Da erschien ihm der Engel Jahwes inmitten einer Feuerflamme, die aus einem Dornbusch aufloderte. Als er hinsah, nahm er wahr, daß der Dornbusch wohl brannte, aber (vom Feuer) nicht verzehrt wurde. Da dachte Mose: 'Ich will

doch hingehen und dieses seltsame Schauspiel betrachten, warum der Dornbusch nicht verbrennt. Als Jahwe sah, daß er herantrat um nachzusehen, rief Gott ihm aus dem Dornbusch zu: Mose, Mose! Dieser antwortete: Hier bin ich! Da sprach er: Tritt nicht näher heran; ziehe deine Schuhe von deinen Füßen, denn der Ort, auf dem du stehst, ist heiliger Boden! Und er fuhr fort: Ich bin der Gott deines Vaters, der Gott Abrahams, der Gott Isaaks und der Gott Jakobs. Da verhüllte Mose sein Angesicht, denn er scheute sich, zu Gott aufzuschauen.
Und Jahwe sprach: Ich habe das Elend meines Volkes, das in Ägypten ist, gesehen und habe sein Wehklagen über ihre Bedränger gehört; ja, ich weiß um seine Leiden. Darum bin ich nun herabgestiegen, um es aus der Gewalt der Ägypter zu befreien und es aus diesem Land herauszuführen in ein schönes und geräumiges Land, in ein Land, das von Milch und Honig fließt, in das Gebiet der Kanaaniter, Hethiter, Amoriter, Perisiter, Hiwwiter und Jebusiter. Fürwahr, nun ist das Wehklagen der Israeliten zu mir gedrungen, und ich habe auch die Bedrängnis gesehen, mit der die Ägypter sie quälen. So gehe nun. Ich will dich zu dem Pharao senden. Führe mein Volk, die Israeliten, aus Ägypten heraus!
Mose aber sprach zu Gott: Wer bin ich, daß ich zu dem Pharao gehe und die Israeliten aus Ägypten herausführe! Er erwiderte: Ich werde mit dir sein. Und dies soll dir als Zeichen dienen, daß ich es bin, der dich sendet ... Wenn du das Volk aus Ägypten herausgeführt hast, werdet ihr Gott auf diesem Berg verehren.
Da sprach Mose zu Gott: Wenn ich zu den Israeliten komme und ihnen sage: ›Der Gott eurer Väter hat mich zu euch gesandt‹, und sie mich dann fragen: ›Wie lautet sein Name?‹, was soll ich ihnen antworten? Da sprach Gott zu Mose: Ich bin der Ich-bin! Und er fuhr fort: So sollst du zu den Israeliten sprechen: Der Ich-bin hat mich zu euch gesandt. Und weiter sagte Gott zu Mose: So sollst du zu den Israeliten sprechen: ›Jahwe, der Gott eurer Väter, der Gott Abrahams, der Gott Isaaks und der Gott Jakobs, hat mich zu euch gesandt. Dies ist mein Name für alle künftige Zeit und dies meine Benennung von Geschlecht zu Geschlecht.‹ Gehe, rufe die Ältesten Israels zusammen und sprich zu ihnen: ›Jahwe, der Gott eurer Väter, der Gott Abrahams, der Gott Isaaks und der Gott Jakobs, ist mir erschienen und hat gesagt: Ich habe auf euch geachtet und auf alles, was euch in Ägypten angetan worden ist. Darum habe ich beschlossen: Ich werde euch aus dem Elend in Ägypten herausführen in das Land der Kanaaniter, Hethiter, Amoriter, Perisiter, Hiwwiter und Jebusiter, in ein Land, das von Milch und Honig fließt.‹ Sie werden auf dich hören. Dann gehe du mit den Ältesten Israels zu dem König von Ägypten und sprich zu ihm: ›Jahwe, der Gott der Hebräer, ist uns erschienen. Wir sollen jetzt drei Tagreisen weit in die Wüste ziehen, um

Jahwe, unserm Gott, ein Opfer darzubringen.‹ Ich weiß aber, daß der König von Ägypten euch nicht entläßt, wenn er nicht durch eine starke Hand gezwungen wird. Darum werde ich meine Hand ausstrecken und die Ägypter schlagen mit allen meinen Wundern, die ich in ihrer Mitte wirken werde. Daraufhin wird er euch entlassen. Ich will diesem Volk eine günstige Stimmung bei den Ägyptern verschaffen, so daß ihr bei eurem Auszug nicht mit leeren Händen weggeht. Die Frauen sollen von ihren Nachbarn und Hausgenossen silbernen und goldenen Schmuck sowie Kleider verlangen. Diese sollt ihr euren Söhnen und Töchtern anlegen; so werdet ihr die Ägypter ausplündern.

Mose erwiderte und sprach: Wenn sie mir aber nicht glauben und nicht auf mich hören und sagen: Jahwe ist dir nicht erschienen? Darauf entgegnete Jahwe: Was hast du da in deiner Hand? Er antwortete: Einen Stab. Da befahl er: Wirf ihn auf den Boden! Als er ihn auf den Boden geworfen hatte, wurde er zu einer Schlange. Mose ergriff die Flucht vor ihr. Hierauf sprach Jahwe zu Mose: Strecke deine Hand aus und fasse sie am Schwanz! Er streckte seine Hand aus und packte sie, und sie wurde in seiner Hand wieder zum Stab ... Damit sie glauben, daß dir Jahwe der Gott ihrer Väter, der Gott Abrahams, der Gott Isaaks und der Gott Jakobs, erschienen ist.

Weiter befahl Jahwe: Stecke deine Hand in deinen Busen! Da steckte er seine Hand in seinen Busen. Als er seine Hand herauszog, war sie vom Aussatz weiß wie Schnee. Dann sprach er: Stecke deine Hand noch einmal in deinen Busen! Er steckte seine Hand noch einmal in den Busen, und als er sie herauszog, war sie wieder wie sein übriges Fleisch. Wenn sie dir also nicht glauben und nicht auf das erste Zeichen achten, so werden sie auf das zweite Zeichen hin glauben. Sollten sie jedoch auch auf diese beiden Zeichen hin nicht glauben und nicht auf dich hören, dann nimm etwas Nilwasser und gieße es auf den trockenen Boden aus. Das Wasser, das du aus dem Nil genommen hast, wird auf dem Boden zu Blut werden.

Mose aber sprach zu Jahwe: Ach, Herr, ich bin kein Mann des Wortes. Ich war es früher nicht und bin es auch jetzt nicht, seitdem du mit deinem Knechte redest. Denn unbeholfen ist mein Mund und meine Zunge. Da erwiderte ihm Jahwe: Wer hat dem Menschen einen Mund gegeben? Wer macht stumm oder taub, wer sehend oder blind? Bin nicht ich es, Jahwe? Gehe nun, ich werde mit deinem Munde sein und dich lehren, was du reden sollst.

Er aber entgegnete: Ach, Herr, sende wen du willst!

Da wurde Jahwe zornig über Mose und sprach: Hast du nicht deinen Bruder Aaron, den Leviten? Ich weiß, daß dieser sehr gut reden kann. Siehe, er ist schon auf dem Wege, um mit dir zusammenzutreffen. Wenn

er dich sieht, wird er sich herzlich freuen. Rede mit ihm und lege ihm die Worte in seinen Mund. Ich aber will mit deinem und mit seinem Munde sein und will euch anweisen, was ihr tun sollt. Er soll für dich zu dem Volke reden; er sei Sprecher an deiner Statt, und du stehst für ihn an Gottes Statt. Nimm diesen Stab in deine Hand und tue mit ihm die Wunderzeichen.
Mose machte sich auf, kehrte zu seinem Schwiegervater zurück und sprach zu ihm: Ich möchte wieder zu meinen Verwandten nach Ägypten zurückkehren und sehen, ob sie noch am Leben sind. – Jetro sprach zu Mose: »Gehe in Frieden!« – Und Jahwe sprach zu Mose in Midian: Kehre nach Ägypten zurück. Denn alle Männer, die dir nach dem Leben trachteten, sind gestorben.
Mose nahm seine Frau und seinen Sohn, setzte sie auf einen Esel und kehrte in das Land Ägypten zurück. Den Stab Gottes nahm Mose in seine Hand« (Ex 3,1 – 4,20).

Mose, der Fürbitter. »Dann rückten die Amalekiter heran, um mit den Israeliten in Rephidim zu kämpfen. Da sprach Mose zu Josua: Wähle dir Männer aus und ziehe morgen aus zum Kampf mit den Amalikitern; ich will mich mit dem Gottesstab in der Hand auf den Gipfel des Hügels stellen. Josua tat, wie ihm Mose befohlen hatte, und zog aus zum Kampf mit den Amalekitern. Mose aber stieg mit Aaron und Hur auf den Gipfel des Hügels. Solange Mose seine Arme erhob, behielten die Israeliten die Oberhand; wenn er aber die Arme sinken ließ, gewannen die Amalekiter die Oberhand. Schließlich wurden aber die Arme des Moses zu schwer. Da nahmen sie einen Stein und legten den unter ihn, und er setzte sich darauf. Aaron und Hur stützten seine Arme, der eine auf dieser, der andere auf der anderen Seite. So hielten es seine Arme bis zum Sonnenuntergang aus. Und Josua besiegte die Amalekiter und ihr Kriegsvolk mit der Schärfe des Schwertes« (Ex 17,8–13).
In den Erzählungen des alttestamentlichen Buches Exodus sind noch mehr solcher Moselegenden enthalten, die auch als Lehren über Mose anzusehen sind.

Der Kult der Israeliten unterschied sich nicht wesentlich vom Kult der übrigen Religionen der damaligen Zeit. Sie brachten Rauch-, Schlacht- und Brandopfer dar, zuerst bei ihren Feldheiligtümern, später vor und im Tempel zu Jerusalem bzw. vor und in den Tempeln des Nordstaates Israel. Im Tempel stand außerdem der Siebenarmige Leuchter, der als Opferleuchter angesehen wurde (Ölopfer). Auf einem Schaubrottisch lagen zwölf »Schaubrote«, in denen die zwölf Stämme sich selbst ihrem Bundesgott Jahwe als Opfer anboten.

Das Stämmevolk der Israeliten, aber auch die Juden (zur Zeit des Zweiten Tempels, nach der Rückkehr der Juden aus der Babylonischen Gefangenschaft) sahen im Opfer die wichtigste Gottesverehrung. Der Protest der Propheten gegen das Opfer muß ihnen als gottloses Gerede vorgekommen sein. Tatsächlich blieb der Opfergottesdienst mit geschlachteten Schafen und anderen Opfertieren, mit Weihrauch und Brot und Wein ja auch bis zur Zerstörung des Tempels durch die Römer (70 n. Ch.) der offizielle Ritus des Judentums. Das sei an dieser Stelle gesagt, weil im folgenden das Judentum der tempellosen Zeit besprochen wird, in dem es keine Opfer mehr gab. In die jüdische Zeit zwischen Rückkehr aus Babylon (etwa 400 v. Ch.) und Zerstörung Jerusalems reicht jedoch noch der alte Opferkult als offizieller Gottesdienst aus der israelitischen Zeit hinein.

IV. GRUNDZÜGE DES JUDENTUMS

Die geschichtlichen Vorgänge nach der Zerstörung der Stadt Jerusalem und des Tempels (580 v. Ch.) sowie der Auflösung des Südreichs Juda führten zu Akzentverschiebungen im israelitischen Glauben, die letztlich durch die religiöse Bedrohung der nach Babylon deportierten Judäer, durch die Versuche der Propheten, die Deportierten gegen die Bedrohung immun zu machen, und durch die rege Tätigkeit der Priester in der Exilszeit zu erklären ist.

Die Überlieferungen, die wir in den vorhergehenden Abschnitten kurz angedeutet haben, sind lange Zeit nur mündlich weitergegeben worden: zunächst in den einzelnen Stammesgruppen, die darin von ihrer Frühgeschichte erzählten; später auch in den Neuformulierungen, wie sie von den Priestern an den israelitischen Heiligtümern und von wandernden Propheten des Stämmebundes geschaffen worden waren, um den Zwölf Stämmen eine Gesamtüberlieferung zu geben. Zwischen 1000 und 900 v. Chr. wurde mit der Aufzeichnung solcher Texte begonnen (vielleicht schon unter König David, vielleicht aber auch erst unter König Salomo). Jedoch sind diese Texte noch nicht die biblischen Bücher, die daraus später wurden. Nachdem die Vornehmen und Gebildeten aus dem Reiche Juda, nach der Besiegung des Reiches Juda und der Zerstörung Jerusalems, nach Babylon deportiert worden waren und die Gefahr bestand, daß die priesterlichen Traditionen verloren gingen, weil es ja nun keinen Tempelkult mehr gab, begannen die deportierten Priester – als letzte – auch ihre Priestertraditionen aufzuschreiben.

Diese »Priesterschrift« ist heute ebenfalls, wie die vorher aufgeschriebenen Überlieferungen der einzelnen Stämme, der beiden Reiche, der Könige usw. Teil der biblischen Bücher geworden, die für das Judentum die Zeugnisse ihres Glaubens und Lebens und Betens geworden sind. Die Christen nennen diese biblischen Bücher der Juden »das Alte Testament«.

DIE HEILIGEN BÜCHER DES JUDENTUMS. Ein persischer Hofschreiber, der jüdische Schriftgelehrte Esra, ist wahrscheinlich der Schöpfer des ersten Teils der jüdischen Bibel. Im Auftrag des Perserkönigs sammelte er alle israelitischen Überlieferungen, schrieb sie auf, redigierte sie, und nachdem er im Auftrag des Perserkönigs nach Jerusalem gereist war, um dort die jüdische Kultfamilie wieder aufzurichten, las er das, was wir heute »die Bücher des Mose« nennen, der in Jerusalem versammelten Kultgemeinde vor und verpflichtete sie darauf. Wahrscheinlich gehörten auch die Bücher Josua und Richter zu den Texten, die Esra vorlas.
Die »fünf Bücher des Mose« nennt das Judentum »das Gesetz« *(tora)*, weil ihre Erzählungen die Gesetze der Juden enthalten. Neben diesem Gesetz stehen die historischen Bücher, die aber nicht eigentlich als Bücher geschichtlicher Berichte gewertet werden, sondern als prophetische Bücher, d. h. als Bücher, die in Erzählungen von der Geschichte den Willen Gottes verkünden (Josua, Richter, Rut, die Bücher Samuel und die Bücher der Könige, die sehr späten Bücher der Chronik, das Buch Esra und das Buch Nehemia, die Bücher Tobit, Judit, Ester und die Makkabäerbücher). Gebets- und Weisheitsliteratur enthalten die Bücher der Psalmen, das Buch Ijob, die Bücher der Sprüche, Prediger, Hoheslied, das Buch der Weisheit und das Buch des Jesus Sirach. Am Schluß stehen die aufrufenden und mahnenden »Prophetenbücher«: die großen Propheten (d. h. die viel Text enthalten) Jesaja, Jeremia, (Klagelieder und Baruch gehören eng zu Jeremia), Ezechiel/Hesekiel, Daniel; und die kleinen Propheten (d. h. die wenig Text enthalten) Hosea, Joel, Amos, Obadja, Jona, Nahum, Micha, Habakuk, Zephanja, Haggai, Sacharja, Maleachi. Die nicht hebräisch geschriebenen Bücher hat die jüdische Synode für apokryph erklärt; sie werden aber als Erbauungsliteratur geduldet. Zum Kanon (zur Richtschnur des Glaubens) gehören sie nicht.

DER TALMUD gehört zu den geschmähtesten Büchern der Weltliteratur, weil kaum einer ihn kennt, aber man alles glaubt, was über ihn geredet wird. »Talmud« heißt: Lehre. Er ist der schriftliche Niederschlag der 700 Jahre Durchdenkung des Gesetzes der Bibel. Die rabbinischen Gelehrtenakademien von Palästina und Babylon haben im Talmud ihre geistige Arbeit zusammengefaßt, durch die sie das alte Gesetz für ihre Zeit brauchbar zu machen suchten. Die Diskussionen darüber sind im Talmud gewissermaßen in Protokollen zusammengefaßt.
Der erste Teil des Talmud ist die »Mischna« (Zweitgesetz), zwischen

200 v. Chr. und 200 n. Chr. entstanden. Sie kommentiert das Gesetz der Bibel und sagt, wie man es befolgen kann. Die Durchforschung und Kommentierung des Gesetzes von 200 bis nach 500 n. Chr. heißt »Gemara«.
Die Form des Talmud ist sowohl darlegend (»Halacha«) wie auch erzählend (»Haggada«). Der erzählende Teil, der neben Legenden, Gleichnissen und biblischen Erzählungen auch Sprichwörter, Predigten und Sprüche enthält, ist das unterhaltende religiöse Lehrbuch der Judenheit bis heute. – Alle Bezirke des Lebens sind im Talmud in ihrer Beziehung zum Gesetz behandelt. Die größere Autorität hat der Babylonische Talmud; in Babylonien saß zur Zeit der Entstehung des Talmud die größere Zahl der Juden. (Ein Beispiel für die erzählenden Abschnitte des Talmud bildet der Abschnitt »die ganze Thora«, S. 114).

Glaube und Lehre des Judentums in vielen Einzelheiten darzulegen, wäre an dieser Stelle sinnlos. Es soll versucht werden, aus einigen wichtigen Glaubensaspekten den jüdischen Glauben verständlich zu machen.
Der Bund des einen Gottes. Zu den wichtigsten Vorstellungen der israelitischen Religion, die später vom Judentum aus auch ins Christentum übergegangen sind, gehört die Vorstellung vom Bund. Gott schließt mit den Menschen einen Bund. Die Vorstellung beruht auf der Vorstellung von Gott als einem Oberkönig (Großkönig). Wie dem unterworfenen Volk eines Kleinkönigs vom König des Reiches (Großkönig) ein Bund auferlegt wurde, so sahen sich die Israeliten als Unterworfene ihres Gottes Jahwe, und so nahmen sie den Bund an, den Jahwe mit ihnen schloß. Dieser Bundesgedanke tritt in der Heiligen Schrift des Judentums (die von den Christen »Altes Testament« genannt wird) des öfteren auf. Die älteste Bundesvorstellung ist wohl die vom Mosebund und vom Josua-Bund. In der Schrift ist mit diesen Worten davon die Rede:
Als Mose zu Gott hinaufstieg, rief ihm Jahwe vom Berge herab zu: »So rede zum Hause Jakob und verkünde dem Hause Israel: Ihr habt gesehn, was ich den Ägyptern angetan, wie ich euch auf Adlerflügeln getragen und euch zu mir hierher gebracht habe. Wenn ihr nun auf mein Wort hört und meinen Bund haltet, dann sollt ihr unter allen Völkern mein besonderes Eigentum sein; denn mir gehört die ganze Erde. Ihr sollt mir ein Königreich von Priestern und ein heiliges Volk sein. Das sind die Worte, die du den Israeliten kundtun sollst.« – Mose ging hin, rief die Ältesten des Volkes zusammen und trug ihnen alle diese Worte vor, die ihm Jahwe aufgetragen hatte. Das ganze Volk antwortete einmütig: »Alles, was Jahwe befohlen hat, wollen wir tun!« Und Mose überbrachte diese Worte des Volkes Jahwe (Ex 19, 3–8; siehe auch die Texte Ex 24 und Dt 28).

Und als sich das Volk (nach dem Einzug in Kanaan) auf dem Landtag zu Sichem für Jahwe entschieden und allen fremden Göttern abgesagt hat, schließt Josua für das Volk den Bund mit Jahwe:
An jenem Tage schloß Josua einen Bund für das Volk; er gab ihm Satzung und Recht in Sichem. Josua schrieb diese Worte in das Buch des Gesetzes Gottes. Dann nahm er einen großen Stein und stellte ihn dort auf unter der Eiche, die im Heiligtum Jahwes ist. Und Josua sprach zu dem ganzen Volk: »Seht, dieser Stein soll Zeuge gegen uns sein, weil er alle Worte gehört hat; er soll Zeuge gegen euch sein, damit er euch hindert, euren Gott zu verleugnen.« Dann entließ Josua das Volk, einen jeden zu seinem Erbbesitz (Jos 24, 25–28).
In späterer Zeit wird dann die Geschichte von Abraham ebenfalls als Bundesgeschichte erzählt und den früheren Geschichten (die aber von späteren Zeiten erzählen) vorgeschaltet. Dem Abraham-Bund entspricht ferner ein Isaak-Bund und ein Jakob-Bund, um keinen der Erzväter in den Erzählungen geringer erscheinen zu lassen:
Jahwe erschien dem Abraham und sagte zu ihm: »Ich bin El Schaddai. Wandle vor mir und sei vollkommen; ich werde meinen Bund zwischen mir und zwischen dir aufrichten und dir eine überaus zahlreiche Nachkommenschaft geben.« Da warf sich Abraham auf sein Angesicht nieder und Gott sprach zu ihm: »Siehe, ich errichte meinen Bund mit dir: Du sollst Vater einer Menge von Völkern werden. Darum sollst du nicht mehr Abram heißen, sondern Abraham soll dein Name sein. Denn ich mache dich zum Vater einer Menge von Völkern. Ich mache dich überaus fruchtbar und lasse dich zu Völkern werden, und Könige werden aus dir hervorgehen. Ich richte einen Bund auf zwischen mir und dir und deinen Nachkommen nach dir durch alle Geschlechter als ewigen Bund, auf daß ich dir und deinen Nachkommen nach dir Gott sein werde. Ich gebe dir und deinen Nachkommen nach dir das Land, in dem du jetzt als Fremdling weilst, das ganze Land Kanaan, zum ewigen Besitz, und ich werde ihnen Gott sein« (Gen 17, 1–8. – Eine sehr urtümliche Fassung einer Erzählung vom Bundesschluß Gottes mit Abraham findet sich schon Gen 15, 7–18).
Über den Isaak-Bund schreibt Gen 26, 4–5; über den Jakob-Bund Gen 28, 13–16. Und ähnlich klingt das Bundeskapitel in den Texten, die von König Josia schreiben: 4 Kön 23, 1–3.

Was aber heißt das: Gott hat einen Bund mit dem Volk geschlossen und das Volk hat den Bund angenommen?
»Bund« heißt: Das Volk erkennt seinen Gott als obersten König an, der das Recht hat, ihm sein Gesetz aufzuerlegen. Wenn das Volk dieses Gesetz befolgt, erfährt es Gunst und Segen seines Bundesgottes; wenn das

Volk aber die Gesetze seines Gottes nicht befolgt, züchtigt es der Gottkönig. Grundsätzlich weiß das Volk das; aber es vergißt es immer wieder, was es Gott schuldig ist. Die Propheten (Schriftpropheten) weisen deshalb mit oft harten Worten auf das Recht Gottes, auf die Pflicht des Volkes und auf die Gefahr hin, die Ungehorsam gegen den Bundesgott mit sich bringen. Die Antwort auf den Segen Gottes, auf die Wohlfahrt und das kleine Glück seiner Tage ist Dank. Die Antwort auf die Züchtigungen Gottes ist Sündenbekenntnis, Umkehr, Buße. Dazu rufen die Propheten immer wieder auf.

»Bund« heißt: Das Volk erkennt seinen Gott als obersten König an, der auch der König aller Menschen ist. Der Gedanke vom universalen »Königtum« und »Reich« Gottes ergibt sich aus dem Bundesgedanken. Der Glaube, daß alles Gute und alle Strafe von diesem Gott kommt, ergibt sich aus dem Glauben Israels, daß sein Unglück wirklich Gottes Strafe und sein Glück und seine Freude wirklich Gottes Segen ist. Wie sollte es da bei anderen Völkern anders sein können? Je mehr sich im Judentum der Gedanke durchsetzt, daß es nur einen einzigen Gott gibt, desto mehr setzt sich auch der Gedanke vom universalen Königtum Gottes durch, den alle Völker anbeten müssen.

»Bund« heißt auch »auserwähltes Volk«. Dieses Wort ist sehr oft als Hochmut verstanden worden. Aber zunächst liegt in diesem Wort die demütige Anerkennung, daß es vermessen wäre zu sagen: Ich, Israel – wir, die Juden, haben Jahwe aus allen Göttern als unsern Gott auserwählt. Wenn es also kein »Zufall« sein soll, daß der Gott Jahwe und das Volk Israel / das Volk der Juden zusammengekommen sind, so muß schon *Jahwe* sich das Volk auserwählt haben. Die Juden haben das jedoch nicht als Anerkennung einer Vorzüglichkeit aufgefaßt, sondern mit Verwunderung haben sie festgestellt, daß sich der große Gott gerade dieses Volk, dieses so oft nichtswürdige Volk als seine Liebe und seinen Diener ausgewählt hat. Denn das heißt Auserwählung: Gott liebt unverständlicherweise dieses Volk, und er hat sich dieses Volk zu seinem Dienst auserwählt. Er hat es auserwählt, so daß dieses Volk immer wieder erfährt, wie groß, wie gerecht, wie gütig dieser Gott ist. Deshalb sagt das Volk selbst: Er hat uns dazu ausgewählt, seine Größe, seine Güte, seine Gerechtigkeit immer neu zu loben und öffentlich zu preisen. Es ist die Sicht des Volkes auf seine Aufgabe, die in diesem Wort »Auserwählung« mitschwingt. Und diese Aufgabe heißt auch, den Namen des Herrn, seines Gottes, den Völkern bekanntzumachen, weil er doch der einzig wirkliche Gott ist. Diese Auserwählung ist seine Bürde, weil die Menschen die Bekenner eines solchen Gottes immer an diesem Gott selbst messen. Und wer könnte da bestehen?

Die Messiashoffnung. Die Hoffnung auf einen König, der als Liebling Gottes (»Sohn Gottes«) die Freudenseite des Bundes verwirklichen wird, ist ein anderer zentraler Glaube des Judentums. Obwohl die jüdische Bibel selbst ausdrücklich niemals von einem »Messias« spricht, werden doch 456 Bibelstellen des Alten Testaments als Hinweise auf den Messias gedeutet. Aus diesen Stellen ersieht man gleichzeitig, wie mannigfaltig die Vorstellungen vom Messias sein können. Der Titel Messias selbst kommt erst in außerbiblischen Texten vor (z. B. in den Bilderreden des Henoch-Buches und den Psalmen Salomos: Texte, die etwa im 2. Jahrhundert v. Chr. verfaßt wurden). Der Messiasglaube, die Messiaserwartung ist der Ausdruck des Juden an eine bessere Zukunft. Der Messias ist der vollkommene Jude, der vollkommene Erfüller des Willens Gottes, der dadurch eine bessere Zukunft heraufführen kann. Er ist der Öffner der Zukunft zu einer besseren Welt. Zwar wird er in erster Linie das Volk der Juden aus seiner Qual und Not herausführen; aber dann wird er auch die Völker zu dem Gott Jahwe bekehren, weil sie erkennen werden, daß Jahwe der einzige Gott ist, der Freiheit und Freude verleiht. Vom Messias sprechen nach jüdischer Auffassung die Sprüche des Sehers Bileam (Num 24, 17 u. a.), die Worte des Propheten Nathan am Hofe Davids (2 Sam 7, 12–13), die letzte Rede des Königs David (2 Kön 23, 1–7), die Verheißung vom Davidssproß (Jer 23, 5–6), die Katastrophen, die das Volk für die Ankunft des Messias läutern sollen (Am 4, 12–13), die Verheißung des wiederkommenden Propheten Elija (Mal 3,23), die Verheißung von der Segensfülle (Am 9, 13–15), die Verheißung, daß Israel der Segen der Welt werden wird (Se 8, 13), der Spruch des Propheten Jesaja vom Gegenkönig Gottes, der gegen den König des Unglaubens auftreten wird (Jes 9, 5–6), die Lieder vom Gottesknecht, in denen der Prophet sowohl den Messias wie auch das Volk seiner Erwählung darstellt (man lese sie in dieser Reihenfolge: Jes 42, 1–7; 41, 8–13; 50, 5–9; 53, 10–12; 52, 7–10), die Vision von einem Wesen »wie ein Menschensohn« (Dan 7, 13).

Das biblische Bild von dem, der einmal kommen muß, wird in der nichtbiblischen Literatur des Judentums mannigfaltig abgewandelt. Die Auslegungen der Schrift und die selbständigen Bilderreden der Apokalypsen (sL) schufen schließlich das Bild und den Begriff des Messias. Der Messias soll das Gottesreich, in dem Gottes Bund mit dem Menschen voll erfüllt wird, vorbereiten oder gar herausführen. Der Name »Messias« rührt von der wahren Salbung her: hebräisch *maschiách* (Gesalbter), aramäisch *meschichá*. An sich hätte das Wort auf jeden Gesalbten (König, Hohenpriester) angewandt werden können. Aber man sah den Messias als den eigentlich Gesalbten, weil er nicht nur mit Öl gesalbt sein würde, sondern mit Heiligem Geist und der vollen Gunst Gottes.

Der Messias wird der letzte große Prophet sein, der den Willen Gottes ganz verkündet und ganz erfüllt, der wahre Notwender, der die zerstreuten Kinder Israels wieder in das Land der Väter bringen wird.

In Zeiten größter Not traten immer wieder Menschen auf, die behaupteten, zum Messias bestimmt zu sein, oder die von anderen als zukünftiger Messias gefeiert wurden. Das war deshalb möglich, weil keiner den Messias von vornherein kennen kann. Erst der Erfolg weist ihn als Messias aus. So gab es Messiasprätendenten in der Zeit der Römerbesatzung Palästinas (seit 63 v. Chr.). So konnte sich der jüdische Revolutionär Bar-Kochba als Messiasprätendenten ansprechen lassen, und Rabbi Akiba sagte: Bar-Kochba ist der Messias; Bar-Kochba fiel 135 n. Chr. im Kampf gegen Rom. – Einer der wichtigsten Messiasprätendenten war Sabbatai Zwi, der im Jahre 1676 in Albanien starb. In allen Ländern fanden sich Menschen, die an ihn glaubten. Das Wunschbild vom Messias geht durch die ganze jüdische Geschichte. Aber immer noch ist er nicht gekommen, lehrt das Judentum, denn »es hat sich nichts verändert«; das aber wäre das Zeichen der messianischen Zeit.

Eine solche Einstellung zum Messias und zur messianischen Zeit war jedoch nicht allgemein. Schon Maimonides (1135–1204) trat in etwa gegen sie auf; gleichzeitig trat er damit gegen die Messiasauffassung des Christentums auf. Deshalb sagte er: »Laß es dir nicht in den Sinn kommen, daß es dem gesalbten Könige obliegt, Zeichen und Wunder zu wirken, daß er etwa neue Dinge in der Welt hervorrufen oder die Toten zum Leben erwecken wird und dergleichen mehr ...« Und bezüglich der Thora sagte er: Den Satzungen und Rechtsvorschriften unserer Thora »kann nichts hinzugefügt und nichts von ihnen weggenommen werden. Wird nun einmal ein König aus dem Hause David erstehen, der in der Weisung sinnt und die Gebote übt gleich seinem Vorvater David, in Gemäßheit der schriftlichen und der mündlichen Weisung; wird er ferner ganz Israel nötigen, in den Wegen der Weisung zu wandeln und deren Schäden auszubessern, und wird er die Kriege des Herrn führen, die Widersacher Gottes zu bekämpfen, so besteht die Vermutung zu Recht, daß er der Messias ist. Wenn er dann mit Erfolg unternimmt, das Heiligtum an seiner früheren Stätte aufzubauen und die Verstoßenen Israels zu sammeln, so ist es erwiesen, daß er in der Tat der Messias ist. Er wird dann die ganze Menschheit umgestalten, daß sie insgesamt dem Herrn diene ...« Mit Eifer tritt Maimonides gegen eine Messiasideologie auf: »Man möge nicht denken, daß in den Tagen des Messias irgend etwas, das dem natürlichen Lauf der Welt entspricht, aufhören oder eine Neugestaltung innerhalb des Schöpfungswerkes stattfinden werden. Vielmehr wird sich in der Welt alles nach der gewohnten Norm vollziehen« (Lit 4.5, 190 f.).

Glaubensbekenntnisse. Im Glauben an den Bund Gottes mit seinem Volk und in der Hoffnung auf den Messias verbergen sich eine Reihe von einzelnen Glaubenslehren, die Maimonides aus Córdoba, der bedeutendste jüdische Philosoph und Gesetzeslehrer des Mittelalters (1135 bis 1204) in seinen »dreizehn Glaubenslehren des Judentums« zusammengefaßt hat. Sie werden von den Juden nicht als offizielle Formulierung angesehen; sie haben aber so hohes Ansehen, daß sie in die jüdischen Gebetbücher aufgenommen wurden. Trotzdem gibt es auch Juden, die dieser Formulierung entgegentreten, weil ihrer Meinung nach wichtige Glaubensaspekte fehlen (z. B. der Aspekt des Bundes). Hier das Glaubensbekenntnis des Maimonides:

1. Ich glaube mit voller Überzeugung, daß der Schöpfer – gelobt sei sein Name – alle Geschöpfe erschaffen hat und lenkt und daß er allein alle Werke vollbracht hat, vollbringt und vollbringen wird.
2. Ich glaube mit voller Überzeugung, daß der Schöpfer – gelobt sei sein Name – einzig ist und keine Einheit der seinen in irgendeiner Beziehung gleicht und daß er allein unser Gott war, ist und sein wird.
3. Ich glaube mit voller Überzeugung, daß der Schöpfer – gelobt sei sein Name – kein Körper ist und Körperliches ihm nicht anhaftet und daß er seinesgleichen nicht hat.
4. Ich glaube mit voller Überzeugung, daß der Schöpfer – gelobt sei sein Name – der Erste ist und der Letzte sein wird.
5. Ich glaube mit voller Überzeugung, daß der Schöpfer – gelobt sei sein Name – allein Anbetung verdient und daß es sich nicht gebührt, ein Wesen außer ihm anzubeten.
6. Ich glaube mit voller Überzeugung, daß alle Worte der Propheten wahr sind.
7. Ich glaube mit voller Überzeugung, daß das Prophetentum unseres Lehrers Mose wahr ist und daß er der Meister aller Propheten war, die vor ihm waren und nach ihm kamen.
8. Ich glaube mit voller Überzeugung, daß die ganze Thora, wie wir sie jetzt besitzen, unserem Lehrer Mose – Friede sei mit ihm – gegeben wurde.
9. Ich glaube mit voller Überzeugung, daß diese Thora nie vertauscht werden und daß keine andere vom Schöpfer – gelobt sei sein Name – ausgehen wird.
10. Ich glaube mit voller Überzeugung, daß der Schöpfer – gelobt sei sein Name – alle Handlungen der Menschen und alle ihre Gedanken kennt; denn so heißt es: »Er, der ihre Herzen allesamt gebildet hat, versteht auch all ihr Tun.«
11. Ich glaube mit voller Überzeugung, daß der Schöpfer – gelobt sei sein Name – Gutes erweist denen, die seine Gebote beobachten, und diejenigen bestraft, die seine Gebote übertreten.

12. Ich glaube mit voller Überzeugung an das Erscheinen des Messias, und wenn er auch säumt, so harre ich trotzdem täglich seiner Ankunft.
13. Ich glaube mit voller Überzeugung, daß seine Auferstehung der Toten zu der Zeit stattfinden wird, die dem Schöpfer wohlgefallen wird. Gelobt sei sein Name, und gepriesen sei sein Andenken für immer und in alle Ewigkeit! (Lit 4.9, 83 f.)

Diese Sätze des Maimonides führte *Joseph Albo* (1380–etwa 1435) auf drei »Wurzelsätze« zurück: »Der Glaube an das Dasein des einzigen, einigen, höchsten Gottes; der Glaube, daß die Thora unmittelbar von Gott uns gegeben worden; und der Glaube, daß Gott ein gerechter Richter sei, der die Handlungen der Menschen nach Verdienst und Schuld belohnt und bestraft.« Albo stützt sich bei seinem Traktat auf die Mischna (Sanhedrin 90 a) und er fährt fort: »Folgende haben aber keinen Anteil am künftigen Leben: 1. Wer leugnet, daß es ein Fortleben im Jenseits und Lohn und Strafe daselbst und auf Erden schon gibt; indem er letzteres leugnet, leugnet er auch den für die künftigen Tage verheißenen Messias. 2. Wer leugnet, daß die Thora unmittelbar von Gott gegeben ist; ferner, 3. wer der epikuräischen Schule angehört, in allem Seienden eine blind waltende, dem Zufall unterworfene Kraft sieht und das Dasein Gottes leugnet (Lit 4.9, 94 f.).

Die ganze Thora. Ähnlich wie Maimonides und Joseph Albo haben schon die Schriftgelehrten der frühesten Zeiten versucht, die Thora oder sogar »das Gesetz und die Propheten« in wenigen Worten zusammenzufassen. Als Beispiel nur ein Abschnitt aus dem Traktat Sabbath 31 des Talmud: »Abermals ereignete es sich, daß ein Nichtjude vor Samaj trat und zu ihm sprach: Mache mich zum Proselyten unter der Bedingung, daß du mich die ganze Thora lehrst, während ich auf einem Fuße stehe. Da stieß er ihn fort mit der Elle, die er in der Hand hatte. Darauf kam er zu Hillel und dieser machte ihn zum Proselyten und sprach zu ihm: Was dir nicht lieb ist, das tue auch deinem Nächsten nicht. Das ist die ganze Thora, und alles andere ist nur die Erläuterung; geh hin und lerne« (Lit 4.9 56).

BRAUCH UND KULT DER JUDEN. Als die Deportierten des Reiches Juda in Babylon waren, versuchten die Priester, das Volk an ein religiös durchwirktes Leben zu gewöhnen. In der damaligen Zeit setzte sich die Beschneidung als Bundeszeichen allgemein durch und wurde immer eindeutiger als religiöser Akt verstanden. Damals setzte sich neben der Sabbatruhe auch die Sabbatfeier durch und gleichzeitig damit die Versammlung der Gemeinde im Synagogenhaus. Diese verstärkte religiöse Prägung des Lebens brachten die Rückwanderer mit nach Judäa zurück. Sie wurde die Form des jüdischen Lebens.

In ähnlicher Lage wie die Deportierten waren die jüdischen Auswanderer nach dem verlorenen jüdisch-römischen Krieg (64–70 n. Chr.) und die Vertriebenen nach der Auflösung des jüdischen Staates (135 n. Chr.). Um sich gegen die nivellierende Umwelt zu schützen, lebten sie ein religiös intensiv geprägtes Leben. Aus beiden Zeiten erklärt sich noch vieles im typisch jüdischen Brauchtum um Geburt, Leben und Tod, in Haus und Synagoge. Von diesem Brauch und Kult seien einige typische Vorgänge besprochen.

Die Beschneidung. Der normale Ritus, durch den der Neugeborene jüdischer Eltern in die jüdische Gemeinde aufgenommen wird, ist die Beschneidung. Sie soll vollzogen werden, wenn das Kind acht Tage alt ist. Die Bibel nennt die Beschneidung das bleibende Bundeszeichen für den Bund Jahwes mit Abraham (Gen 17, 10 ff.).

»Beschneidung« ist eine durch Schnitt vorgenommene Veränderung an den Geschlechtsteilen. Die geringste Veränderung bringt die Beschneidung in Form eines Einschnittes (*incisio*) in die männliche Vorhaut, d. h. jene lappige Haut, die in schlaffem Zustand des Penis über die Eichel nach unten fällt. Bei der »circumcisio« wird die gesamte Vorhaut fortgeschnitten, so daß die Hautstraffung bei aufgerichtetem Penis zunimmt. Die jüdische Beschneidung wird als *circumcisco* vorgenommen. Mädchenbeschneidung kennt das Judentum nicht. Der Sinn der Beschneidung mag von der Hygiene her gesehen werden oder als Mittel, die geschlechtliche Empfindsamkeit zu erhöhen (bzw. bei der Frau: sie zu verringern). Aber die *Sinngebung* sieht die Beschneidung meistens als Initiationsritus oder auch, damit sich die Beschneidung von den Angehörigen anderer Stämme, die die Beschneidung nicht übten, unterscheiden.

Von der israelitischen Beschneidung nehmen heute manche Gelehrte an, daß die Hebräerfamilien, die später mit anderen Stämmen Israel bildeten, die Beschneidung in Ägypten kennengelernt haben und der Brauch beim Einzug nach Kanaan eingeführt wurde, um die Schnelligkeit des eigenen Bevölkerungswachstums zu steigern. Wie dem auch sei – aus Ex 4, 25 darf man annehmen, daß die Beschneidung bei den Hebräern schon sehr früh als Übergabe an Jahwe angesehen wurde. Gesetzlich eingeführt wurde sie wahrscheinlich nie, sondern einfach geübt. Die Übung wurde jedoch durch Verordnungen (zum Teil in Gestalt von Erzählungen) geregelt; dazu gehört sicherlich auch die Beschneidungsgeschichte, die sich an die Erzählung vom Bundesschluß zwischen Gott und Abraham anfügte. Das darf man vor allem deshalb annehmen, weil diese Erzählung wohl erst aus der Zeit der Babylonischen Gefangenschaft stammt. Zugleich war damit die Beschneidung gedeutet, wodurch erst der übertragene Gebrauch der Worte »Beschneidung« und »Beschnittene« möglich wurde.

Die Beschneidung am erst achttägigen Knaben war nicht so betont auf den Geschlechtsgebrauch bezogen; sie gab dem Beschneidungsritus den Sinn einer Aufnahme ins Volks. Das Jahwevolk »schnitt einen Bund« für das Kind mit Jahwe; der eigentliche Beschneider war deshalb früher auch der Vater.

Namengebung. Eine Namengebung wurde erst ziemlich spät mit der Beschneidung verbunden. Zur Zeit Jesu war sie bereits üblich (vgl. Lk 2,21). Wenn jemand erst als Mann beschnitten wird, also schon einen Namen hat, erhält er außerdem einen »Beschneidungsnamen«. Im modernen Judentum geben Familien »in der Zerstreuung« dem Kind manchmal einen bürgerlich üblichen Rufnamen; außerdem erhält es einen jüdischen Beschneidungsnamen.

Die Auslösung der Erstgeburt. Die »Darstellung vor dem Herrn«, »Auslösung« oder »Weihe der Erstgeburt« hat ihre ältesten Wurzeln wahrscheinlich im Kampf gegen den Brauch der Menschenopferzeiten, die männliche Erstgeburt einer Mutter der Gottheit zu opfern. Eine andere Begründung gibt Ex 13, 11–16: Weil der Herr die männliche Erstgeburt Ägyptens geschlagen hat, um Israel aus der ägyptischen Knechtschaft zu befreien, soll in Zukunft jede männliche Erstgeburt von Mensch und Vieh dem Herrn geweiht werden. Die Verse Ex 13, 3–16 zählt man zur ältesten Traditionsschicht des Pentateuch (sL); man kann deshalb annehmen, daß der kultische Brauch mit dieser Begründung schon in der Zeit zwischen der letzten Landnahme (etwa 1225 v. Chr.) und der Königszeit lebendig war. (Num 18, 15.16 gibt noch eine weitere Begründung; da sie aber zur jüngsten Traditionsschicht gehört, hat sie höchstens nachträglich rechtsbegründeten Charakter und kann hier außer acht gelassen werden). Da der Loskauf der männlichen Erstgeburt der Mutter in Israel schon sehr früh geübt worden zu sein scheint, ist der Ursprung dieses Brauches wohl in der Ablösung des Menschenopfers des männlichen Erstgeborenen zu sehen, während die anderen Motive spätere Begründungen sind.

Die Ablösung sollte vom dreißigsten Tage an geschehen, und zwar durch den Vater. In gewissen Fällen, wenn die Vaterschaft zweifelhaft war, sollte sich der Erstgeborene später selbst freikaufen. Jeder Priester im Lande konnte die Freikaufsumme entgegennehmen.

Dieser Freikauf gehört auch heute noch zum Brauch einer bewußt jüdischen Familie. Die Handlung ist zur familiären Szene geworden, in der ein Kohēn, Cohn, Kohn o. ä. (nämlich ein Priester) oder ein Levi (ein Mann aus dem Priestertum Levi) die Auslösung entgegennimmt. Leo Hirsch schrieb dazu in seiner »Praktischen Judentumskunde« (1935) anschaulich:

»Man veranstaltet dazu ein festliches Mahl, und sobald man sich gewaschen, zu Tisch gesetzt, den Segensspruch über das Brot gesprochen und das Brot gebrochen hat, nimmt der Vater seinen erstgeborenen Jungen, der nun schon einen ganzen Monat alt ist, und die vorgeschriebenen fünf Schekel, das heißt die in unserer Währung entsprechende Summe, etwa 12 Mark, oder Silber in einem solchen Wert, überreicht Kind und Geld dem Kohēn und sagt ihm: Meine Frau, eine Israelitin von Geburt, hat mir dieses Söhnlein geboren; es ist der Erstling, und hier übergebe ich ihn dir. Worauf der Kohēn fragt: Was willst du lieber haben, das Kind oder das Geld, das du mir zu geben schuldig bist? Natürlich sagt der Vater: Mein Kind will ich lieber haben! Nimm du das Lösegeld, das zu geben ich dir schuldig bin. Dann läßt er dem Kohēn das Kind und spricht laut die beiden besonderen Segenssprüche über die Auslösung und für das Neugewonnene. Der Dialog zwischen dem Kohēn und dem jungen Vater wird in festgelegten hebräischen Sätzen gesprochen. (Zuvor muß der Kohēn die Mutter des Knaben fragen, ob es tatsächlich ihr erstes Kind ist; hatte sie beispielsweise vorher eine Fehlgeburt, so ist es kein Erstling im biblischen Sinne.)
Der Kohēn nimmt das Lösegeld, hält es über den Kopf des Kindes, erhöht mit einem kurzen Gebet – an dessen Ende der Wunsch steht, das Kind möge zur Lehre, zur Ehe und zu großen Taten groß werden – die Handlung zur Zeremonie der Auslösung, legt dem Kind die Hände auf den Kopf und segnet es. Man hat einen Becher Wein vor den Kohēn gestellt, er hebt ihn, spricht den Segenswunsch darüber, und man beginnt die festliche Mahlzeit« (Lit 4.6, 43).

Der Sohn des Gesetzes. Die Bar-Mizwa-Feier ist das Fest des jungen Menschen, mit dem er für das religiöse Leben als großjährig erklärt wird: bei Vollendung seines 13. Lebensjahres. Ursprünglich sprach man von »Bar-Onuschin« (Sohn der Strafe), damit wollte man sagen, daß der junge Mensch nunmehr für sein Tun verantwortlich ist. »Bar-Mizwa« bedeutet Sohn der Pflicht, setzt diesem Tag also einen andern Akzent. Den Ausdruck finden wir im heutigen Sinn zuerst bei dem Rabbiner und Dichter Mordechai ben Hillel, der 1298 in Nürnberg der Judenhetze zum Opfer fiel. »Vom 14. Jahrhundert ab setzt sich die Bar-Mizwa-Feier, ausgehend von den Juden Deutschlands, durch.« Am Sabbat, der der Vollendung des 13. Jahres folgt, wird der Knabe in der Synagoge zur Thora gerufen, spricht er die Segenssprüche, liest er einen Teil des Schriftabschnitts der Woche oder die ganze Wochenperikope, oft auch den Abschnitt aus dem Prophetentext. In Familien, wo man der Tradition sehr verbunden ist, hält er sogar einen vorbereiteten Lehrvortrag nach den didaktischen Schriften. In den Monaten vorher lernt er das Anliegen des Gebetsmantels (*talit*) und der Gebetsriemen (*tefillin*) Amerikas und in Israel ist eine entsprechende Feier für die Mädchen zur Vollendung ihres zwölften Jahres üblich geworden: das Fest der Bat-Mizwa (Tochter der Pflicht). Für den wirklich Lernenden ist dieses Fest eine Bestätigung, daß er auf dem Lernweg vorangeschritten ist: »ein feierliches Einhalten auf dem nie endenden Weg des Fragens und Forschens« (Lit 4.5, 81).

Der Ehebund. Der Bund Gottes mit den Menschen ist ein Grundgedanke des Judentums. So kann es nicht verwundern, daß die jüdische Religion die Ehe in ihrer Einheit von Mann und Frau als Abbild dieses Bundes zwischen Gott und den Menschen bezeichnet. Deshalb spricht der Jude bei der Ehe von »Heiligung« (*kidduschin*).
Das Brautpaar macht beim Rabbiner seinen Besuch, der mit ihnen ein Traugespräch führt und sie in das jüdische Eheverständnis einführt: Die Ehe ist von Gott gestiftet (Hinweis auf Gen 1, 27–28); Gottes Bund mit Israel wird von der Bibel oft im Bilde der Ehe gezeigt, was für die Ehe eine besondere Wertung bedeutet; Mann und Frau sollen füreinander sorgen; und gemeinsam sollen sie an Gottes Welt bauen (Hinweis auf Gen 1, 28). – Bei einem solchen Traugespräch soll der Rabbiner aber auch die Möglichkeit einer jüdischen Eheschließung prüfen: Die staatlich vorgeschriebene Trauung wird vorausgesetzt (»Dem Gesetz der Regierung hat man Folge zu leisten« sagt schon die fast 2000 Jahre alte Talmud-Vorschrift). Aber die Fortsetzung der bürgerlichen Trauung in der jüdischen Trauzeremonie verlangt, daß die jüdischen Rechtsvorschriften erfüllt werden: Ein Bräutigam aus dem Priestertum darf keine geschiedene Frau heiraten (heute von manchen jüdischen Religionsgruppen aufgegeben); die Brauteltern sollen nicht nur standesamtlich getraut sein; die Brauteltern sollen von einem Rabbiner getraut sein, der von der eigenen Religionsgruppe anerkannt wird. Für alle Aufgaben und Schwierigkeiten sucht die jüdische Ehevorbereitung Hinweise und Lösungen zu geben: Der Ernst der Eheschließung soll erkannt werden; man soll sich auf die Eheführung gut vorbereiten; ohne Liebe soll man nicht heiraten; und da es auch immer wieder Menschen gibt, die um einer Ehe willen zum Judentum übertreten, wird ein gutes Studium verlangt, bevor sie der Gemeinde Israels eingefügt werden.

Tod und Begräbnis. Weil der Jude nach seiner alttestamentlichen Vorstellung in allem Geschehen ein gerechtes Tun Gottes sieht, ist laute Trauer bei tödlicher Krankheit und Tod verpönt. Wohl erzählt uns die Bibel bei mehreren Gelegenheiten vom lauten Rufen der Klageweiber. Sogar zu den biblischen Texten gehören Nachahmungen von Klageliedern zum Tod geliebter und verehrter Menschen (Klagelieder auf den Untergang Jerusalems). Aber die Haltung, die sich darin aussprach, verlor sich im reifer werdenden Judentum der Zerstreuung immer mehr. »Gelobt sei, der richtet in Wahrheit« ist die jüdische Antwort auf eine Todesnachricht, die selbst von den liberalen Juden des 20. Jahrhunderts noch oft gesprochen wird.

Der bewußt als Jude Sterbende spricht sein Sündenbekenntnis nach einer uralten Formel und betet: »Ich danke dir, daß du mich ins Leben gerufen hast. Du hast mir eine Seele gegeben und für mein täglich Brot gesorgt. Nun kommt der Augenblick, da ich die Seele, die du mir gegeben hast, dir wiedergeben soll. Nimm du sie selbst von mir, wie mit Küssen deines Mundes, daß nicht der Todesengel mich quäle. Birg mich im Schatten deiner Flügel. Mag mein rückkehrender Sinn, mein bußfertiger Wille, mein Leiden und Todeskampf mir Entschuldigung bringen von allem Schlechten.« Auch heute noch segnen dann manche ihre Kinder: »Der Herr segne und behüte dich. Der Herr lasse dir sein Antlitz leuchten und sei dir gnädig. Der Herr wende sein Angesicht dir zu und gebe dir Frieden« (Lit 4.6, 77).

Die *Bräuche*, die mit dem Tod seit ältesten Zeiten in allen Religionen verbunden sind, haben sehr verschiedene Formen. So auch im Judentum, das unter »den Völkern« lebt. Zwar ist Sterben und Begräbnis stark durch die jüdische Auffassung vom Tod geprägt; aber auch die Völker, unter denen die jüdischen Familien wohnen, haben daran mitgeprägt. Typisch jüdisch ist dabei das Anlegen des Sterbekittels, den der Lebende an seinem Hochzeitstag und an den großen Bußfesten des Jahres, manchenorts auch am Pessachabend (sL) getragen hat. Nach Eintreten des Todes werden einige kurze gedämpfte Totengebete gesprochen. Im übrigen halten sich die Angehörigen bis zur Beerdigung sehr zurück, man fastet und schweigt – wohl ein Nachklang der alten Vorstellung, daß der Lebende durch den Tod in seiner Nähe unrein geworden ist. Die Beerdigung geschieht ohne großes Zeremoniell. Betonter jüdischer Grundsatz: Alle Menschen sind im Tode gleich, deshalb kein Prunk und keine Besonderheiten! Jedoch hat daran natürlich die auf Ehren bedachte moderne Gesellschaft auch im jüdischen Bereich manches geändert. Das rechte Trauern nach dem Tod eines Angehörigen wäre das siebentägige Sitzen auf der Erde oder auf niedrigen Hockern. Aber diese Art wird heute sehr oft nur noch angedeutet. Die Deutung dieses Sitzens ist umstritten; vielleicht wollte man früher mit dieser Haltung dem Toten nahebleiben; vielleicht wollte man daran erinnern, daß jeder der Lebenden der Erde nahe ist, wie der Tote. All solche Bräuche können gedeutet werden, und diese Deutung muß nicht immer mit dem Gedanken des ursprünglichen Brauchs verwandt sein.

Das Trauerjahr soll still begangen werden. Zur Erinnerung an den Toten brennt ein Licht (zu Haus oder in der Synagoge). Am Jahrestag des Todes setzt man auf dem Friedhof (dem »guten Ort«) den Grabstein. Und an jedem Jahrestag brennt das Gedenklicht.

Das jüdische Jahr. Das Eigenjahr der Juden begann früher wahrscheinlich mit dem Monat Nisan (etwa 15.3. – 15.4.), weil in diesem Monat Israel aus Ägypten befreit wurde. Das große Fest dieses Monats ist *Pessach* (Passah), am 14. Nisan, mit den darauffolgenden Tagen der *Ungesäuerten Brote*. Der letzte Sabbat vor dem Pessachfest ist »der große Sabbat«, an dessen Abend man fasten soll, im Gedanken an das Sterben der ägyptischen Erstgeburten vor der Befreiung Israels. Vor Pessach fegt man das Haus von allem Gesäuerten frei. Von Pessach an wird acht Tage lang nur Ungesäuertes gegessen, das frei von Gärung ist. Selbst die Gefäße sollen dafür gewechselt werden. Das ungesäuerte Brot sind die Mazzot (Mazzen).

Nachdem man einige Stunden gefastet hat, geht man am Pessachabend zum Pessachmahl, zum »Sedermahl« (*seder* = Ordnung), weil es ein Mahl ist, an dem eine bestimmte Ordnung einzuhalten ist. Früher, als es noch den Tempel gab, wurde zu diesem Mahl das Pessachlamm geschlachtet. An die Stelle des früheren Pessachlammessens ist das Ostermahl ohne Lamm getreten, das aber in den traditionsgebundenen Familien aus ganz bestimmten Speisen besteht und von einem bestimmten Gebets- und Erzählritus umgeben ist. Nach dem einleitenden Gebet fragt der Jüngste am Tisch: »Warum ist diese Nacht ausgezeichnet vor allen Nächten?« Und der Hausvater erzählt von der Befreiung Israels aus Ägypten. Dieses Gedächtnismahl mit Liedern und fröhlichen Erzählungen ist aber auch ein Erwartungsmahl – auf den Messias. Man öffnet die Tür für den Propheten Elija, um diesen Vorgänger des Messias hereinzulassen. Für ihn steht auch ein gefüllter Weinbecher auf dem Tisch.

Der Sinn des Pessachfestes ist nicht nur Erinnerung an den Auszug aus Ägypten als geschichtlichen Vorgang. Mit seinem Gedächtnis beim Gedächtnismahl wird das alte Befreiungsgeschehen gegenwärtig gesetzt, die alte Befreiung wird Gegenwart. Das befreite Dasein des Juden, das im Pessachgeschehen jährlich neue Kräfte der Freiheit erhält, ist auch die Kraft des Volkes in der Zerstreuung und Verfolgung.

Sieben Wochen nach Pessach feiert man das *Pfingstfest*, ursprünglich ein Erntedankfest, wie Pessach, aber schon seit 2000 Jahren als Offenbarungsfest gefeiert: als Tag, an dem Gott dem Volk Israel die Zehn Gebote gab. Weil es sieben Wochen (fünfzig Tage) nach Pessach liegt, nennt man es auch »Wochenfest« (*schawuót*). Die frommen Juden wachen die erste Nacht des Festes lernend in der Synagoge, oder auch zu Hause, um darauf hinzuweisen, daß es aller Mühen wert ist, die Tora zu studieren. Weniger fromme Juden denken mehr an ein Frühlingsfest, weil man an diesen Tagen Synagoge und Haus mit Blumen und Grün schmückt.

Im Laufe des Jahres gibt es mehrere nationale *Trauertage*. Der wichtigste ist der 9. Aw (mitten im Sommer). An ihm gedenkt man der Zerstörung Jerusalems und des ersten Tempels. Auch an die Zerstörung des zweiten Tempels durch Titus denkt man am 9. Aw. Mit dem 9. Aw. schließen die drei Trauerwochen, die mit Ernst begangen und mit Fasten beendet werden. Zur Trauer setzt man sich auf niedrige Hocker und rezitiert die Klagelieder des Propheten Jeremia. Der Gebetsraum in der Synagoge ist nur spärlich beleuchtet. Die Echa-Gesänge drücken unendliche Trauer aus. In Jerusalem gehen die Juden, immer wenn es ihnen möglich ist, an die Klagemauer, den einzigen Rest, der vom Tempel des Herodes bis heute stehengeblieben ist.

Die Zeit der hohen Feste fällt in die erste Hälfte des Monats Tischri (etwa 15.9. – 15.10.) In geschlossenen jüdischen Gemeinden ruft schon einen Monat vorher das Seufzen des Schofar (Widderhorn) die Beter in die Synagoge zum Bußgebet. Mit dem jüdischen Neujahrsfest (1. Tischri) beginnen dann »die zehn Tage der Rückkehr«; sie enden mit dem *Versöhnungstag* (*jom kippúr*), oft »der lange Tag« genannt, weil man an ihm so lange, wie es eben geht, wacht und betet. An den »Tagen der Rückkehr« tragen die Männer beim Synagogengebet die weißen Sterbekittel, und auch sonst ist (im Einklang mit den weißen Sterbekitteln) das Weiß vorherrschend. Zur Liturgie gehört der klagende Ton des Schofar, die liturgischen Gebete sind von besonderer Heftigkeit:

> Unser Vater, unser König, halte fern Pest und Schwert und den Verderber von den Söhnen deines Bundes!
> Unser Vater, unser König, gedenke! Denn Staub sind wir.
> Unser Vater, unser König, zerreiße unser Urteil.
> Unser Vater, unser König, merze aus das Dokument unserer Verschuldungen ...
> Unser Vater, unser König, bring uns zurück in völliger Buße vor dich.
> Unser Vater, unser König, schreib uns ins Buch des Lebens ...
>
> (Lit. 4.6, 154).

Am Vorabend des Versöhnungsfestes eröffnet das durch seine Melodie berühmt gewordene »Kol nidre« (»alle Gelübde«) die Reihe der Versöhnungs- und Vergebungsbitten: Man bittet Gott um Vergebung für alle voreiligen Gelübde privater Art, die man nicht halten konnte. Damit beginnt »der lange Tag«. Ein tragender Text des Versöhnungsfestes ist das große Sündenbekenntnis. Ein Beispiel dafür aus dem liberalen Gebetbuch:

»Wir haben gesündigt. Wir haben die Treue gebrochen. Wir haben Unrecht getan. Wir haben böse geredet. Wir haben den Weg des Rechts verlassen. Wir haben zur Sünde verleitet. Wir haben in Übermut gehandelt. Wir haben Gewalt geübt. Wir haben uns durch Lüge entwürdigt. Wir haben Böses geplant. Wir haben falsche Reden geführt. Wir haben gespottet. Wir haben gemurrt. Wir haben gelästert. Wir haben das Gute verschmäht. Wir haben uns schwer vergangen. Wir haben uns tief verschuldet. Wir haben gehaßt. Wir haben in Verstockung verharrt. Wir haben gefrevelt. Wir haben zerstört. Wir haben Unwürdiges getan. Wir haben geirrt. Wir haben in die Irre geführt« (Lit 4.4).

Schon am Abend des Versöhnungstages (10. Tischri) beginnt man mit dem Aufrichten der »Laubhütte« für das *Laubhüttenfest* (15. – 22. Tischri). Der Zeit der Wüstenwanderung ist das Gedächtnis des siebentätigen »Laubhüttenfestes« (*sukkót*, d. h. Hütten) gewidmet, während der man in einer Hütte, nur unter einem Laubdach, wohnen soll, die man selbst gezimmert hat. Mit Lernen und fröhlichem Essen wird eine ganze Nacht verbracht. Die Gebete der Zeit sind voller Hoffnung. »Sukkot« ist »das Fest der Wanderung und der Ruhe; aber der Ruhe doch eigentlich nur als Hoffnung« auf den Messias. »Die Hütte der Ruhe ist Symbol der Rast, hinter der die Rastlosigkeit auf Erden sichtbar bleibt. Symbol des ausschauenden Wanderns, zu jenem verheißenen Tag hin, der da kommen soll« (Lit 4.5, 51).

Das letzte Fest des Herbstes ist dann das *Chanukka-Fest* (Gedächtnisfest der Wiederweihe des Tempels nach dem Sieg des Judas Makkabäus im Jahre 164 v. Chr.). Obwohl die rabbinische Überlieferung sich dieses Festes nicht besonders angenommen hat, ist es doch durch den Charakter als Lichtfeier sehr volkstümlich geworden. (Die deutschen Juden nannten es seit Anfang des 19. Jahrhunderts sogar »Weihnachten«.) Obwohl nach der Reinigung des Tempels nur ein einziges Krüglein rituell reinen Öls gefunden werden konnte, reichte dieses Öl für den siebenarmigen Leuchter doch volle acht Tage; so erzählt die Legende. Deshalb brennt man eine volle Woche den Chanukka-Leuchter mit seinen acht Leuchten. Die Kinder erhalten Geschenke und freuen sich am Licht. Die Liturgie hat aus dem ursprünglichen Siegesfest der Makkabäer ein Fest gemacht, das die Macht des Herrn betont: »Nicht durch Macht und nicht durch Kraft, sondern durch meinen Geist, spricht Er, der Umscharte« (Zach 2,14 ff).

Der Sabbat. Aber das Rückgrat des jüdischen Jahres sind nicht die Feste – so wichtig sie auch sein mögen; sein Rückgrat ist die Reihe der wöchentlichen Sabbattage, von den Juden meistens nach dem Hebräischen »Schabbát« genannt. Vom ersten Aufleuchten der Sterne am Freitagabend bis zum Dämmern am Samstag ist Ruhetag, der mit dem Sabbateingangsgottesdienst in der Synagoge (sL) beginnt. Kein Synagogengebet ist Pflicht; aber bewußt jüdische Familien gehen auch heute noch in die Synagoge. Die eigentliche Sabbatfeier ist jedoch eine häusliche Feier, die früher von mehr Bräuchen umgeben war als die meisten großen Feste. Die ideale Sabbatfeier am Freitagabend beschreibt Raphael Geis so: »Wenn die Familie aus der Synagoge nach Hause kommt, liegt der von der Mutter gedeckte Tisch bereits im warmen Licht der von ihr gesegneten beiden brennenden Kerzen. Am Platz des Vaters steht der Kelch mit Wein und daneben die Schabbatbrote unter einer schönen Decke. Der Vater spricht über Wein und Brot den Segen. ... Das Mahl, das sich anschließt, wird immer wieder durch fromme und zumeist frohe Gesänge unterbrochen. Wenn es irgend möglich ist, soll der Vater auch noch während des Essens oder nach Tisch den für jeden Schabbat bestimmten Wochenabschnitt aus den fünf Büchern Moses mit Kommentaren verlesen und seinen Kindern nahebringen« (4.11, 105 f.).
Der Segen über Wein und Brot am andern Tag ist wiederum ein deutlicher Hinweis auf den Sabbat. Streng jüdische Familien essen vorbereitetes Essen, weil man am Sabbat nicht mit Feuer umgehen soll. Aber diese Vorschrift hat sich in vielen jüdischen Bereichen stark gelockert. – Ein besonderes Erlebnis ist die Feier des Sabbatabschieds. Über Wein, wohlriechende Gewürze und Licht wird der Segen gesprochen. Man sitzt noch einmal mit der »Königin Sabbat« zusammen, trinkt und freut sich, bis zuletzt das Licht der Kerze im Rest des Sabbatweins auf dem Teller gelöscht wird. Der freie Abend bricht an; er wird manchmal außerhalb des Hauses verbracht.

Der Alltag. Schon die alten Rabbinen (200 v.–200 n. Chr.) hatten das Leben des jüdischen Menschen mit dem immerwiederkehrenden Gedanken an den allmächtigen und gerechten Gott, »der Himmel und Erde gemacht hat«, verknüpft. Beim Nehmen von Salz und Brot, bei Wasser und Wein, beim Eintreten in ein Haus, beim Gruß und beim Abschied, bei Beginn der Tora-Lesung und bei Abschluß segnet er sein Tun mit immer wieder anderen Segenssprüchen.
Dazu soll der Jude wenigstens dreimal am Tag beten: umhüllt mit dem Gebetsmantel, Stirn und Arm umwunden mit den Riemen, die die Kapseln halten, in denen die »Denkzettel« (Mahnsprüche) liegen. Damit führt man bildhaft aus, was in Dt 6,8 besagt hat: Die Worte des Ge-

setzes, »binde sie dir als Mahnzeichen an die Hand und trage sie als Merkzeichen vor der Stirn«. Man betet Psalmen und Tagesgebete. Es sind nicht mehr sehr viele Juden, die es tun. Aber solange einer sich als »frommen Juden« fühlt, beachtet er all solche Vorschriften, wenigstens im Äußeren, sehr genau. Die äußere Beobachtung aller kultischen Vorschriften ist ein Zeichen für seine Bindung an Gott, den Herrn. Auch die Reinheitsvorschriften zu beobachten, gehört dazu: kein Fleisch von unreinen Tieren (z. B. vom Schwein) zu essen; keine Gerichte essen, in denen Dinge zusammen gekocht sind, die nicht zusammen gekocht werden dürfen; nach allem Tun, was unrein macht, die gesetzlichen Reinigungsvorschriften und Fristen bis zur Reinigung zu beachten – wer all das ein Leben lang beachtet hat, lebt darin ein immer neues Zeugnis für die Macht und das Recht des Herrn.
Wie sehr der Jude in der festen jüdischen Gemeinschaft an die rituellen Gebräuche gewöhnt ist, geht aus einem jüdischen Witz sehr akzentuiert hervor. Zwei Juden diskutieren seit Stunden: Gibt es Gott, oder gibt es ihn nicht. Schließlich entscheiden sie: Es gibt ihn nicht. Dabei haben sie sich heiser geredet, und der eine greift nach einem Glas Wasser und setzt es an die Lippen. Der zweite ist entsetzt: »Was tust du? Du hast vergessen, die Broche (*Segen; fromme Juden nehmen ja nichts in den Mund, ohne zuvor den entsprechenden Segen zu sprechen*) zu sagen!« – Der erste wundert sich: »Was heißt ›Broche‹? Wir haben doch soeben entschieden, daß Gott gar nicht existiert!« – Darauf der zweite: »Wie hängt das zusammen? Ob es Gott gibt oder nicht – Wasser ohne Broche trinkt nur der Goi!« (*Goi hier im allgemeinen Sinne von Nichtjude.*) (Lit 4.7, 222).

V. DIE ZERSTREUUNG (»AUSBREITUNG«) DES JUDENTUMS

Die Religion des Judentums war nicht von Anfang an auf Mission angelegt. Schon der Name sagt es: Judentum ist die Religion eines Volkes, ursprünglich eine Stämmereligion. Zwar gingen Israeliten und Juden freiwillig und gezwungen in alle Welt. Aber diese Ausbreitung kann man nicht eigentlich Ausbreitung der jüdischen Religion nennen, denn bei diesen Verpflanzungen des Volkes handelte es sich nicht darum, die jüdische Religion auszubreiten, sondern das Volk suchte andere Wohnstätten, und dabei nahm es seine Religion mit. Wenn in den folgenden Zeilen also von der Verbreitung des jüdischen Glaubens gesprochen wird, heißt dies nicht, daß die Juden ihre Religion ausgebreitet haben, sondern lediglich, daß *mit* Juden ihre Religion in andere Weltgegenden gekommen ist.
Die erste Ausbreitung – die Juden sprechen von »Zerstreuung« (*golá)*

– des Israelitentums geschah durch die Deportation der Israeliten am Ende der assyrisch-israelitischen Auseinandersetzungen (Fall der Stadt Samaria 722 v. Chr.) und durch die Verschleppung des Stammes Juda am Ende der babylonisch-judäischen Auseinandersetzungen (Fall der Stadt Jerusalem 586). Dadurch daß für die Länderbrücke zwischen Mesopotamien und Ägypten (also für Kanaan/Palästina) Ägypten immer dann Fluchtland war, wenn sich die Völker dieser Länderbrücke mit einem mesopotamischen Volk im Krieg befanden, erklärt sich die große jüdische Bevölkerungszahl in *Ägypten.* Zwischen 200 v. Chr. und 100 n. Chr. kann man für Ägypten etwa eine jüdische Einwohnerschaft von rund 900 000 annehmen; im Alexandrien dieser Zeit (rund eine Million Einwohner) lebten etwa 200 000 Juden. Eine weitere Verbreitungs- bzw. Zerstreuungswelle brachten die römischen Eroberungsvorstöße in Palästina (seit dem Jahre 63 v. Chr.).

Von der Ausbreitung der Juden *im Vorderen Orient* zur Zeit Jesu und der Apostel gibt die Apostelgeschichte (2,9–11) eine sehr anschauliche Darstellung; da wundern sich die nach Jerusalem gekommenen Juden am Pfingstfest über die Galiläer, daß alle sie verstehen: »Parther, Meder, Elamiter, Bewohner des Zweistromlandes, Judäas und Kappadoziens, des Pontus und (Klein-)Asiens, Phrygiens und Pamphyliens, Ägyptens und der nach Cyrene hin gelegenen Landschaft Libyen und hier weilende Römer ..., Kreter und Araber ...« Die Volksbezeichnung »Parther« usw. heißt hier: Juden aus dem Partherland.

Im jüdisch-römischen Krieg (66–73 n. Chr.) wurden viele Juden als Sklaven ins Ausland gebracht, vor allem nach *Italien,* von wo aus sie auch in die römischen Teile Germaniens und Galliens gelangten. So konnten die Juden von Mainz im Jahre 1432 mit Recht sagen, daß sie seit 1400 Jahren in der Stadt ansässig seien, und die Juden von Worms konnten im Jahre 1636 mit Recht darauf hinweisen, daß sie 1600 Jahre in der Stadt Worms wohnen. – Eine neue Welle der Ausbürgerung und Versklavung brachte der Bar-Kochba-Krieg mit sich, der für die Juden im Jahre 135 nach dreieinhalbjährigem Aufstandskrieg gegen die Römer verlorenging.

Über die nordafrikanische Küstenstraße gelangten Juden schon im ersten christlichen Jahrhundert bis nach *Spanien.* Nach dem Fall von Granada im Wiedereroberungskrieg der Spanier gegen die Mauren (1491) wurden alle Juden ausgewiesen, d. h. jene Juden, die sich nicht hatten taufen lassen. Man spricht von 300 000 Auswanderern, die z. T. nach Portugal, z. T. in die Türkei auswichen. Als die Juden dann 1498 aus Portugal ebenfalls ausgewiesen wurden, wanderten die portugiesischen Juden zum großen Teil in die *Niederlande.* In *Gallien* saßen die Juden im 6. Jahrhundert meistens in den südlichen Städten.

In *England* faßten sie wahrscheinlich Fuß, als Wilhelm der Eroberer (um das Jahr 1060) das Land von der Naturalwissenschaft zur Geldwirtschaft überführte. Da die Juden damals besonders im Handel und in der Geldwirtschaft tätig waren, folgten sie dem Erobererkönig. Als im Frankenreich die ersten Kreuzzüge auch Judenverfolgungen mit sich brachten, gingen viele Juden aus dem Frankenreich nach England. Um das Jahr 1300 wurden sie dann aus England ausgewiesen, wandten sich wieder Frankreich zu, von wo sie wenige Jahre später abermals ausgewiesen wurden.

Es würde den Rahmen dieser Darstellung sprengen, wollte man darzulegen versuchen, wie das Judentum in den einzelnen Ländern Fuß faßte, wie es (meistens durch falsche christliche Lehren) immer wieder neu unter den Druck des christlichen Volkes geriet und wie dadurch auch beim jüdischen Volk Haß gegen seine Verfolger aufkam. Der Prozeß dieser Verbreitung und Auseinandersetzung ist unendlich kompliziert. Vielleicht kann man ihn kurz so zusammenfassen: Die erste verfemende Abgrenzung von den Juden im äußerlich christlich gewordenen Römerreich geschah auf dem Konzil in Toledo (681), einem Regionalkonzil. Letztlich gab dieses Konzil für alle späteren Verfolgungen eine scheinbare Berechtigung und löste damit auch viele Wanderungen der Juden aufgrund Verfolgung aus. Es gibt kein Land, wohin die Juden nicht kamen. Von Italien und aus dem Donaubecken, verhältnismäßig frühen Sitzen des Judentums, kamen sie nach Polen und Rußland – Länder, die später besonders viele Judensiedlungen zählten. Von daher fluteten sie in kleineren Gruppen, auch als einzelne Familien, zurück in die habsburgischen Länder Österreich und Ungarn. Amerika wurde von England aus durch die Juden besiedelt. In den USA leben heute mehr Juden als in der gesamten anderen Welt. Deutschland hatte eine verhältnismäßig kleine Judenbevölkerung, die allerdings durch die Judenbefreiung, welche um das Jahr 1800 in der ganzen Welt infolge der Ideen der Französischen Revolution und der USA-Verfassung immer größere Fortschritte machte, eine starke Rolle in den deutschen Ländern spielte.

Seit der Mitte des 19. Jahrhunderts begann eine Bewegung in Europa und Amerika zu wachsen, die sich gegen die Juden richtete (sog. »Antisemitismus«) und sich vor allem im zaristischen Rußland in Pogromen gegen die Juden und im nationalsozialistischen Deutschland in scheußlichen Judenvernichtungen austobte. In diesen Vernichtungen zeigte das Judentum, wieviel jüdische religiöse Substanz selbst noch im liberalen Judentum steckt.

VI. DIFFERENZIERUNGEN IM JUDENTUM

Obwohl es im Judentum seit frühesten Zeiten manche Differenzierung gegeben hat, haben diese Differenzierungen doch selten zur Teilung der Judenheit geführt. So verschiedene Arten von Judentum wie das der Sadduzäer (zu denen die Hohepriester zur Zeit Jesu gehörten, die nur die Bücher Moses als kanonische Schriften anerkannten, nicht an die Auferstehung glaubten und denen der Messiasglaube gleichgültig war) und das der Pharisäer (die in gewissem Maß demokratisch und gesetzestreu waren, die an einen Messias aus den Pharisäern glaubten und die in der strengen Gesetzeserfüllung die eigentliche Treue zu Gott sahen) konnten nebeneinander bestehen. Zu den wenigen Gruppen, die das Judentum wegen falscher Lehre aussonderte, gehörte die Gruppe der Nachfolger Jesu.

Aus den mannigfachen Formen der Differenzierungen sollen nur wenige besprochen werden, diese aber etwas ausführlicher; denn eine reine Nennung von Bezeichnungen sagt nichts.

KABBALA nennt man die religiöse Bewegung im Judentum, die um 1150 n. Chr. in der Provence entstanden und bis heute Einfluß behalten hat. »Kabbala« (d. h. Überlieferung) kann natürlich eigentlich jede Überlieferung bedeuten. Aber wenn man heute »Kabbala« sagt, meint man damit die mystische (Geheim-)Lehre des Judentums.

Die Kabbalisten nennen antike Talmudlehrer die Väter ihrer Überlieferung; das ist jedoch Legende. Die geschichtlichen Anfänge der Kabbala liegen im 12. Jahrhundert. Ähnlich wie die christliche Mystik eine Antwort auf den nüchternen Formalismus der mittelalterlichen christlichen Schullehre (Scholastik) war, so war die Kabbala eine Antwort des nach Innerlichkeit rufenden Menschen, auf die trockene Kasuistik (sL) der jüdischen Gesetzeslehre.

Das älteste Buch, das von der Kabbala aufgenommen wurde, stammt aus dem 9. Jahrhundert: das »Buch der Schöpfung«. In der dunklen Sprache der Mischna (sL) spricht es von den geheimnisvollen Zusammenhängen der 22 Buchstaben des hebräischen Alphabets und ihrer Zahlenbedeutung in den Dingen der Schöpfung. Die Dunkelheit des Textes verlockt zu immer neuen Erklärungen. Der eigentliche Sinn dieser Darstellung war aber wohl die Behauptung, daß es zwischen den Dingen sowie zwischen den Beziehungen der Dinge und den Dingen selbst unendlich mannigfache Zusammenhänge gebe.

Das Hauptwerk der Kabbala ist das mystische Buch »Sohar« (Lichtglanz), eine fünfbändige Auslegung der fünf Bücher des Mose, die eine Fülle kabbalistischer Lehren enthält. Das Werk entstand in Spanien. Mose de León (etwa 1240–1305) hat es zusammengestellt, z. T. sogar

selbst in arämischer Sprache verfaßt, wenn er sich dabei auch auf ältere Schriften stützte. Er legte das Werk dem Simon bar Jochai (um 130 n. Chr.) in den Mund, um so die Verbindung mit der klassischen Zeit der jüdischen Lehre (Talmud: S. 107 f zu betonen. Das Buch »Sohar« wurde 1558 in Cremona zum ersten Mal gedruckt.
Die Grundlage der Kabbala ist ein Kosmossystem, das jedoch nicht zu allen Zeiten der Kabbala gleich war. Dadurch ist es nicht leicht zu verstehen. Das kosmische Interesse und die Hinwendung zu den Anfängen machen »Das Sein vor der Schöpfung« und »Das Urlicht über dem sichtbaren Himmel«, die Lehre von den zehn Sphären der göttlichen Personifizierungen, der »himmlische Lichtfunke in allen irdischen Dingen« zu bevorzugten Themen der jüdischen Mystik der Kabbala. Entsprechend den lichten Themen gibt es aber die dunklen Themen von Dämonen und bösen Mächten »der anderen Seite«.
Was will die Kabbala? Die Kabbala will erkennen, »was die Welt im Innersten zusammenhält«. Diese Erkenntnis sucht sie nicht auf philosophischem Wege, der die Wahrheit mit Begriffserklärungen sucht. Der Kabbalist sucht die mystische Versenkung in das Unendliche. In Begeisterung und Ekstase sucht er dem Unendlichen in Fühlen und Schauen nahezukommen: in der Verzückung des sich immer weiter steigernden Gebetes. Der Kabbalist will ein strenger Jude sein, der das Gesetz erfüllt; aber er will es nicht nur äußerlich erfüllen, sondern vom Zentrum der Frömmigkeit her, die allen einzelnen Geboten Einheit gibt. Er strebt zur Verinnerlichung und Vergeistigung. Die Seele soll immer mehr dem Sinnlichen entzogen und mit Gott, dem Unendlichen, eins werden. Der Anhänger der Kabbala will die Welt des Scheins hinter sich lassen und den Ursprung, das ewige Sein wiederfinden. Der Kampf zwischen Geist und Materie, Licht und Finsternis, Gut und Böse ist das Leben.
Diese Erkenntnis des letzten Verborgenen, die Vermählung des in jedem Menschen verborgenen himmlischen Urbildes des Menschen mit dem verborgenen Gott soll durch Gebetskonzentration, durch Tiefengebet (*kawwana*) ermöglicht werden. Der große Philosoph der spanischen Judenheit, Maimonides, der kein Kabbalist war, definiert dieses Tiefengebet so:
»Kawwana bedeutet, das Herz von allen Gedanken zu entleeren und sich so zu betrachten, als ob man vor der Gottesherrlichkeit stünde. Daher ist es angemessen, eine Weile vor dem Gebet ruhig zu sitzen, um den Sinn zu sammeln und erst dann in Gelassenheit zu beten.«
Während diese Elemente auch dem modernen Menschen eingängig sind, sind andere Elemente der Kabbala vielen heutigen abendländischen Menschen sehr fremd. Das Leid der Frommen wird als Läuterung

von Sünden eines früheren Lebens erklärt. Die Seelenwanderung gehört also zur Lehre der Kabbala. Aber in der Messiaszeit, am Ende der Tage, kehrt alles in die Welt des unendlichen Geistes (d. i. Gott) zurück.
Zwischen Gott und der Welt der Materie gibt es Personifizierungen, die oft den Verdacht polytheistischer Gottesanschauungen nahegelegt haben. Die Personifikationen sind Wesen der Welt der Erkenntnis: 1. die Krone, 2. die Weisheit, 3. der Verstand; Personifikationen der moralisch-ästhetischen Welt: 4. die Güte (oder die Größe), 5. das Recht (oder die Stärke), 6. die Herrlichkeit (oder die Barmherzigkeit); Personifikationen der materialen Welt: 7. die Festigkeit, 8. die Pracht, 9. das Fundament; und 10. die Personifikation des Reiches. Neben solchen Spekulationen befaßt sich die Kabbala auch heute noch mit Zahlenspekulationen, Astrologie und anderen Auslegungen der materialen Welt und ihrer Gesetze. Diese Spekulationen haben sie vor allem seit 1800 in den Ruf des Aberglaubens gebracht.

Der Chassidismus. Aus der allgemeinen Bewegung im Judentum, die sich gegen die starre Gesetzesgläubigkeit richtete, ergab sich durch die Lehre des Rabbi Israel Elieser (1699–1760), dessen Rabbiname »Baal schem tov« war, in der Ukraine die Bewegung des Chassidismus. Wie auch andere bedeutende Lehrer hat er selbst nichts geschrieben. Aber seine Schüler haben seine Lehrerzählungen überliefert und von seinem Leben als Beispiel der Gottesannäherung und Versenkung in Gott berichtet. Die von der Gesetzesreligion bedrohte Weltbejahung wurde von ihm gelehrt und gelebt: das Wort der Schriftlehre und das Wort der Welt sind nicht zweierlei!
Zur Eigenart des chassidischen Lebens und seiner Frömmigkeit gehört die *Begeisterung*. Von dieser Begeisterung hat auch die ganze Bewegung ihren Namen. »Chassidim« bedeutet zwar im allgemeinen Verständnis der hebräischen Sprache »die Frommen«, muß aber im Sinne des Chassidismus mit die »Bundestreuen«, »die vom Bund Begeisterten« übersetzt werden. Die Lehrer dieser Chassidim sind die »Zaddikim« (in der üblichen Übersetzung: »die Gerechten«), was im chassidischen Verständnis »die im Geist Bewährten«, und »die (als Lehrer) Begeisternden« verstanden werden muß. »Die chassidische Lehre ist wesentlich ein Hinweis auf ein Leben in Begeisterung, in begeisterter Freude«, schreibt Martin Buber in seinem Werk »Die Erzählungen der Chassidim«. Die Darlegung Bubers über den Chassidismus ist auch für die Gesamteinsicht in die Religion wichtig: »Im Grunde gehen alle großen Religionen und religiösen Bewegungen darauf aus, ein Leben in Begeisterung zu erzeugen, und zwar in einer Begeisterung, die durch kein Erlebnis zu ersticken ist, die somit ihre Quelle in einer allen einzelnen Erlebnissen

schlechthin überlegenen Beziehung zum Unbedingten haben muß.« Die Erfahrungen mit der Welt und mit sich selbst können aber den Menschen meistens nicht begeistern. Deshalb wird der begeisternde Kontrapunkt oft in einem »Jenseits« gesucht. Das irdische Leben wird dann Vorhof, Prüfungsstätte o. ä. »Im Judentum war, unbeschadet des Glaubens an ein ewiges Leben, stets die Tendenz mächtig, der Vollkommenheit eine irdische Stätte zu schaffen. Die große messianische Konzeption einer kommenden Vollendung auf Erden, an deren Bereitung jedermann tätigen Anteil nehmen kann«, reichte aber nicht aus, um die Begeisterung wach zu halten. Denn: Wann kommt der Messias? Irgendwann. Aber dieses Irgendwann bezog den einzelnen kaum ein. Die großen Naherwartungen erwiesen sich bisher immer als Täuschung oder als Betrug. Dann aber kam der Chassidismus:

»Ohne die messianische Hoffnung abzuschwächen, erregte die chassidische Bewegung sowohl in den geistigen wie in den ›einfachen‹ Menschen, die ihr anhingen, eine *Freude an der Welt wie sie ist, am Leben wie es ist,* an jeder Stunde des Lebens in der Welt, wie diese Stunde ist. Ohne den Stachel des Gewissens abzustumpfen und das Gefühl des Abstands zwischen der Menschengestalt, als die dieser Einzelne in der Schöpfung gemeint ist, und seiner gegenwärtigen Tatsächlichkeit zu betäuben, zeigt sie dem Einzelnen von jeder Versuchung, ja auch noch von jeder Sünde aus den Weg zu dem Gott, ›der mit ihnen inmitten ihrer Unreinheiten wohnt‹. Ohne die verpflichtende Macht der Thora zu mindern, ließ sie nicht bloß in allen überlieferten Geboten einen unmittelbar beglückenden Sinn aufleuchten, sondern sie beseitigte faktisch die Trennungsmauern zwischen dem Heiligen und dem Profanen ... Die Welt, in der du lebst, so wie sie ist, und nichts anderes, gewährt dir den Umgang mit Gott, ihn, der dich und das in der Welt weilende Göttliche, soweit es dir anvertraut ist, zugleich erlöst. Und deine eigene Beschaffenheit, dies eben wie du bist, ist dein besonderer Zugang zu Gott, deine besondere Möglichkeit für ihn. Laß dich deiner Lust an Wesen und Dingen nicht verdrießen, laß sie sich nur in den Wesen und Dingen nicht verkapseln, sondern durch sie zu Gott vordringen; empöre dich nicht wider deine Begierden, sondern fasse sie und binde sie an Gott; nicht ertöten sollst du deine Leidenschaft, sondern sie heilig wirken und heilig ruhen lassen in Gott« (Lit 4.1, 1,18 ff.). Der Lehrer auf diesem Weg ist der Zaddik, er hat seinen Chassidim den unmittelbaren Umgang mit Gott zu erleichtern.

Einige Texte aus den Sprüchen der chassidischen Weisen sollen vom besten Geist dieser jüdischen Erweckungsgruppe etwas aussagen:

Wie man den Nächsten lieben muß. Der Sassower erzählte seinem Jün-

ger, dem Zydaczoer: »Die Erkenntnis wahrer Nächstenliebe verdanke ich einem Gespräch zweier Dorfleute, denen ich zuhörte. Erster: ›Sage mir, Freund Iwan, liebst du mich?‹ – Zweiter: ›Ich liebe dich sehr.‹ – Erster: ›Weißt du, Freund, auch, was mir weh tut?‹ – Zweiter: ›Wie kann ich denn wissen, was dir weh tut?‹ – Erster: ›Wenn du nicht weißt, was mir weh tut, wie darfst du auch nur sagen, daß du mich lieb hast?‹«
»Verstehst du, Hersch«, führte der Sossower aus, »lieben, wirklich lieben, heißt wissen, was dem andern weh tut.« (Lit 4.9, 218)
Imitatio Dei. Der Sassower gab einmal einem übelberüchtigten Menschen sein letztes Geld hin. Die Schüler warfen es ihm vor: »Soll ich«, sagte er, »wählerischer sein als Gott, der es mir gegeben hat?«
(Lit 4.1, 533).
Die große Schuld. Rabbi Bunam sprach zu seinen Chassidim: »Die große Schuld des Menschen sind nicht die Sünden, die er begeht – die Versuchung ist mächtig und seine Kraft gering! Die große Schuld des Menschen ist, daß er in jedem Augenblick die Umkehr tun kann und nicht tut« (Lit 4.1, 755).

Der Zionismus. Das Judentum in der Zerstreuung (nämlich: unter den Völkern) trug als stete Sehnsucht die Hoffnung auf den Messias in sich. Immer wenn die Hoffnung auf den Messias besonders stark wurde, begaben sich Juden auf die Wanderung in das Land, wo Jerusalem liegt. Denn wenn der Messias kommt, so glaubte man, wird er das zerstreute Judenvolk im alten Land Israel sammeln. Die Wanderungen nach Israel oder zum Berg Zion (deshalb »Zionismus«) sah man als einen Aufbruch an, um dem Messias entgegenzugehen.
Nach vielen vergeblichen Aufbrüchen zum Zion glaubten dann einige politisch nüchtern denkende Juden zu erkennen, daß man die Frage der Sammlung der Juden nicht religiös, sondern politisch sehen müsse. Indem sie den Akzent auf Judentum als Volkstum (und nicht als Religion) legten, begannen sie – unter Führung von Theodor Herzl (1860–1904), einem österreichischen Juden in Ungarn – eine politische Bewegung zur Gründung eines Judenstaates aufzubauen. Diese Bewegung nannte man wegen ihres Ziels, der systematischen Wanderung des jüdischen Volkes aus den Ländern der Zerstreuung ins Land Israel beim Berg Zion, in politischem Sinne: »Zionismus«. Das Ergebnis dieses politischen Zionismus ist die Gründung des Staates Israel. Obwohl die Gründung des Staates Israel ein politischer Vorgang ist, läßt sich schwer abgrenzen, wie stark die politischen und wie stark die religiösen Kräfte des Judentums zu diesem Ziel beigetragen haben. Zwar wäre es falsch, den Staat Israel als theokratischen Staat, überhaupt als religiös getragenen Staat anzusehen; aber in Israels Geschichte sind so viele religiöse Kräfte der

Vorzeit lebendig, daß es auch nicht möglich ist, die Gründung des Staates Israel (1948) nur vom politischen Gesichtspunkt her zu beurteilen.

VII. SÄKULARISIERTES JUDENTUM

Von »säkularisiertem Judentum« sprechen in abfälligem Sinn nur solche, die das Judentum mißverstehen. Das Judentum als Religion ist nur selten eine religiöse Gruppe gewesen, die das Irdische wegen des Himmlischen verachtet hat. Im Gegenteil ist die innige Verquickung von Glauben und völkischem Leben, von Religion und staatlichem bzw. weltlichem Dasein immer ein Charakteristikum des jüdischen Glaubenslebens gewesen, und damit war gewissermaßen eine Portion Saeculum (Welt) notwendig, damit der Jude wirklich seine Rolle leben konnte. Sein Gottesbund war auf die Größe seines Volkes gerichtet. Sein Messiasglaube richtete sich auf die durchaus weltliche Erlösung seines Volkes. Hilfe und Gnade Gottes richtete sich durchaus auf das Wohlergehen des einzelnen und seines Volkes. Säkularisiertes Judentum ist deshalb im Grunde kein Vorwurf, wie das zumal Christen in dem Ausdruck »Säkularisierung« leicht sahen (und sehen). Die Aufgabe des Juden ist eine Aufgabe an der Welt. Deshalb waren die Juden immer da, wo sich neue Wege anbahnten, wo sich die Gesellschaft neue Strukturen schuf, wo sich die Wirtschaft mit ihren Strukturen änderte, wo sich der Volksgeist des Wirtsvolkes änderte – überall da wollten die Juden vorn sein. »Wir sind ein Volk von Säleuten«, sagen gerade in Israel viele Juden.

Auf all dem fußt auch der Hang zur Assimilierung (an die »Wirtsvölker«) insofern eine solche Assimilierung (sL) nicht einfach Lossagung vom alten Glauben bedeutet. Freilich war die Öffnung zur Gleichberechtigung durch Emanzipation (sL), die Öffnung zur weiteren Kulturwelt des Gastvolkes, die Öffnung zu einer allgemeineren Anerkennung des jüdischen Volksteils in Staat und Politik für viele Juden auch eine große Versuchung. Viele ließen sich, um ganz und gar gleichberechtigt zu werden, taufen; und bei vielen war diese Taufe eine Scheintaufe, eben ein »Entréebillet zur europäischen Kultur«. Gegen einen solchen »lukrativen Glaubenswechsel« wandten sich die nachdenklicheren und treueren Herzen. Und wenn man an einer Stelle von Säkularisierung sprechen will, so könnte man die Taufbewegung unter den Juden ein Zeichen der Säkularisierung nennen, weil sie zeigte, daß es ihnen nicht mehr um die Vermählung von Glauben und Weltaufgabe und Weltleben ankam, sondern nur noch um Erfolg im Weltleben, für den man seinen Glauben aufgab und die ungeglaubte christliche Religion annahm. Das war die Lage vor allem seit 1790 und in den folgenden Jahrzehnten.

Im heutigen Israel, wo die Gleichgültigkeit gegenüber dem jüdischen

Glauben überwiegt, sind die Gründe jedoch andere. Man darf sagen: Die Gründe sind dort dieselben wie die in den christlichen Gemeinschaften. Daß sich die israelische Judenheit fast zu 90 % religiös nicht mehr als Juden empfindet, liegt vor allem am oft stagnierten jüdischen Glauben. Die jüdischen Theologen und Denker haben sich zwar ebenfalls um Neudurchdenkung des jüdischen Glaubens bemüht (Martin Buber und Leo Baeck sind da zu nenenn); aber wen erreichte das schon? Die meisten Juden in Israel haben eine derart traditionalistische und auf alten Weltbildvorstellungen fußende Glaubensvorstellung, daß sie – außer sehr wenigen – entweder in einer Schizophrenie von Glauben und Leben stehen oder aber den Glauben als nicht mehr praktizierbar beiseite gelegt haben. Die Bibel ist ihnen als Buch der alten Erzählungen ihres Volkes geblieben.

Kurzformeln für den Glauben eines modernen gläubigen Juden

Gott. Gott ist der (das) Unendliche. Der Unendliche läßt sich nicht abbilden. Er hat keine Gestalt.

Es gibt nicht zwei Wirklichkeiten, Gott und Welt: »Gott ist der Ort der Welt, aber die Welt allein ist nicht Gottes Ort« (Talmud).

Gott und Mensch. Die Schrift ist der Ausdruck für die Möglichkeit der Begegnung von Gott und Mensch. Die Wunder der Schrift wollen das letzlich Unaussprechbare für dieses Verhältnis ausdrücken.

Das Gebot ist die Form, in der sich Gott vor den Menschen offenbart. Indem der Mensch das Gebot erfüllt, steht er im Bunde mit Gott.

Der Mensch. Das Wesentliche des Menschen: Er ist Ebenbild Gottes und kann zu Gott in Beziehung treten. Als Ebenbild Gottes hat er teil an der Unendlichkeit Gottes.

Das Heil. Des Menschen Heil ist die Versöhnung des Menschen mit Gott. Oder: Das Heil des Menschen ist die Gerechtigkeit, d. h. wenn er allem (jedem Menschen und jeder Situation) Gerechtigkeit widerfahren läßt.

Zur Gerechtigkeit gehört die Ablösung des Leids. Zur Gerechtigkeit gehört der Fortschritt.

Die Offenbarung Gottes in den Ereignissen der Welt ist auch Glaube an die Möglichkeit des Fortschritts; und der Glaube an den zukünftigen Messias ist der Glaube an den Fortschritt zum menschlichen Heil.

VIII. Das Judentum und die Religionen

Das Verhältnis des Judentums zum Christentum konnte gar nicht anders als vom ersten Augenblick an negativ sein. Die Judenchristen verstanden sich zwar anfangs noch als Juden, die Jesus von Nazareth als den jüdischen Messias bekannten. Aber schon in der Apostelgeschichte

des Neuen Testamentes zeigen sich die Spannungen, die daraus hervorgingen. Die Unterschiede wurden im Laufe der Zeit immer mehr betont, bis die Juden auf der Synode von Jabne (Jamnia) selbst den Trennungsstrich zwischen dem Judentum und denen zogen, die an Jesus von Nazareth als Messias glaubten (zwischen 70 und 90).
Seitdem stehen sich Juden und Christen als zwei Religionen gegenüber. Die Christen hatten mit den Juden die jüdische Bibel gemeinsam, die die Christen später das Alte Testament nannten. Aber die Christen deuteten die jüdische Bibel (von ihrem Neuen Testament her) um. Die Aussagen der jüdischen Bibel mußten nach Ansicht der Christen »erfüllt« werden, um ihren vollen Sinn zu bekommen. Die Juden wiesen diese Umdeutung zurück und »widerlegten« sie, wie sie es ausdrückten. So war eine Verständigung nicht möglich, sondern Standpunkt stand gegen Standpunkt.
Nachdem das Christentum nach der Konstantinischen Wende zur Reichsreligion geworden war, wollte es im Grunde mit dem Judentum gar nicht mehr ernsthaft diskutieren. Die Juden waren Ungläubige. Und wenn hier und da eine mehr positive Haltung gegenüber dem Judentum erschien, muß man das auf die Juden als Volk zurückführen, aus dem die Christen Jesus emporgestiegen wußten. Die Juden antworteten auf die Haltung der Nichtbeachtung oder der Verachtung mit dem Pathos des Kleinen Restes (sL).
Die Juden wurden von den christlichen Konfessionen nicht so sehr als Volk wie als Religion angesehen und als solche abgelehnt. Die Redeweise des Johannesevangeliums, das »die Juden« schlechthin als Vertreter des Unglaubens anspricht, hat in den christlichen Konfessionen bis heute gewirkt und eine antijüdische Haltung unter den Christen immer gefördert.
Um ein positives Verhältnis zu den Juden hat sich das Zweite Vatikanische Konzil (1962–1965) bemüht. In der »Erklärung über das Verhältnis der Kirche zu den nichtchristlichen Religionen« (Nr. 4) heißt es:
Bei ihrer Besinnung auf das Geheimnis der Kirche gedenkt die Heilige Synode des Bandes, wodurch das Volk des Neuen Bundes mit dem Stamme Abrahams geistlich verbunden ist.
So anerkennt die Kirche Christi, daß nach dem Heilsgeheimnis Gottes die Anfänge ihres Glaubens und ihrer Erwählung sich schon bei den Patriarchen, bei Moses und den Propheten finden. Sie bekennt, daß alle Christgläubigen als Söhne Abrahams dem Glauben nach in der Berufung dieses Patriarchen eingeschlossen sind und daß in dem Auszug des erwählten Volkes aus dem Lande der Knechtschaft das Heil der Kirche geheimnisvoll vorgebildet ist. Deshalb kann die Kirche auch nicht vergessen, daß sie durch jenes Volk, mit dem Gott aus unsagbarem Erbar-

men den Alten Bund geschlossen hat, die Offenbarung des Alten Testamentes empfing und genährt wird von der Wurzel des guten Ölbaums, dem die Heiden als wilde Schößlinge eingepfropft sind. Denn die Kirche glaubt, daß Christus, unser Friede, Juden und Heiden durch das Kreuz versöhnt und beide in sich vereinigt hat.

Die Kirche hat auch stets die Worte des Apostels Paulus vor Augen, der von seinen Stammverwandten sagt, daß »ihnen die Annahme an Sohnes statt und die Herrlichkeit, der Bund und das Gesetz, der Gottesdienst und die Verheißungen gehören wie auch die Väter und daß aus ihnen Christus dem Fleische nach stammt« (Röm 9,4–5), der Sohn der Jungfrau Maria. Auch hält sie sich gegenwärtig, daß aus dem jüdischen Volk die Apostel stammen, die die Grundfesten und Säulen der Kirche, sowie die meisten jener ersten Jünger, die das Evangelium Christi der Welt verkündet haben.

Wie die Schrift bezeugt, hat Jerusalem die Zeit seiner Heimsuchung nicht erkannt, und ein großer Teil der Juden hat das Evangelium nicht angenommen, ja nicht wenige haben sich seiner Ausbreitung widersetzt. Nichtsdestoweniger sind die Juden nach dem Zeugnis der Apostel immer noch von Gott geliebt um der Väter willen; sind doch seine Gnadengaben und seine Berufung unwiderruflich. Mit den Propheten und mit demselben Apostel erwartet die Kirche den Tag, der nur Gott bekannt ist, an dem alle Völker mit einer Stimme den Herrn anrufen und ihm »einträchtig dienen« (Sap 3,9).

Da also das Christen und Juden gemeinsame geistliche Erbe so reich ist, will die Heilige Synode die gegenseitige Kenntnis und Achtung fördern, die vor allem die Frucht biblischer und theologischer Studien sowie des brüderlichen Gespräches ist.

Obgleich die jüdische Obrigkeit mit ihren Anhängern auf den Tod Christi gedrungen haben, kann man dennoch die Ereignisse seines Leidens weder allen damals lebenden Juden ohne Unterschied noch den heutigen Juden zur Last legen. Gewiß ist die Kirche das neue Volk Gottes, trotzdem darf man die Juden nicht als von Gott verworfen oder verflucht darstellen, als wäre dies aus der Heiligen Schrift zu folgern. Darum sollen alle dafür Sorge tragen, daß niemand in der Katechese oder bei der Predigt des Gotteswortes etwas lehre, das mit der evangelischen Wahrheit und dem Geiste Christi nicht im Einklang steht.

Im Bewußtsein des Erbes, das sie mit den Juden gemeinsam hat, beklagt die Kirche, die alle Verfolgungen gegen irgendwelche Menschen verwirft, nicht aus politischen Gründen, sondern auf Antrieb der religiösen Liebe des Evangeliums alle Haßausbrüche, Verfolgungen und Manifestationen des Antisemitismus, die sich zu irgendeiner Zeit und von irgend jemandem gegen die Juden gerichtet haben (Lit 0.13, 357 ff.).

Das Christentum

Die Überschrift dieses Kapitels könnte Widerspruch hervorrufen. Manche werden sagen: Christentum als einheitliche Religion gibt es nicht. Die Konfessionen (sL) des Christentums, werden sie sagen, sind so sehr voneinander verschieden, daß man für sie kaum einen gemeinsamen Nenner finden kann.

Der Hinweis ist nicht ganz unberechtigt. Trotzdem bleibt wahr, daß alles, was sich zum Christentum zählt, eine gemeinsame Basis hat: den Glauben an Jesus Christus – was man auch immer unter Glaube und unter Jesus Christus verstehen mag. Wir müssen deshalb versuchen – wie wir es ja auch bei anderen, in ihren Teilen auseinanderstrebenden Religionen getan haben – unter dem Titel »Christentum« wenigstens die wichtigsten Gruppen, die sich selbst zum Christentum zählen, zu berücksichtigen.

Daß das Christentum eine Weltreligion ist, braucht nicht eigens bewiesen zu werden. Sowohl von der Ausdehnung seines Bekenntnisbereiches wie auch vom Anspruch her ist es Weltreligion zu nennen. Eine andere Frage ist, ob man das Christentum überhaupt »Religion« nennen kann. Es wird oft und gerade heute oft gesagt, Christentum sei eigentlich keine Religion. Wenn man das Christentum Religion nenne, nehme man ihm die Absicht, mit der es ins Leben gerufen wurde; es habe gerade die Aufhebung der Religionen sein wollen. Die Frage ist wert besprochen zu werden; aber an dieser Stelle führt sie zu weit ab. Wir müssen davon ausgehen, daß die meisten Christen ihr Christentum als Religion verstehen. Das ist der Grund, warum das Christentum in dieser Darstellung besprochen wird.

I. HINTERGRUND DES CHRISTENTUMS

Das Judentum der Zeit Jesu ist der Hintergrund des Christentums. Nicht nur die geschichtlichen Ereignisse des Lebens Jesu und der Urkirche haben das Judentum zum Hintergrund; auch die geistigen Auseinandersetzungen Jesu sind Auseinandersetzungen mit dem Judentum; auch die geistigen Auseinandersetzungen der Anhänger Jesu sind (vor allem anderen) Auseinandersetzungen mit dem Judentum. Zum großen Teil sind auch die Auseinandersetzungen der Anhänger Jesu mit dem Griechentum und Römertum der Zeit von der Auseinandersetzung des Judentums mit Griechen und Römern gezeichnet.

Aber nicht nur Hintergrund des Christentums ist das Judentum, es war auch der Mutterboden des Christentums. Viele Vorstellungen des Judentums sind in die Vorstellung des Christentums übergegangen und haben sich darin bis heute gehalten (man denke z. B. an den Begriff des Messias). – Im einzelnen müßte man für den Hintergrund auf folgende Erscheinungen der Zeit Jesu hinweisen:

Die politische Lage der Zeit Jesu ist gekennzeichnet durch Römerbesatzung, jüdische Befreiungskämpfe, Fürstentümer unter der Aufsicht Roms und Zerstückelung des Landes, das einmal das Königreich Davids, Salomos und der makkabäischen Könige war.

Die letzten Bruderkämpfe der Könige des jüdischen Makkabäerreichs fanden durch Eingreifen Roms ihr Ende. Im Jahre 63 v. Chr. marschierte Pompeius in Jerusalem ein und besetzte Stadt und Land. Von diesem Augenblick an regte sich mit besonderer Macht der jüdische Nationalismus. Im ganzen Lande fanden sich Freischärler zusammen, um die römische Besatzungsmacht im Guerillakrieg anzugreifen: Kämpfe zwischen sehr ungleichen Partnern. Aber das störte die Juden nicht, die gewohnt waren, in Kategorien ihrer Bibel zu denken und sicher waren, daß der kleine David gegen den Riesen Goliath siegen wird, wenn Gott mit David ist.

Ein einheimischer Kollaborateur mit den Römern war der judaisierte Idumäer (sL) Antipater, der im Besatzungsland zu hohen Würden aufgestiegen war. Antipater verstand es, seine beiden Söhne Phasael und Herodes zu Heerführern der römischen Heeresgruppe in Judäa und Galiläa zu machen und ihnen so die Niederschlagung der aufständischen Juden zu übergeben. Herodes, der den Ehrgeiz hatte König zu werden, floh bei Gelegenheit des Partherüberfalls (dem die Römer auswichen) nach Rom, und seinen Verhandlungen gelang es, vom Kaiser zum »König der Juden« ernannt zu werden. Zwar mußte er selbst sich das Land erobern; aber von Rom war ihm Soldatenhilfe zugesagt worden. Im Jahre 32 v. Chr. saß er fest im Sattel, d. h. er ließ alle gefährlichen Nebenbuhler, alle möglichen Thronanwärter oder Thronkritiker umbringen, auch wenn es seine eigenen Söhne waren.

Der Kampf gegen Rom, das immer noch anwesend war, hörte nun eine Weile auf. Es gab eine Reihe herodianischer Parteigänger, die die Fronten unübersichtlich machen. Aber als nach dem Tode des Herodes (4 v. Chr.) das herodianische Reich in vier Teilfürstentümern an vier »Vierfürsten« aufgeteilt wurde, begann die Unruhe im Lande von neuem, weil für Judäa mit Samaria, eines der »Vierfürstentümer«, schon bald (7 n. Chr.) ein römischer Prokurator (»Landpfleger«) als Gouverneur eingesetzt wurde. Als kurz vorher der Kaiser auch die Juden verpflichten wollte, Kopfsteuer zu zahlen, wurden die Unruhen geradezu zum Aufstand (6 n. Chr.); an einen heidnischen Kaiser Kopfsteuer zu zahlen, war wie Gotteslästerung und Glaubensverleugnung, weil man damit seine persönliche Zugehörigkeit zu einem heidnischen Fürsten bekundet hätte.

So wuchs in dieser Zeit das Bewußtsein der Juden, unfrei zu sein, immer mehr; und gleichzeitig wuchs die *Sehnsucht nach »Erlösung«*, d. h. nach Befreiung aus diesem Joch. Sie wollten ein Reich unter eigenem König: nicht unter einem idumäischen Emporkömmling, nicht unter einem römischen Kaiser, aber auch nicht unter einem jüdischen König, der nur an seine eigene Hausmacht dachte – sie wollten einen jüdischen König nach dem Herzen Gottes, den vollkommenen jüdischen König: den großen Gesalbten – den »Messias«. Er würde das Reich Gottes errichten; dann würden die Völker der Erde zum heiligen Berg Sion und zur Stadt Jerusalem, wo dieser König herrscht, kommen und ihm huldigen und Gott im jüdischen Tempel anbeten.

Viele Menschen im Judentum stöhnten noch unter einem andern Joch: Die religiös-völkische Gesetzeslehre des Judentums war z. T. so menschenfeindlich geworden, daß viele geradezu von *Entartung der Religion* sprechen. Aber es gab wenig Sehnsucht, aus dieser Entartung herauszukommen. Da man in Gott den absoluten Herrn sah, der Befehle für das rechte Leben gibt, sah man die vielen Vorschriften und Gebote zwar als eine Last an, hielt sie aber für notwendig, für gottergeben. Woraus bestand denn die Religion sonst als aus solchen Vorschriften, die man zur Ehre Gottes und zum Besten seines Heils beobachten mußte? Die Pharisäer sahen in allen, die solche Vorschriften nicht kannten, nichtswerte Menschen, »die man zerreißen darf wie einen Fisch«.

Wie solche Gesetzesunkundige waren auch viele andere aus der Gemeinschaft der »Frommen«, der eigentlichen Menschen, ausgeschlossen. Wer mit den Römern zusammenarbeitete (z. B. als Zöllner), galt als Heidendiener und unrein. Wer sich öffentlich um die Gesetze Israels nicht kümmerte, war ein öffentlicher Sünder und verwerflich. Wer sich mit Fremden abgab, mit dem gemeinen Volk, mit Römerfreunden, war unrein und mußte gemieden werden. So wurden diejenigen, die sich durch die Befolgung der religiös-völkischen Gesetze gewissermaßen zu den eigentlichen Menschen gemacht hatte, anderseits zu Unterdrückern derer, die diese religiös-völkischen Gesetze nicht so wichtig nahmen. Dadurch wurde von der Religion her eine unerträglich einseitige Bewertung der Menschen und eine weithin wirksame *Abwertung vieler Menschen* bewirkt. – Vor diesen Situationen wird manches an der Lehre Jesu und manches Auffällige und Wirksame seiner Person verständlich.

II. JESUS VON NAZARETH WIRD ALS STIFTER DER CHRISTLICHEN RELIGION ANGESEHEN

Aus dem Judenvolk ging Jesus von Nazareth hervor, den man für gewöhnlich den Stifter des Christentums nennt, den manche aber mit Betonung nicht so nennen wollen.

Über das Leben Jesu von Nazareth wissen wir wenig Zuverlässiges. Zwar wird in den Evangelien und anderen Schriften des jungen Christentums manches von Jesus gesagt; da aber der Sinn dieser Texte nicht Lebensbeschreibung, sondern Verkündigung von Jesus Christus sein will, liegt das Leben Jesu hinter einem Schleier. In allen Schriften des Neuen Testaments kommt es den Verfassern, wenn sie von Jesus berichten, darauf an, seine besondere Rolle in »den Begebenheiten, die sich bei uns vollendet haben« (Lk 1,2), darzutun. Oder es kommt ihnen darauf an, durch die Darstellungen den Titel zu bestätigen, mit dem sie ihn verkündigen: als Messias (Christus), als König der Juden, als Herrn, als Sohn des Vaters, als Menschensohn, als Lamm Gottes, als Gesandten Gottes, als Propheten u. a.

Die römischen und jüdischen Zeugnisse von Jesus sind unergiebig. Die Nachricht in den Annalen des Tacitus bestätigt nur die Hinrichtung eines Chrestos unter Pontius Pilatus. Auch die Notiz bei Sueton († 135) gibt nicht viel her. In seinem Kaiserbuch berichtet er über Kaiser Claudius (41–54): »Die Juden, die wegen Chrestus viel Lärm machten, vertrieb er aus Rom.« Die entsprechenden Zeilen in den »Jüdischen Altertümern« des Josephus (gegen 100), die von Jesus, »der Messias genannt wurde«, reden, sind wahrscheinlich nicht echt. Auch in den Lehrtexten der Juden finden sich Stellen, die Jesus erwähnen. Meistens sind diese Texte aber so verschlüsselt, daß man bei manchen nicht sicher ist, ob Jesus gemeint ist. An andern Stellen ist er zweifellos gemeint; aber dort gehen die Erwähnungen offenbar auf Texte des Neuen Testaments zurück, die in der Lehre (Talmud) polemisch zitiert und kommentiert werden. Für das Leben Jesu selbst geben diese Texte keine Fakten, die über die wenigen einigermaßen sicheren Angaben des Neuen Testaments hinausgehen könnten.

Die historisch-biographischen Quellen sind also unzulänglich, weil sie entweder auf früheren, ebenfalls historisch nicht zuverlässigen Quellen fußen, oder weil sie nur ein ohnehin als sicher angenommenes Faktum bestätigen (den Tod Jesu unter Pontius Pilatus); oder weil sie durch Vermischung von Nachricht und Deutung als historische Quellen so verdünnt sind, daß aus ihnen, nämlich den Evangelien als Quellen, kein Leben Jesu herausgelesen werden kann. Versuchen wir trotzdem einige Stationen des Lebens Jesu aus den Evangelien herauszuschälen, nämlich aus solchen Angaben, die für die Verkündigung z. B. weniger wichtig sind, oder sogar störend waren. Einiges läßt sich auch aus der Profangeschichte ablesen, wenn man sie mit den Evangelien zusammensieht.

Geboren wurde Jesus zwischen dem Jahre 7 und 5 v. d. Z. Dies ist zwar

seltsam, weil ja die neue Zeitrechnung gerade mit der Geburt Jesu beginnen soll. Als jedoch Dionysius Exiguus auf Bitten Papst Johannes' I. im Jahre 525 ausrechnete, welches Jahr der römischen und griechischen Zeitrechnungen das Jahr 1 zu sein hatte, verrechnete er sich um 5 bis 7 Jahre. Wenn es keine Erfindung sein soll, daß Jesus unter der Regierung des Herodes geboren sein soll, muß er ohnehin vor dem Jahre 4 v. d. Z. geboren sein, weil Herodes im Jahre 4 v. d. Z. starb. Das wahrscheinlichste Geburtsjahr ist das Jahr 7/6 v. d. Z.
Das Neue Testament legt seine Geburt nach Bethlehem (Mt 2,1; Lk 2,4); neuerdings wird das als historisches Faktum bestritten; es sei ein Verkündigungsmotiv, um das Prophetenwort bei Micha (Mt 2,6) auf ihn anwenden zu können; Jesus sei in Nazareth geboren worden. Seine Mutter wird Maria genannt; ihr Stamm ist unbekannt. Die Stammbäume nennen Joseph aus dem Stamme Davids seinen Vater (Mt 1,16 und Lk 3,23), wenn auch mit Formeln, die eine andere Vaterschaft nicht ausschließen; im Neuen Testament wird das auf die Vaterschaft des Heiligen Geistes gedeutet, in der polemischen Literatur auf uneheliche Vaterschaft. Obwohl Josef »Sohn Davids« genannt wird (Mt 1,20), wohnt er mit Maria und Jesus in Nazareth, nahe dem See Genezareth, in Galiläa. In Nazareth ist Jesus aufgewachsen und hat das Handwerk Josephs erlernt; er war Bauhandwerker.
Jesus hat nicht die Ausbildung eines Schriftgelehrten erhalten. Hätte er sie bekommen, wäre das auch in den Texten des Neuen Testaments vermerkt, weil es ihm vor den Pharisäern eine größere Autorität gegeben hätte. Aber er hat eine gute Ausbildung erhalten, vielleicht durch Joseph.
Um das Jahr 30, als Jesus etwa 35/37 Jahre alt war, trat am Jordan der Täufer Johannes auf (der nach der Darstellung des Lukas ein Verwandter Jesu gewesen sein soll). Jesus ließ sich von Johannes die Buß- und Sündenvergebungstaufe geben und blieb zunächst bei Johannes als sein Jünger. Diese Tatsache darf als sicher festgehalten werden, weil es für die Verkündigung später immer unangenehm gewesen sein muß, sie zuzugeben. Nachdem Johannes wegen seiner Verwarnung an den Landesfürsten Herodes Antipas in der Burg Machärus inhaftiert und beim Geburtstagsfest des Herodes enthauptet worden war, ging Jesus aus dem unteren Jordantal, wo sich die Johannesjünger aufhielten, nach Galiläa und begann dort seine eigene Reichgottespredigt. Er sammelte Jünger um sich und zog im ganzen Land umher. Die Predigt brachte Jesus in Konflikt mit dem Hohen Rat in Jerusalem, der obersten Selbstverwaltungs- und Religionsbehörde der Juden. Nach einem Jahr (vielleicht aber auch erst nach drei oder vier Jahren) wurde er von der levitischen Tempelpolizei in Jerusalem verhaftet. Da man ihn für einen der übli-

chen Messiasprätendenten hielt, überlieferten sie ihn dem Pilatus, damit er ihn als Rebellen gegen Rom hinrichte. Er wurde gekreuzigt in der Zeit des Passahfestes (zwischen den Jahren 30 und 33). – Bei allen anderen Messiasprätendenten war mit dem Tode des »Messias« auch die Geschichte der Gemeinde zu Ende. Anders bei Jesus. Das aber gehört nicht mehr zum Leben des Jesus von Nazareth.

DIE LEHREN JESU. Das Christentum erschöpft sich nicht in der Lehre Jesu; jedoch gehört die Lehre Jesu zum Christentum. Deshalb soll der Versuch gemacht werden, die Lehre Jesu in einigen Grundkapiteln herauszustellen – soweit das möglich ist. Ob es möglich ist, muß deshalb eine Frage bleiben, weil alle Bücher (zumal die Evangelien), in denen die Lehre Jesu enthalten ist, diese Lehre Jesu vermischt mit der Lehre *von* Jesus darbieten. Sie enthalten also nicht nur das, was Jesus gelehrt hat, sondern auch das, was die Apostel und die frühen Gemeinden des Christentums von Jesus selbst gelehrt haben. Indem man aber von Jesus selbst lehrte, wurde u. U. auch das, was Jesus selbst gelehrt hatte, verändert. – Dies waren wahrscheinlich die Lehren Jesus:

Die Botschaft vom kommenden Gottesreich. Besser sagt man: Die Botschaft vom Königtum Gottes, das nahe ist, oder: die Botschaft von der Herrschaft Gottes, die nahe ist. Das Wort vom Königtum Gottes ist keine Erfindung Jesu; Idee und Wort kannte schon das Judentum vor ihm. Gott war *der* König der Juden, und in der Endzeit wird sich die Herrschaft Gottes auf Erden vollenden. Diese Vollendung der Herrschaft Gottes verkündet Jesus. Die ganze übrige Lehre Jesu will aufzeigen, daß dieses Königtum Gottes tatsächlich nahe ist. Auch die Taten seines Lebens versteht er als Hinweis auf Gottes näherkommende Herrschaft. Nach Mt 11,5 zitiert Jesus Prophetenworte (s. Jes 19,18 f.; 61,1): »Blinde sehen, Lahme gehen, Aussätzige werden rein, Taube hören, Tote werden auferweckt, und den Armen wird Frohe Botschaft verkündet.« Man verstünde diesen Satz falsch, wenn man ihn als Hinweis auf Wundertaten Jesu verstehen wollte. Vielmehr gipfelt die sich steigende Reihe von Heilungen in der größten Heilung, daß »den Armen Frohe Botschaft verkündet wird«. Damit erreichen wir das zweite Element der Botschaft Jesu, das zwar zum Königtum Gottes gehört, aber doch eigens genannt werden muß:

Die Botschaft von der Gleichheit aller Menschen. Jesus glaubte an die Gleichheit der Menschen. Er drückte sie am deutlichsten darin aus, daß er allen Menschen ohne Unterschied der gesellschaftlichen Lage die Verwirklichung des Königtums Gottes verkündete. Sowohl in seiner Lehre wie auch in seinem Leben hob er die unterschiedliche Behandlung von Ehrenmännern und Sündern (und öffentlichen Sünderinnen) auf, von nationalen Vorkämpfern (wie mit dem gekreuzigten »Schächer«) und Kollaborateuren mit der römischen Besatzungsmacht (Zöllner und Oberzöllner), von Juden und von diesen verachteten Samaritern, von Pharisäern und den von diesen verachteten Gesetzeskundigen, von Männern und Frauen – all solche Unterschiede beachtete er nicht. Freilich ging der Blick Jesu nicht von Anfang an über die Grenzen seiner Heimat hinaus. Seine Botschaft richtete er zuerst an sein jüdisches Volk in Galiläa und Judäa. Er hielt an der Auserwählung seines Volkes fest, d. h., daß dieses Volk das Werkzeug ist für die Errichtung des Königtums Gottes.

Die freie Haltung Jesu gegenüber dem Gesetz. Obwohl die Haltung Jesu zum Gesetz durchaus nicht immer radikal ablehnend ist, wie man das vereinfachend schon einmal dargestellt findet; obwohl es auch Stellen gibt, aus denen herauszulesen ist, daß Jesus selbst das Gesetz befolgt hat; und obwohl es nicht ganz leicht ist, die einzelnen Gründe für seine Befolgung oder Ablehnung des Gesetzes auf gemeinsame Nenner zu bringen – so darf doch soviel gesagt werden: Sobald das (kultische) Gesetz in sich die Möglichkeit trägt, die heilende Haltung gegenüber dem Mitmenschen, die Friedenshaltung und die Haltung der Vergebung gegenüber dem Mitmenschen zu stören oder auch nur nicht zu fördern, wird das Gesetz für Jesus wertlos. Das bezieht sich nicht nur auf Weisungen, die man befolgen kann, sondern auch auf solche, die man lt. Gesetz befolgen muß. Ein prägnantes Wort Jesu macht das klar: »Wenn du deine Opfergabe zum Altar bringst und du dich dort erinnerst, daß dein Bruder etwas gegen dich hat, so laß deine Gabe vor dem Altar, geh zuvor hin und versöhne dich mit deinem Bruder; dann komm und opfere deine Gabe« (Mt 5,23.24). Man hat das wohl oft als die vor dem Opfer notwendige Versöhnung ausgelegt; daß man nicht opfern dürfe, bevor man sich nicht versöhnt habe. Diese Zielsicht auf das Opfer ist schwerlich im Sinn Jesu. Das Opfer war Jesus nicht wichtig. Er hatte zwar nichts gegen das Opfer; aber er sagt auch, daß das Opfer im selben Augenblick zweitrangig wird, wenn mir bewußt wird, daß mein Bruder etwas gegen mich hat. Dann gibt es nur eins: Opfer Opfer sein lassen und die Versöhnung versuchen.

Das ist eine der am meisten aufregenden neuen Lehren Jesu, daß nicht so wichtig ist, was die Religion als Kult oder als Ritus oder als Reinheitsvorschrift usw. vorlegt, sondern was das Königtum Gottes fördert, in dem der Mensch dem andern Menschen nahe kommt, ihm gut will, ihm Zukunft öffnet, ihm Frieden bringt. In diese Lehre Jesu gliedern sich die Haltungen Jesus zu den Sündern und Zöllnern, zur Ehebrecherin, zum »guten Schächer«, zu den Aussätzigen, aber auch seine Radikalität gegenüber den Pharisäern sinnvoll ein.

Gehorsam gegenüber Gott. Zur Verwirklichung des Königtums Gottes gehört der Gehorsam gegenüber Gott. Aber dieser »Gehorsam« wird mißverstanden, wenn man ihn im autoritären Sinn fordert. Die Gehorsamslehre Jesu ist nicht autoritär. Der Dreisatz, in dem Jesus zu der ganz bestimmten Art kommt, in der er diesen »Gehorsam gegen Gott« lehrt, ist etwa dieser: Gott ist nicht der Tyrann oder der Unnahbare, den man uns gelehrt hat; Gott ist »abba« (»abba« heißt nicht »Vater«, sondern ist ein Kosename, etwa unserm Papa oder Väterchen entsprechend). Diesen Vater darf der Mensch lieben. Die Schrift, die Jesus las, sagt, man »soll« ihn lieben (Dt 6,5). Jesus bestätigt diese Gottesliebe als Aufgabe des Menschen (Mt 22,34–40). Aber was heißt Gott lieben? Die Erklärung dazu gibt Jesus ebenfalls im Zitat eines Bibeltextes. Wenn nämlich Gott tatsächlich dieser gute Vater ist, ist er es dadurch, daß er zu den Menschen gut ist. Und so kann der Mensch Gott nicht wahrhafter verehren als dadurch, daß er die Menschen liebt (Lv 19,18 und Mt 22,39). – Andere Texte drücken das auch damit aus, daß der Mensch »den Willen Gottes erfüllen« soll. Welches die Worte Jesu sind, ist nicht sicher. Aber darauf kommt es auch nicht an. Wichtig ist, daß für Jesus Gott nur dadurch geliebt werden kann, indem der Mensch jene liebt, die auch Gott liebt: die Menschen. Lieben aber heißt, das zeigt Jesus durch sein Leben: nicht nur von der Liebe reden, sondern die Liebe durch heilendes, helfendes, vergebendes Tun verwirklichen.

III. CHRISTLICHE URGEMEINDE UND FRÜHGEMEINDE

Aus der christlichen Urgemeinde und den Frühgemeinden haben wir durch die sog. Apostelgeschichte und die Briefe des Paulus einige Nachrichten. Am zuverlässigsten sind die Paulusbriefe (soweit sie echt sind). Einige spätere Briefe, die ebenfalls unter dem Namen des Paulus laufen, sind ans Ende des 1. und ins 2. Jahrhundert zu datieren. Die Apostelgeschichte, die ebenfalls erst kurz vor 100 geschrieben wurde, gibt zwar keinen zeitgenössischen Bericht der Ereignisse; trotzdem darf man an wenigstens z. T. authentische Überlieferungen glauben.

LEBEN UND GLAUBEN der christlichen Urgemeinde und der Frühgemeinde kann man sich nicht normal genug vorstellen. Das soll nicht heißen, als ob nichts Neues in das Leben ihrer Menschen eingetreten wäre, wohl aber, daß darin nichts Verstiegenes war, vielmehr eher etwas Nüchterneres als im bisherigen Religionsleben. Freilich darf man nicht alles mit heutigen Maßstäben und Begriffen messen. Im großen und im ganzen behielten die Getauften ihren bisherigen Glauben jüdischer Prägung bei; auch wenn sie Heiden waren, aber dem Judentum als »Gottesfürchtige« zuneigten. Hinzu kam jedoch die Überzeugung, daß Jesus, den sie im griechischen Sprachgebrauch »Chrestos« nannten (d. h. Messias, der vom Heiligen Geist gesalbte König, der geliebte Sohn Gottes), ihr Herr war, dem sie folgen wollten; dessen Verständnis vom Königtum Gottes sie folgen wollten; dem sie als Menschenliebende folgen wollten. Denn sie waren davon überzeugt, daß es die rechte Art war, Gott zu lieben und Religion zu haben, wie er sie gehabt hatte – nicht indem man in erster Linie kultische Akte vollzog, sondern indem man aus der Liebe Gottes zu den Menschen lebte. Wenn sie in seinem Namen zusammen waren, war er mitten unter ihnen. Deshalb trafen sie sich, indem sie an ihn dachten, indem sie an seinen Tod dachten (bis in den Tod hatte er seine Menschenliebe bewahrt!) und indem sie bei einer Mahlzeit seinen Tod und seine Erhöhung zum Vater durch das Gedenken gegenwärtig machten. Indem sie so durch seinen Geist verwandelt wurden, wuchs ihre Gemeinschaft immer mehr zur Gemeinschaft der Liebenden. – Das etwa war ihr Glaube und ihr Leben.

Sie sahen es als ihre Aufgabe an, Jesus Christus immer mehr zu verstehen. Das war kein kultisches Tun. Es war vielmehr die Anwendung der Lebenslinie Jesu auf ihr eigenes Leben. Denn er war ja auferstanden, d. h. Jesus war lebendig und wirksam in ihrer Gottes- und Menschenliebe. Diesen auferstandenen Jesus wollten und mußten sie weitertragen. Daher schon so früh Mission!

Die Lehren über den Stifter Jesus Christus setzen sicherlich schon in der Urgemeinde ein. Das ergab sich aus den Umständen. Denn Jesus war auf eine sehr schimpfliche Art (als politischer Rebell am Kreuz) hingerichtet worden. Sollte dies nicht das Ende der Gemeinde Jesu sein, so mußte sie glauben, daß selbst dieser Tod seinen Sinn hatte; daß dieser Tod mehr war als ein gewöhnlicher Tod. Und eben darum handelte es sich, wenn die Urgemeinde und die Frühgemeinden des Christentums auf die verschiedensten Weisen ihre Lehren von Jesus vorbrachten. Manche sprechen dabei von Legenden, manche sprechen von Stiftetraditionen. Manche sprechen lieber von Deutungen. Dieser Ausdruck ist wohl der beste, weil der neutralste. Wenn die Urkirche sagte, Jesus sei der Christus (der Messias), und wenn sie sagte, dieser Christus sei ihr Herr, dann ist das eine Deutung auch seines Todes; denn es wird damit gesagt, daß dieser Tod ihn nicht entehrt und nicht zerstört hat.

Aber diese Deutungen reden nicht nur durch solche Feststellungen, die von seiner Erhöhung, seiner Auferstehung, seiner Gegenwart sprechen. Man deutet auch durch Erzählungen, wie es das alte Judentum getan hat, indem man in bestimmten Geschichten bestimmte Sachverhalte ausspricht: daß Jesus ganz aus Gott kommt (z. B. in der Erzählung von der Verkündigung Jesu an Maria); daß der Heilige Geist Gottes in Jesus wirksam ist (z. B. durch bestimmte Erzählelemente der Taufgeschichte oder durch bestimmte Wunder); daß der Herr wahrhaft lebt (z. B. durch die Ostererzählungen); daß der Herr so sehr Herr ist, daß sein Wort als Wort Gottes im Himmel gilt (z. B. die Erzählung von der Himmelfahrt) u. a.

Diese Deutungen kommen nicht alle aus einer einzigen Quelle. Es gab ja in den Frühgemeinden sowohl Juden wie Griechen. Die Juden interessierte vor allem die Tatsache, daß man Jesus den Messias Israels nannte. Deswegen gab es für die Juden Deutungen, die den Messias Israels offenbarten: z. B. die Vorlage seines Stammbaums aus dem Hause David; oder die Tatsache, daß er in der Davidsstadt Bethlehem geboren wurde. Und die Griechen interessierte vor allem, wieso gerade dieser Mann aus dem Judentum für sie etwas bedeuten konnte. War er auf wunderbare Weise gezeugt, wie so viele Götter und Könige in Griechenland und Rom? War er ein Gottessohn? Galt er etwas für alle Menschen – hatte er sich selbst als der Heilende und Befreiende für alle Menschen erwiesen (wie z. B. die Geschichte von den Weisen, die aus dem Morgenland kamen und dem Messias aus den Juden huldigten)?

EIGENE HEILIGE BÜCHER hatte das Urchristentum noch nicht. Seine heiligen Bücher waren die des Judentums. Bei den Predigten wies man aus den Prophetenbüchern des Judentums nach, daß Jesus der von Gott vorgesehene Heilbringer war. Ihre Vorbildgestalten waren die alttestamentlichen Vorbilder des Judentums. Das Wort des Alten Testaments hatte für das Urchristentum die überzeugende Kraft des inspirierten Wortes.

Das Wort seiner Verkündiger hatte noch nicht die gleiche Autorität wie das Wort der alten Bücher. Man sammelte die Worte Jesu; aber selbst die Worte Jesu hatten nicht denselben Charakter wie Schriftworte. Das Wort der Schrift hatte *beweisenden* Charakter, das Wort Jesu hatte *weisenden* Charakter. Man unterschied noch zwischen den Sätzen »Die Schrift sagt« und »Der Herr sagt«. Durch das Wort des Herrn erhielt auch das Wort der eigenen Prediger und Lehrer weisenden Charakter. Die Form war die der Erklärung. Für Predigten und Belehrungen legte man sich kleine Beispielsammlungen an, in denen die Gleichnisse Jesu und andere Gleichnisse die Lehre zusammenfaßten; in denen nach Art von Wundererzählungen der Charakter Jesu dargestellt wurde; in denen in der Art von Sprüchen (Sentenzen) Lebensregeln oder auch Lehren vorgelegt wurden. Für die gemeinsamen Mahlzeiten, bei denen man das Gedächtnis des Todes Jesu beging und die Tatsache seiner Auferstehung und Gegenwart erlebte, schrieb man Leidensberichte auf, nach denen man das Leiden Jesu frei erzählte. All das hatte jedoch nicht den Charakter heiliger Schriften. Es waren Hilfsschriften für das tägliche Leben derer, die an Jesus als ihren Herrn glaubten.

Kult der Frühgemeinden. Die frühen Christen hatten einen Kult im eigentlichen Sinne nicht. Sie betrachteten sich auch nicht als neue Religion, sondern als besondere Bewegung innerhalb der jüdischen Glaubensgemeinschaft. Daß sie keinen eigenen Kult hatten, hängt eben damit zusammen. Ihr Kult war der Kult der jüdischen Glaubensgemeinschaft. Sie beteten nicht nur *wie* Juden, sondern *als* Juden bzw. als Gottesfürchtige, d. h. als Menschen, die zwar nicht durch Beschneidung in die jüdische Gemeinschaft aufgenommen worden waren, die sich aber glaubend dazu bekannten. Die Juden, die sich zu Jesus bekannten, nahmen auch hin und wieder noch am jüdischen Tempelopfer teil. Die Theologie, daß der Tod Jesu ein Opfer gewesen sei, daß alle anderen Opfer damit abgelöst seien, war noch nicht verkündet bzw. hatte sich noch nicht durchgesetzt.

Wohl kamen die Anhänger Jesu zum Gedächtnismahl zusammen, bei dem sie vom Leiden und Tod Jesu erzählten und bei dem sie das Brot aßen und den Wein tranken, bei deren Genuß sie sich in ihrem Herrn geeint wußten. Dieser Dank an Gott für die Gabe ihres Herrn Jesus Christus war zwar ein Anfang von Kult, wurde von ihnen aber nicht als solcher empfunden. Was daran ausgesprochen kultisch war, war jüdischer Kult: Dank und Lobpreis, wie er mit dem Tischgebet verbunden war (wovon sich dann ja auch die Bezeichnung »Eucharistie« ableitet). Ein Gebet zu Christus kannte die Urgemeinde und die früheste Kirche noch nicht.

Von den kultischen Zeichen der Sakramente kannte man die Taufe als Zeichen der Bekehrung. Aber auch diese empfand man als *jüdisches* Kultzeichen, vielleicht sogar nicht einmal als kultisches, sondern einfach als soziales Zeichen, durch das die Zugehörigkeit zur Jesusgruppe ausgesprochen wurde. Hier scheint die Gemeinschaft der Jesusanhänger jedoch ein erstes, immer mehr kultisch empfundenes Zeichen übernommen zu haben. Alle anderen Zeichen, denen wir später als Sakramenten begegnen, waren zwar im Ansatz schon da: als die grundsätzlich neue Haltung zum Menschen (Vergebung) oder als Brauchtum, das sich aber ebenfalls aus dem jüdischen oder örtlichen (vielleicht auch kultischen) Brauchtum entwickelt hatte (Handauflegung bei Kranken) – aber als eigenes kultisches Brauchtum kann man das noch nicht ansprechen, und wurde es auch wohl kaum empfunden.

Christentum und jüdische Tradition. Das Judentum hatte viele Vorstellungen und Bräuche, die auf das Christentum Einfluß gehabt haben. Da es nicht möglich ist, all diese Einflüsse sorgfältig darzustellen und die entsprechenden christlichen Vorstellungen und Ansichten aus den jüdischen einzeln abzuleiten, müssen wir uns mit einigen hervorstechenden Einzelheiten begnügen.

Die den Juden so wichtige *Beschneidung* (S. 115 f) wurde zwar in den ersten Jahren des Christentums als Voraussetzung für die Taufe gefordert, aber schon unter dem Einfluß des Apostels Paulus aufgegeben; die Bedeutung, die man der Beschneidung gegeben hatte, wurde jedoch zum Teil auf die Taufe übertragen (Aufnahme in das Gottesvolk). – Die andere, von den Juden als überaus wichtig betonte Institution ist der *Sabbat* (S. 123). Der Sabbat wurde durch Arbeitsruhe geheiligt, erst zur Zeit Jesu setzte sich unter den Pharisäern immer mehr die Meinung durch, man solle den Sabbat auch durch Beschäftigung mit den heiligen Schriften (d. h. vor allem mit dem Gesetz, das den Juden durch die heiligen Schriften vorgehalten wird) heiligen. Obwohl die Christen den siebenten Tag der Woche (also den Sabbat) nicht mehr lange als Wochenfeiertag beibehielten (schon in apostolischer Zeit scheint der Wochenfeiertag, in Erinnerung an den österlichen »ersten Tag«, auf den ersten Tag der Woche verlegt worden zu sein), nahmen sie vom Judentum die Art des jüdischen Sabbatgottesdienstes an, den sie durch die ihnen eigene Eucharistiefeier ergänzten. Eine Gottesdienstpflicht gab es weder im Judentum noch im frühen Christentum. – Bedeutsam für das Gesellschaftsgefüge des Judentums war der *Priesterstand,* der aus der Familie Aaron genommen werden sollte: ein ausgesonderter Stand, der das gesamte priesterliche Volk der Juden vor Gott zu vertreten hatte. Das Christentum kannte ursprünglich nur das gesamte christliche Volk als »priesterliches Volk«; aber unter dem Einfluß der Wichtigkeit des Priestertums im Judentum, die den Christen durch das Alte Testament immer wieder vorgehalten wurde, bildete sich auch bei den Christen im Lauf der ersten Jahrhunderte ein ausgesonderter Stand heraus (der »Klerus«), der in manchen Bereichen und zu manchen Zeiten des Christentums sogar als die eigentliche Kirche angesehen wurde. – Das Priestertum hatte im Judentum seine Spitze im *Hohenpriester.* Obwohl das Papstamt der alten Kirche und der heutigen römisch-katholischen Kirche auch durch römische Hochpriesterideen geformt worden ist, sind doch auch vom Judentum her viele Vorstellungen vom Hohenpriester auf das Papstamt übergegangen. Mehr aber sind viele Deutungen Jesu Christi als des Hohen Priesters, zumal durch die Interpretation des Lebens und Todes Jesu im Hebräerbrief aus dem Judentum ins Christentum übergegangen. – Der

Tempel als »Wohnung Gottes unter seinem Volke und ein Ort der Zusammenkunft« hat sich zwar insofern auf das Christentum nicht ausgewirkt, daß es auch im Christentum einen einzigen Tempel geben sollte, der als Zeichen der Einheit der Christen gelten konnte; wohl aber haben sich die jüdischen Ideen vom Tempel auf die Sakralitätsvorstellungen der Christen von ihrem Kirchenraum, von ihrem »Gotteshaus« sehr stark ausgewirkt. – Viele Einzelheiten im *Tempelkult* wie der siebenarmige Leuchter, überhaupt die brennenden Lampen, das Rauchopfer, das immerwährende Feuer u. a. haben die Praxis des christlichen Kults bis heute geprägt und noch mehr die Kultsprache stark beeinflußt. – Den Kern der jüdischen Kultdienste bildete *das Opfer.* Es gab Schlacht- und Brandopfer als Schuldopfer, als Sündopfer oder Sühnopfer, als Friedens- und Dankopfer, als Speiseopfer und die dazugehörigen Opfermähler. Auch diese Sicht rückte immer stärker in bestimmte Formen des Christentums ein, obwohl sich das frühe Christentum selbst dadurch charakterisierte, daß es keine Opfer kennen wollte. Aber der jüdische Mutterboden des Christentums setzte im Christentum auch den Opfergedanken durch. – Die jüdische *Art zu beten,* Gebetszeiten und Gebetshaltungen, Gebetsformeln und Liedformeln, haben das Christentum stark geprägt. Man denke nur an die reiche Verwendung der alttestamentlichen Psalmen im christlichen Gottesdienst. – Das *Gelübde* spielte im Christentum eine so große Rolle, weil es im Judentum wichtig war. Die Vorstellung von der Wichtigkeit der Gelübde geht im jüdischen Denken darauf zurück, daß man Gott durch bestimmte Leistungen, auch durch Verzichtleistungen, irgendwie »verpflichten« kann. Jedenfalls kann man Gott durch solche Leistungen in besonderer Art verehren. Diese Vorstellung ging auch ins Christentum über und ist in einigen christlichen Kirchen bis heute wirksam geblieben. – Terminierung und Grundgedanke einiger *Feste* des Judentums sind bis heute christlich wirksam geblieben: das Osterfest als Befreiungsfest (Erlösungsfest), das Pfingstfest als Tag der Gesetzesübergabe. –

Auch von den Lehren des Judentums ist manches ins Christentum übergegangen, wie ja auch die heiligen Bücher des Judentums den ersten Teil der Bibel des Christentums bilden. Viele Aussagen über *Gott,* wie sie im Christentum üblich wurden und zum Glauben gehören, stammen aus dem Judentum; viele davon gehen auf »das Alte Testament« zurück, d. h. auf die Bibel des Judentums. – Auch der im Christentum sehr verbreitete *Engelglaube,* der von den Kirchen zwar nur pauschal, von den Gläubigen aber bis ins einzelne gehend geglaubt wurde und wird, geht auf das Judentum zurück. – Die Geschichten von der *Schöpfung,* von der Erschaffung des Menschen und seinem Sündenfall, von der Bestrafung des Menschen und die Erklärung von Arbeit und Tod als Strafe für den Sündenfall gehen auf die ersten Kapitel der jüdischen Bibel zurück und wurden von den meisten Christen bis vor wenige Jahrzehnte sehr wörtlich geglaubt; viele glauben sie heute noch so. – Die typisch jüdische Form des Glaubens an die *Unterwelt* hat den Glaubensartikel an den Abstieg Jesu zur Unterwelt beeinflußt. – Die Schriften des jüdischen Volkes enthalten nach jüdischem Glauben viele Anspielungen auf einen Heilsbringer, den man später »*Messias*« nannte (hebräisch Meschicha bedeutet: »Gesalbter«, nämlich gesalbter König). Diese Anspielungen, Hinweise und Prophezeiungen sahen die Christen in Jesus erfüllt, den sie deshalb mit dem griechischen Wort »Christos« (Gesalbter) bezeichnen.

Das Judentum griechischer Kultur, vor allem das alexandrinische Judentum (einer seiner wichtigsten Vertreter war der Philosoph Philo), hat für das werdende Christentum ebenfalls viel bedeutet. Die starke Betonung der *Inspirationslehre* im Christentum fußt zum größten Teil auf den Juden griechischer Kultur. Die Auslegung der *Texte* des Alten Testaments als *Allegorien* geht auf Philo zurück. Zwar wollte Philo mit dieser Auslegung das Unglaubliche mancher alttestamentlichen Texte beseitigen und für die Vernunft tragbar machen; viele Kirchenlehrer schlossen sich dieser Methode an, ohne daß sie Philons Absicht dabei verfolgten; sie wollten vielmehr dadurch den Text nach tieferen Schichten durchforschen. – Die *Logostheologie* (sL) des Christentums geht nicht nur auf den Evangelisten Johannes zurück; sein eigentlicher Urheber ist, auch für das Christentum, der Jude Philo, wenn damit auch nicht gesagt werden soll, daß die christliche Logostheologie der philonischen gleichzusetzen wäre.

Die heilige Schrift des Christentums besteht aus zwei Schriftensammlungen, dem Alten Testament und dem sog. Neuen Testament. Über das Alte Testament wurde das Sachliche und Geschichtliche im Kapitel Judentum (S. 106 f) besprochen. Dazu bliebe noch zu sagen, warum die Bibel des Judentums unter dem Namen »Altes Testament« auch zur Bibel des Christentums gehört.

Die Bibel des Judentums gehört als »Altes Testament« zur Bibel des Christentums, weil Jesus von Nazareth von den ersten Anhängern, die Juden waren, als der Messias (der gesalbte König, der das eigentliche Reich der Zukunft, das Reich der Befreiung heraufführen sollte) angesehen wurde. Daß er dieser König im geistigen Sinne wirklich war, versuchen sie aus den biblischen Büchern des Judentums nachzuweisen, indem sie zeigten, daß sich die Kennzeichen des verheißenen Zukunftsreiches mit und in Jesus eingestellt hatten. Indem man den Tod Jesu als Tod des neuen Passahlammes deutete, das die Befreiung brachte, wurde die mit ihm beginnende Zeit die Zeit eines neuen Bundes Gottes mit den Menschen (Neues Testament) und damit wurde der Bund der Israeliten und Juden zum Alten Bund und die Bücher des Alten Bundes zum »Alten Testament« sowie die Bücher des Neuen Bundes zum »Neuen Testament«.

Die vier Evangelien. Die Evangelien nach Matthäus, Markus, Lukas und Johannes sind die ersten vier Schriften in der Sammlung des Neuen Testamentes. Früher hat man gemeint, die Evangelien wären so etwas wie eine Biografie Jesu. Heute weiß man, daß die Geschichten der Evangelien für eine Geschichtsschreibung des Lebens Jesu so gut wie gar nichts Sicheres hergeben. Vielmehr sollen alle Geschichten aussagen, was Jesus seiner Gemeinde bedeutet. Das Jesusbild der Evangelien zeigt, als wer Jesus in der Erinnerung der Gemeinde lebte, nicht aber, was im Leben Jesu geschehen ist. Mit andern Worten: Die Evangelien enthalten christliche Botschaft, nicht aber Berichte von Jesus. Alle Ereignisse, die im Evangelientext eine Rolle spielen, werden nicht des Ereignisses wegen mitgeteilt, sondern weil sie mit der christlichen Botschaft zu tun haben.

In der frühen Kirche des Christentums gab es viele Evangelien. So gab es ein Hebräerevangelium (um 100 oder etwas später), ein Ebionitenevangelium (etwa 150 entstanden, so genannt, weil die »Ebioniten« es benutzten: sL), ein Jakobusevangelium (nach 100 entstanden), ein Thomasevangelium (nach 150), ein Bartholomäusevangelium (nach 300), ein Ägypterevangelium (vor 200 entstanden), ein Petrusevangelium (vor 200 entstanden), ein Matthiasevangelium (zwischen 100 und 200 entstanden), ein Philippusevangelium (nach 200 entstanden), ein Judasevangelium (zwischen 100 und 200) und viele andere, die z. T. Namen der Apostel tragen oder auch Namen von Menschen aus der näheren Umgebung Jesu (z. B. der Maria Magdalena). Obwohl die meisten dieser Evangeliumsschriften viel gelesen wurden und obwohl auch geglaubt wurde, was darin zu lesen stand, haben sich unter den kritischen Gläubigen der Kirche doch nur vier Evangelien als kanonisch (d. h. richtungweisend) durchgesetzt: ein »Evangelium nach Markus« (zwischen 65 und 70 geschrieben), ein »Evangelium nach Matthäus« (nach 70), ein »Evangelium nach Lukas« (nach 70 geschrieben, vielleicht sogar beträchtlich nach 70) und ein »Evangelium nach Johannes« (vor 110). Nicht die Namen der Verfasser oder der angeblichen Verfasser haben diesen Evangeliumsschriften ihre Geltung verschafft, sondern die Tatsache, daß ihr Inhalt mit dem Glauben übereinstimmte. Zuerst war der Glaube, dann kamen die Evangeliumsschriften, und danach entschied die gläubige Gemeinde, welche Schriften glaubwürdig waren. Das Ergebnis war die Vierzahl der Evangelien nach Matthäus, Markus, Lukas und

Johannes (in dieser Reihenfolge werden sie offiziell aufgezählt, weil man diese früher auch für die Reihenfolge ihres Entstehens hielt).
Das Unterscheidungsmerkmal für falsche und rechte Evangelien (und Schriften) war, ob dem Leser aus dem Evangelium die Heilsgestalt und Heilsbotschaft Christi entgegenkam oder ein Bild Jesu, das mehr den Blick auf die Person Jesu im Sinne einer ehrgeizigen oder mirakelwirkenden Person lenkte. Solche Schriften schied die Kirche im Lauf der Jahrhunderte aus. Man wollte auch keinen geheimnisvollen Christus; deshalb blieb das Evangelium nach Johannes als kanonisches Evangelium so lange umkämpft. Man wollte keinen Wunderknaben-Christus; deshalb kamen die meisten Kindheitsevangelien für den Kanon (sL) nicht in Betracht. Ein Beispiel aus einem nichtkanonischen Evangelium soll die Eigenart vieler solcher Evangelien klarer machen:
»Ich habe es für nötig erachtet, ich Thomas der Israelit, allen Brüdern aus den Heiden kundzutun die Kindheitstaten unseres Herrn Jesu Christi, die er in unserm Lande, wo er geboren ist, ausführte. – Als das Knäblein Jesus fünfjährig geworden war, spielte es (als es einst geregnet hatte) an der Furt eines Wasserlaufs und sammelte das vorüberlaufende Wasser in Gruben und machte es alsbald rein (und tauglich), und mit dem bloßen Worte gebot er ihm. – Und er nahm aus dem Schlamm feuchten Lehm und bildete daraus zwölf Sperlinge. Und es war Sabbat, als er das tat. Es waren aber auch viele andere Kinder da und spielten mit ihm. Ein Jude aber sah, was Jesus tat (was er am Sabbat spielte), ging alsbald hin und zeigte seinem Vater Joseph an: Siehe, dein Knäblein ist an dem Bach, hat Lehm genommen, zwölf Vögel gebildet und den Sabbat entweiht. Und als Joseph an den Ort gekommen war und (es) gesehen hatte, schrie er ihn an: Warum tust du das am Sabbat, was man nicht tun darf? Jesus aber klatschte in die Hände, rief den Sperlingen zu und sprach zu ihnen: Fliegt fort (und denkt an mich, solang ihr lebt!). Und die Vögel flogen schreiend auf und davon. Da das die Juden sahen, erschraken sie, gingen hin und verkündigten es ihren Obersten, was sie Jesus hatten tun sehen ... – Und nach einigen Tagen spielte Jesus auf einem Dache auf dem Söller, und einer von den Knaben, die mit ihm spielten, fiel von dem Dache herab und starb, und als das die andern Knaben sahen, flohen sie, und Jesus blieb allein stehn. Und es kamen die Eltern des Gestorbenen und klagten ihn an. Und sie fuhren ihn heftig an. Jesus sprang von dem Dache herab und stand bei der Leiche des Knaben und rief mit lauter Stimme: Zenon! – so nämlich war sein Name – steh auf und sage mir, habe ich dich herabgeworfen? Und er stand sofort auf und sprach: Nein, Herr (du hast nicht herabgeworfen, sondern auferweckt). Und da sie das sahen, erschraken sie. Die Eltern des Kindes aber priesen Gott über das geschehene Wun-

der und verehrten Jesus. – Nach wenigen Tagen hackte ein junger Mann Holz im Winkel: da entfiel ihm die Axt und spaltete ihm seinen ganzen Fuß (und da er sich verblutete, so kam er zum Sterben). Da nun Getümmel und Auflauf entstand, so lief auch das Jesuskindlein dorthin. Und mit Gewalt drang er durch die Menge und ergriff den getroffenen Fuß des jungen Mannes, und sofort wurde er geheilt. Er aber sprach zu dem Jüngling: Steh auf, spalte dein Holz und gedenke mein! Als das Volk sah, was da geschehen war, verehrten sie das Knäblein.« (Lit 0.10, 96 f.).

Die Apostelgeschichte. Sie folgt im Neuen Testament (Abkürzung: NT) den Evangelien. Der Überlieferung nach stammt sie von (dem Evangelisten) Lukas, einem Schüler des Paulus. Wahrscheinlich verbindet diese Apostelgeschichte einen Bericht über die Urgemeinde von Jerusalem, den der Verfasser von einem Mitglied der Kirche in Jerusalem übernahm, mit einem Bericht über die Missionsarbeit des Paulus, der im Jahre 44 seine erste Missionsreise von Antiochien aus antrat und einige Jahre vorher sich dem Glauben der Jesusanhänger angeschlossen hatte. Die Absicht der Apostelgeschichte ist die Darstellung der Ausbreitung des Evangeliums. Der Geschichtswert der Apostelgeschichte ist größer als der der Evangelien. Während die Evangelien verkündigen, haben wir in der Apostelgeschichte zum Teil glaubwürdige Berichte vorliegen. Aber ein Bericht aus der Zeit der Ereignisse ist auch die Apostelgeschichte nicht; die Schrift, wie sie vorliegt, entstand kurz vor dem Jahre 100.

Die Briefe. Briefe bilden den dritten Teil der neutestamentlichen Bücher. Die meisten dieser Briefe tragen den Namen des Paulus. Viele »Paulusbriefe« sind tatsächlich von Paulus (gest. 63), andere setzen eine weiterentwickelte Theologie und Kirchenorganisation voraus, so daß sie später (um 100 und kurz nach 100) geschrieben sein müssen und sich nur des Paulusnamens bedienen, um darzutun, daß sie die Linie des Paulus fortsetzen wollen (die Timotheusbriefe und der Titusbrief, »Pastoralbriefe« genannt). Auch die Briefe, die unter andern apostolischen Namen laufen, sind nicht unbedingt den Namensträgern zuzuschreiben. Durch den Namen soll aber jedenfalls der Zusammenhang mit den Aposteln betont werden, was in jener Zeit durchaus ein legitimes Verfahren war und nichts mit »Fälschung« zu tun hatte.

Die Offenbarung des Johannes. Die »Apokalypse« schließt das NT ab. Der Tradition nach ist es ein Werk des alten Apostels Johannes (um 100), das er noch vor dem Evangelium schrieb. In der literarischen Form einer Vision stellt das Buch den Kampf zwischen der Welt des Tiers aus dem Meere (dem Kaiser von Rom, der als Gott verehrt wurde) und der Welt des Lammes dar, das nicht herrscht, sondern geschlachtet wurde. Aber siegen wird das Lamm!

Glaube und Lehre des Christentums. Eine zusammenfassende christliche Darstellung des Christentums begann meistens mit dem Hinweis auf die Berufung des Christen. Den Weg zu Gott gehen, nannte man ganz allgemein die Berufung des Christen. Dieser Weg ist der Glaube. Aber was Glaube ist, wird nicht in allen Kirchen gleichartig gelehrt. In der römisch-katholischen Kirche ist Glaube das Ja zur kirchlichen Lehre; in den protestantischen Kirchen ist Glaube das Vertrauen auf Gottes Güte und Barmherzigkeit (was man in der römisch-katholischen Kirche wiederum mehr mit Hoffnung bezeichnet). In jedem Fall ist aber die Kirche die Weiserin. Die Ostkirchen und die römisch-katholische Kirche nennen sich ausdrücklich Hüterin und Lehrerin des Glaubens. Die Gesamtbotschaft der Kirche ist die Verkündigung des nahen Reiches Gottes. Um dieses Reich sollen die Christen beten. In Jesus Christus hat dieses Reich begonnen; aber in seiner vollen Herrlichkeit wird es erst am Jüngsten Tag kommen, so lehren die Kirchen.

Zum Grundglauben des Christen gehört der *Glaube an Einen Gott*. Er spricht zu den Menschen (durch Propheten, durch Jesus Christus und die Predigt der Kirche). Gott wird als der wahrhaftige und getreue Gott, als der ewige und unwandelbare Gott gelehrt und geglaubt. Zu erkennen gibt er sich durch die von ihm geschaffene Welt, durch das Gewissen im Menschen und durch seine Offenbarung in den Heiligen Schriften. Seine Eigenschaften offenbaren sich in Ereignissen: Der gütige Gott sorgt für die Menschen, denn er ist allgegenwärtig, unermeßlich und allwissend. (Römisch-katholische Lehre und Ostkirche: Als der Heilige will er die Heiligkeit der Menschen.) Als der Gerechte straft und belohnt er, denn er haßt das Böse und liebt das Gute. (Römisch-katholische und ostkirchliche Lehre: Er will, daß der Mensch sich frei für das Gute entscheide, deshalb läßt Gott die Sünde zu, die er haßt.) Durch die Sünde ist das Leid und der Tod in die Welt gekommen. Aber weil Gott die Menschen liebt, führt er sie durch die Sünde hindurch und durch das Leid zu Heiligkeit und Glück. Durch seine Allmacht und Weisheit führt er alles zum Guten. Durch seine Barmherzigkeit und Liebe hilft er den Menschen zu sich hin. Gott ist Geist und unendlich vollkommen! Dieser Gott hat alles erschaffen: »Himmel und Erde«, »zu seiner Ehre«. Er ist *der Schöpfer*. Er hat die Engel geschaffen und die Menschen. Ein Teil der Engel erhob sich gegen Gott und wurde die bösen Geister. Auch die Menschen sündigten. Der Mensch stürzte aus der Gottesnähe in die Verfallenheit an die Welt. Diese Folge der ersten Sünde ging auf alle Menschen über. Aber *Jesus Christus*, der Sohn Gottes, der das Reich Gottes verkündete, kam als Erlöser der Menschen. Er hat die Menschen das rechte Leben nach dem Willen des Vaters (Gottes) gelehrt: zur Verherrlichung Gottes und zum Besten der Menschen. Jesus Christus, so lehren die meisten Kirchen, ist nicht irgendein Mensch, sondern gleichzeitig wahrer Gott: »Gottes Sohn ist Mensch geworden«: seine Wunder bezeugen das, lehren die Kirchen. Jesu Mutter war Maria, sein Erzeuger der Heilige Geist. Aber das Volk Jesu hat ihn nicht als Erlöser angenommen und ihn dem Kreuzestod überliefert. Doch gerade durch seinen Kreuzestod hat er die Menschen erlöst, lehren die Kirchen. Am Kreuz hat er sich Gott als Opfer dargebracht. Er ist gestorben und begraben worden, aber am dritten Tag ist er von den Toten auferstanden. Er ist zum Himmel aufgefahren, und nun ist er im Himmel der Herr »zur Rechten Gottes, des allmächtigen Vaters«. Dieser selbe Christus wird wiederkommen als Richter der Lebenden und Toten, lehren die meisten Kirchen.

Vom Himmel kam am Pfingstfest *der Heilige Geist* über die junge Kirche. Mit dem Vater und dem Heiligen Geist ist Jesus *ein* Gott. Der Heilige Geist lebt in der Kirche als Licht und Kraft des Glaubens, als Heiligmacher, als das Leben der Kirche, als einender Geist Gottes, der die Liebe ist.

Jesus hat *die Kirche* als Eine Kirche gestiftet, damit sie Gott verherrliche und die Menschen zur ewigen Seligkeit führe. Die Gesamtheit der Kirche ist der »Leib Christi«. Über die Art der Kirche Leib zu sein, sind sich die Kirchen nicht einig. Aber sie alle sagen, daß die Kirche verkünden und lehren soll, was der Wille Gottes ist und was rechte Lehre ist. Die Grundlage der kirchlichen Lehre ist die Bibel (S. 149 ff). Ihre Lehre trägt sie zu allen Völkern. Mit den gläubigen Menschen hält sie Gottesdienst, für sie spendet sie die Sakramente.

Über die Zahl der *Sakramente* sind die einzelnen Kirchen verschiedener Meinung. Man spricht von zwei bis sieben Sakramenten: Taufe, (Firmung), Abendmahl oder Eucharistie, (Buße), (Krankensalbung), (Priesterweihe), (Ehe). Zum Sakrament gehört das (äußere) Zeichen, das die Gnadenmitteilung abbildet, die Einsetzung durch Jesus Christus.

Durch die Sakramente wird das neue Leben gewirkt (Taufe) und die Verbindung mit Christus immer wieder erneuert (Eucharistie/Abendmahl). Aber dieses Leben kann auch immer wieder bedroht werden. Der Mensch lebt ständig in der Versuchung (Anfechtung). Es ist unmöglich, ohne *Sünde* zu leben, lehren sehr betont die reformatorischen Kirchen; der Mensch kann tödlich fallen (»Todsünde«) und kann weniger schwer fallen (»läßliche Sünde«), lehrt die römisch-katholische Kirche, gemeinsam mit einigen anderen Kirchen. Die Todsünde beraubt den Menschen der gnadenhaften Verbindung mit Gott. Durch Buße (Umkehr, Reue und Vorsatz, Beichte) kann er wieder in die volle Gemeinschaft mit Gott zurückgeführt werden. Die römisch-katholische Kirche und die Ostkir-

chen lehren, daß dazu der Empfang des Sakraments der Buße (mit Einzelbeichte) notwendig sei, wenigstens unter normalen Lebensumständen. Die Spendung des Bußsakraments ist dem Priester anvertraut. Die Kirchen der Reformation lehren dagegen, daß der Christ immer zugleich Sünder und gerechtfertigt ist.
Damit der Mensch weiß, wie er leben soll und wie er den Gefahren für das geistliche Leben entgehen kann, hat Gott seine *Gebote* gegeben: die Zehn Gebote, wie sie im 2. Buch Mose (Exodus) niedergeschrieben sind. Im Neuen Testament wurden die Zehn Gebote ergänzt und vertieft durch die Bergpredigt Jesu (Mt 5 bis 7). Über den Einzelgeboten steht für den Christen das »Hauptgebot«: Du sollst Gott, deinen Herrn, lieben und deinen Nächsten lieben wie dich selbst (Mt 22,37–39).
Der Blick des Christen soll auf *die ewige Zukunft* gerichtet sein, lehrt die Kirche. Auf den Tod folgt für den Menschen das Gericht. Im Gericht gibt er Rechenschaft über sein Leben. Besteht er in der Gnade Gottes das Gericht, geht er ein »in die ewige Herrlichkeit«, »in den Himmel«, d.h. zu Gott; besteht er das Gericht nicht, »wird er verdammt«, »kommt er in die Hölle«, d. h. er erleidet die Gottesferne. Die römisch-katholische Kirche und einige andere Kirchen glauben, daß es einen Reinigungsort (»Fegfeuer«) gebe, in dem der Mensch durch Strafen auf die Aufnahme in die Seligkeit bei Gott für seine Sünden geläutert wird. Am Ende der Tage, wenn »die Welt untergeht«, »am Ende der Welt« stehen die Toten auf, lehrt das Christentum; und Christus zieht (noch einmal) alle vor ein allgemeines Gericht. Da manche meinen, die endgültige Verurteilung zur ewigen Strafe widerspreche Gottes Barmherzigkeit, glauben sie, daß am Ende der Tage auch alle, die »in der Hölle« sind, erlöst werden – auch die Teufel.
Am Ende steht, so ergänzt sich die Lehre vom Jüngsten Tag und vom Jüngsten Gericht, »ein neuer Himmel und eine neue Erde«, d. h., daß alles durch die Schöpferkraft Gottes neugestaltet wird. Das wird dann, nach dem Glauben vieler Christen, das Reich Gottes in seiner Herrlichkeit sein.
Den christlichen Glauben bekennen und leben die Christen in vielen verschiedenen Kirchen. Aber trotzdem glauben sie, daß es *Eine Kirche* gibt oder doch nur Eine Kirche geben dürfte. Die alte Kirche sah in der Kirche *»die Gemeinschaft der Heiligen«*, d. h. die Gemeinschaft der durch den Geist Gottes in Christus Geheiligten. In der römisch-katholischen Kirche hat man unter der Gemeinschaft der Heiligen lange vornehmlich die Heiligen verstanden, die schon zu Gott gelangt sind. Zu ihnen gehört, nach dem Glauben der römisch-katholischen Kirche und der Ostkirche, auch *Maria*, die Mutter Jesus, »die Mutter Gottes«, »die Königin aller Heiligen«, die in den genannten Kirchen ganz besonders verehrt wird.

Die Kirchen der Reformation lehnen eine Heiligenverehrung im Sinne der östlichen und westlichen katholischen Kirchen ab, weil sie in solcher Verehrung Menschen eine Ehre gegeben sehen, die nur Gott gebührt.

Der Kult. Aus dem fast kultlosen Christentum der Frühzeit wurde eine Gemeinschaft, die den Kult zum reichen Ausdrucksmittel ihrer wesentlichen Lehren und Sehnsüchte machte. Nicht alle christlichen Kirchen behielten den reichen Kult, aber viele, die zu Zeiten der kultischen Überwucherung ihre Riten beschnitten, kehrten später mit anderen Formen zu einem reicheren Kult zurück.

Wortgottesdienst. Der Wortgottesdienst ist einer der frühesten Kulte, der in Texten und Ordnung zum größten Teil aus der Synagoge übernommen wurde, zu der ja viele, die sich zu Jesus bekannten, ursprünglich und noch lange nach ihrer Begegnung mit Jesus gehörten oder sich (als »Gottesfürchtige«) zu ihr bekannten. Zu diesem Wortgottesdienst gehörte die Auslegung des Gotteswortes der Schrift (die »Homilie«, d. h. die erklärende Predigt). Dieser Wortgottesdienst hat sich praktisch bis heute als Gebets- und Predigtgottesdienst in den ursprünglichen Grundformen erhalten. Zwar ist er mit allerlei festen Gebeten angereichert worden (z. B. dem »Gloria«: Ehre sei Gott in der Höhe; dem Glaubensbekenntnis), aber die Grundbestandteile sind dieselben geblieben, in allen Konfessionen und Kirchen, einmal deutlicher, einmal weniger deutlich erkennbar.

Das Gemeinschaftsmahl (Abendmahl, Dankmahl, Eucharistiefeier) wurde in der alten Kirche mit diesem Wortgottesdienst im Laufe der Zeit immer mehr verbunden. Es wurde stets mehr als Kultmal empfunden. In der römisch-katholischen Kirche sind Gebetsgottesdienst und Eucharistiefeier immer noch eng verbunden. In anderen Kirchen ist die Verbindung möglich, aber für gewöhnlich nicht so eng. Die meisten aus der Reformation hervorgegangenen Kirchen haben z. g. T. den Wortgottesdienst als Normalgottesdienst, während sie Wortgottesdienst mit Abendmahl nur zu besonderen Gelegenheiten anbieten.

Zu den Gebetskulten gehören auch die Chorgebete der Mönche und Chorherren, das Breviergebet der Priester (das aus dem gemeinsamen Chorgebet hervorgegangen ist); ferner »Andachten«, das sind Wortgottesdienste inoffizieller Art, meist mit festgelegten Texten. Auf die Vielfalt der christlichen Gebetsgottesdienste in den verschiedenen Konfessionen kann nur durch dies karge Wort hingewiesen werden.

Sakramente. »Wort und Sakrament« sind der offizielle Kult der Kirche(n). Der Christ glaubt sie als Akte, in denen Christus gegenwärtig ist und durch die er in seiner Kirche wirkt. Während das Wort als Predigtwort in der frühen Kirche in hohem Kurs stand, schwand seine Bedeutung in der römisch-katholischen Kirche immer mehr. Natürlich gab es immer Gebet und Predigt; aber der Wert des Wortes stand hinter dem Wert der Sakramente weit zurück. Die Kirchen der Reformation werteten das Wort im Kult wieder auf. Das Wirken Christi durch Wort und durch Sakrament ist gleichwertig, lehren die meisten Kirchen der Reformation. Die ungleiche Wertung von Wort und Sakrament ist in der römisch-katholischen Kirche und in den Ostkirchen bis heute noch die Praxis.

Die Zahl der Sakramente wurde erst in der Kirche des Mittelalters theologisch gesichert. Man hatte auch noch nicht festgelegt, welche kirchlichen Akte als Sakrament bezeichnet werden mußten und welche nicht. Unbestritten wurden Taufe und Abendmahl (Kommunion) als Sakramente anerkannt. Erst auf dem Konzil von Trient wurde die Zahl der Sakramente lehramtlich auf sieben beschränkt, die nicht zu vermehren und nicht zu vermindern seien. Das ist bis heute römisch-katholische Lehre, die die Kirchen der Reformation nicht teilen.

Das römisch-katholische Sakramentsverständnis versteht unter Sakrament ein wirksames Gnadenmittel, dessen sichtbares Zeichen die geistige Wirkung abbildet und dessen begleitendes Wort die Wirkung des Sakraments aussagt. Damit ein solcher kultischer Akt Sakrament ist, muß er von Christus in irgendeiner Weise eingesetzt worden sein. Das sagt die römisch-katholische Lehre von sieben Kultvorgängen aus. – Das protestantische Verständnis sieht nur in jenen Kultvorgängen Sakramente, die von Christus eingesetzt worden sind und an die bei dieser Einsetzung eine Verheißung geknüpft wurde. Daher werden nur Taufe und Eucharistie (Abendmahl) als Sakrament anerkannt. In der Ostkirche anerkennt man zwar ebenfalls sieben Sakramente, nennt aber auch andere Kultvorgänge (als die Sakramente der römisch-katholischen Kirche) Sakramente.

Die Taufe. Das erste und von allen christlichen Kirchen und Gemeinschaften anerkannte und geforderte Sakrament ist die Taufe. Für die meisten christlichen Kirchen ist die Taufe mehr als nur ein Aufnahmeritus in die christliche Gemeinschaft. Die Erwachsenentaufe reinigt den Menschen von der Erbschuld und allen begangenen Sünden; die Kindertaufe reinigt das Kind von der Erbschuld. In der Taufe erhält der Täufling ein neues Leben: die Taufe schenkt den Heiligen Geist (durch den erst christlicher Glaube, christliche Hoffnung und christliche Liebe möglich werden). Durch die Taufe wird der Täufling »in den Leib Christi« eingegliedert, worunter die Kirche mehr versteht als eine Aufnahme in die Organisation Kirche. Die Taufe ist Gnade, aber sie ist auch Auftrag. Die Taufe wird von den meisten Kirchen so hoch eingeschätzt, daß sie »heilsnotwendig« genannt wird. – Der Sendungsritus der Taufe wird in den Ostkirchen und in der römisch-katholischen Kirche als »Firmung« als gesondertes Sakrament geglaubt.

Abendmahl/Eucharistie. Das zweite, von allen christlichen Kirchen anerkannte und geforderte Sakrament ist die Eucharistie/das Abendmahl/die Kommunion. Die Christen sehen darin die Erfüllung des Auftrags Jesu beim Letzten Abendmahl: »Tut dies zu meinem Gedächtnis«.

Der Rahmen dieses Sakramentes ist die »Eucharistiefeier«/»die Messe«/»der Abendmahlsgottesdienst«/»die göttliche Liturgie« (Ostkirchen) oder ähnlich genannte Gottesdienste. In der römisch-katholischen Kirche wird diese Liturgie der Eucharistiefeier seit langem als Gottesdienst so zentral gesehen, daß sie die Gläubigen unter schwerer Sünde verpflichtet hat, an allen Sonntagen und Feiertagen die Messe mitzufeiern, auch wenn sie das Sakrament dabei nicht empfangen. –

Die Lehre über dieses Sakrament besagt, daß der Gläubige unter Brot (und Wein), über die die Einsetzungsworte gesprochen worden sind, Leib und Blut Christi im Zeichen empfängt und er dadurch mit Christus verbunden wird. (Diese Formulierung ist nur der Versuch einer allgemeinen Darstellung. Die Lehrformeln der einzelnen Kirchen weichen z. T. sehr stark voneinander ab.)

Die Buße. Die römisch-katholische Kirche und die Ostkirchen erkennen den Bußritus mit Bekenntnis (Beichte) und priesterlicher Lossprechung als Sakrament an. Sie haben daneben einen zweiten sakramentalen Bußritus für Kranke: die *Krankensalbung.*

Priesterweihe/Ordinierung. Das verschiedene Amtsverständnis in den christlichen Kirchen hat zu einer unterschiedlichen Bewertung der »Ordinierung« (Einsetzung in ein Amt) geführt. In der römisch-katholischen Kirche, den Ostkirchen und einigen anderen Kirchen wird die Priesterweihe als Sakrament bezeichnet, das ein »unauslöschliches Siegel« einprägt und dem kirchlichen Amtsträger besondere Rechte und Gewalten verleiht. In den Kirchen der Reformation beruft man sich auf die Taufe, durch die jeder Christ zum Priestertum berufen und in Christus, *den* Priester, eingegliedert wird; eine höhere Berufung kann es nicht geben. Deshalb sehen die Kirchen der Reformation in der Ordinierung zwar eine Amtsübertragung, aber keine besondere Gewaltübertragung und auch nicht die Herausnahme aus dem »Laienstand« (sL).

Ehe. Die Ehe als Sakrament kennen nur die römisch-katholische Kirche und die Ostkirchen. Das Sakrament der Ehe spenden sich (nach römisch-katholischer und z. T. auch nach ostkirchlicher Lehre) die Ehegatten gegenseitig durch das Jawort und die gegenseitige leibliche Hingabe. Die Kirche ist (durch ihren offiziellen Vertreter) Zeuge für die Eheschließung und Spender des Segens, durch den sie die Ehe anerkennt. Die Kirchen der Reformation anerkennen die Ehe zwar auch als hohen Wert, geben ihr aber nicht den Charakter des Sakraments.

Daneben gibt es noch eine Reihe von anderen offiziellen und eine Unzahl nichtoffizieller Kulte: in den alten Kirchen des Ostens und des Westens mehr als in den jüngeren Kirchen der Reformation und anderer Reformen: Prozessionen (die ostkirchliche Rüstprozession in der »Göttlichen Liturgie«, die Lichterprozession am Lichtmeßtag/Fest der Darstellung des Herrn, die Palmprozession mit der Palmweihe, die Fronleichnamsprozession, die Wallfahrtsprozessionen u. a. – alles Zeichen dafür, daß der Mensch auf dem Wege ist), Segnungsbräuche in Haus und Kirche (Wassersegnung/Weihwasser/Segnung der Flüsse in der Ostkirche, Brotsegen im Haus, Erntesegen, Kerzenweihe, Medaillenweihe, Segnung kirchlicher Gewänder, Segnung kirchlicher Geräte, Kirchweihe, Aschenweihe und Aschenkreuz am Aschermittwoch, Kräuterweihe zum Fest der Aufnahme Mariens in den Himmel u.a.). Vieles davon bezeichnet die katholische Kirche als »Sakramentalien« d. h. Zeichen, die eine Beziehung zu Christus und seiner Gnadenwirkung bewirken.

V. DIE AUSBREITUNG DES CHRISTENTUMS

Die direkte Botschaft Jesu wandte sich an das *Judenvolk*. Deshalb war der erste Adressat, den die Schüler (»Jünger«) Jesu ansprachen, ebenfalls das Judenvolk. Wenn es schon früh in Städten außerhalb Palästinas Anhänger Jesu gab, so lag der Grund dafür zunächst in der Zerstreuung der Juden. Die jüdischen Anhänger Jesu sahen in Jesus einen jüdischen Propheten, dessen Lehre sie keineswegs aus dem Judentum löste. In dieser Vorstellung lebten auch die Apostel. Wenn in der Apostelgeschichte von einzelnen Heiden gesprochen wird, die sich auf den Namen Jesu taufen ließen, so entsprach das durchaus der damaligen Praxis des Judentums, »Gottesfürchtige« (so der damals übliche Ausdruck für Heiden, die sich zum Judentum hingezogen fühlten und auch die jüdischen Religionsbräuche z. T. praktizierten) als einen äußeren Ring des Judentums anzuerkennen.
Mit der Mission des Paulus wurde sodann der Kreis auf *die Völker* erweitert. Die erste Missionsreise des Paulus galt zunächst ebenfalls der Ausbreitung der Botschaft Jesu und von Jesus unter den Juden. Aber als viele Juden diese Botschaft ablehnten, wandte sich Paulus mit der Jesuslehre und Taufe an Nichtjuden, ohne daß er sie verpflichtete, vor der Taufe die jüdischen Religionsgesetze anzuerkennen. Die Urapostel waren damit zunächst nicht einverstanden; aber auf einer Apostelversammlung in Jerusalem (49 n. Chr.) konnte Paulus die grundsätzliche Billigung seiner Praxis durchsetzen. Damit war die jüdische Enge ge-

sprengt; die Verkündigung der Jesusbotschaft an alle Menschen war praktisch zum Prinzip geworden. Der Raum, in dem sich in den nächsten Jahrhunderten das Christentum ausbreitete, war das damalige oströmische und weströmische Reich. Die Menschen, die angesprochen wurden, waren im großen und im ganzen vor allem die Benachteiligten der Gesellschaft. Aber auch einzelne Vornehme, Reiche, Hochgestellte, sogar Beamte des kaiserlichen Hofes wurden »Christen«, wie man die Anhänger Jesu etwa seit dem Jahre 43 häufiger zu nennen begann.
Weil die Christen im Kaiserkult, dessen Vollzug im römischen Reich als Bejahung des römischen Reiches gewertet wurde, einen Verrat an ihrem einzigen Herrn sahen (»Denn du allein bist der Heilige, du allein der Herr, du allein der Höchste, Jesus Christus«), wurden Verweigerer des Kaiseropfers gestellt und eventuell getötet. Eine systematische *Christenverfolgung* hat es nicht gegeben. Die schwerste tatsächliche Christenverfolgung fand unter Kaiser Diokletian (303–313) statt; sie war der Versuch, den wachsenden christlichen Einfluß im Reich zurückzudrängen.
Nach dem Sieg Kaiser Konstantins im Kampf um die Herrschaft im Abendland (312), beginnt die Entwicklung des Christentums zur *Reichskirche;* Konstantin sympathisierte mit dem Christentum. Zuerst Gleichstellung des Christentums mit den andern Religionen, dann immer mehr bevorrechtigte Behandlung durch die Kaiser. Das Christentum tritt als Einheitsgarant an die Stelle des Kaiserkults, der bisher die Einheit des Reiches zu garantieren hatte. Deshalb das große Interesse der Kaiser an der dogmatischen Einheit des Christentums. Konzilsbeschlüsse werden Reichsgesetze. Um der Einheit willen macht Kaiser Konstantius die arianische Christuslehre, die fast alle Christen umfaßte, für die Gesamtkirche verbindlich (350). Und aus demselben Grunde verbietet Theodosius der Große im Edikt von Thessalonich (380) den Arianismus im Ostreich und erklärt die athanasianische Form des Christentums zur Staatsreligion. Gleichzeitig verbietet er alle heidnischen Kulte.
Die Kirche des Frühmittelalters (etwa 500–950) bezieht die *Germanen* (Angelsachsen, Franken und Sachsen) in die Christianisierung mit ein, was zugleich Unterwerfung unter einen christlichen König oder Kaiser heißt. Mit Sakralisierung der Königs- und Kaisererhebungen durch eine kirchliche Salbung bindet die Kirche auch die Herrscher fester an sich. Im Frühmittelalter wird aus der Reichskirche mit kaiserlichem Oberhaupt eine Reichskirche mit päpstlichem Oberhaupt. Die größere Macht der Kirche verweltlicht die Kirche. Klöster, mächtige Klöster, Klöster als Kulturträger, verweltlichte Klöster, Klosterreformen, ständige Reformversuche der Kirche sind Wegmarken dieser Ausbreitungsepoche der Kirche.
Zwischen 800 und 1300 faßt das Christentum auch bei den *Slawen* fe-

sten Fuß: zum Teil wurde es aus dem byzantinischen Raum, zum Teil aus dem lateinischen Raum an sie herangetragen. Im 9. Jahrhundert wird Südslawien missioniert (Bulgaren, Serben, Kroaten, Slowenen); im 10. Jahrhundert die Ostslawen (Russen, Ukrainer, Weißruthenen); vom 10. bis zum 12. Jahrhundert die Westslawen (Slawen an Elbe und Ostsee, Polen, Tschechen, Slowaken).

Die Verbreitung des Christentums in *Skandinavien* begann 826 mit der Mission Ansgars in Dänemark; Ansgar kam von dem damals neugegründeten Kloster Corvey im soeben christianisierten Sachsenland. Die Christianisierung Rügens (1160) und Estlands (1219) ging dann wiederum vom christianisierten Skandinavien aus.

Im afrikanischen und asiatischen Raum hatte das Christentum durch die Herrschaft des Islam (S. 200) keine Möglichkeit neuen Landgewinns. Im Hochmittelalter versuchte die Kirche von den islamisch gewordenen Weltteilen nur Palästina mit Jerusalem wiederzuerobern, was aber nur vorübergehend gelang.

Trotzdem setzte nach 1200 gewaltig die *Orientmission* ein, die um 1307 sogar zur Gründung eines Erzbistums Peking führte. Nach hundert Jahren brach sie aber durch die ungünstigen politischen Wandlungen wieder zusammen. Träger der Orientmission waren vor allem die neugegründeten Bettelorden: Franziskaner und Dominikaner.

Die erste Bresche in die Mauer des Islam schlugen *die Portugiesen* (1415 Eroberung von Ceuta in Nordafrika), die sodann zugleich mit der Kolonisierung und ihren Handelsstützpunkten (auch Sklavenhandel) die Mission unter den Eingeborenen vorantrieben: afrikanische Küsten, Indien (Goa!), Japanmission (1549 Franz Xaver), Chinamission (1552 Franz Xaver). *Die spanischen Eroberungen* auf dem amerikanischen Kontinent waren ebenfalls Wegbereiter einer christlichen Mission, die oft sehr grausame Methoden der Christianisierung anwandte. Wie sich heute zeigt, war die damals so begonnene Verbreitung des Christentums sehr äußerlich.

Im Jahre 1622 gründete Papst Gregor XV., in bewußter Kampfansage an die merkantil-politische »Mission« der Portugiesen und Spanier, die »*Propaganda-Kongregation*«, deren Grundsätze seitdem die römisch-katholische Mission bestimmen: 1. Lösung von weltlichen Einflüssen, 2. Vertretung Roms in den Missionen durch Apostolische Delegaten, 3. Förderung eines einheimischen Klerus, 4. Ausbau der einheimischen Hierarchie. Nachdem man sich bei dieser Arbeit zuerst auf die nichtkatholischen Christen beschränkt hatte, wurde 1830 bewußt die *Weltmission* als Ziel angegangen. Damit hängt die starke Neugründungswelle von Missionsorden im 19. Jahrhundert zusammen. –

Die Ostkirchen haben, da sie z. T. selbständige Klein- und Landeskirchen sind, nur wenig »Weltmission« betrieben.
Die *Kirchen der Reformation* sahen ihre Aufgabe zunächst darin, das Heidentum in ihrer römisch-katholischen Umgebung zu bekämpfen. Die erste Missionsgesellschaft für Mission unter den Nichtchristen wurde von der Englischen Hochkirche im Jahre 1701 gegründet. Erst hundert Jahre später setzt in ganz Europa eine Gründungswelle von Missionsgesellschaften ein, die sich weltweit um die Förderung der Heidenmission kümmern. Da die Kirchen der Reformation keine einheitliche Leitung haben, ist ein Instrument wie die römische Propagandakongregation bei ihnen nicht möglich.

VI. EINIGE WICHTIGE DIFFERENZIERUNGEN

Wer von »Differenzierungen« (sL) spricht, bejaht die Verschiedenheit. Deshalb werden viele Christen das Wort »Differenzierung« für das Christentum selbst ablehnen. Andere bejahen es, weil sie bereits in der Bibel des Neuen Testaments sehr differenzierte Glaubensaussagen zu finden glauben. Nach Meinung derjenigen, die die Bücher des NT zu einem Ganzen zusammengefügt haben, ist also Differenzierung etwas Normales. Trotzdem stehen die Christen bis heute zu solchen Differenzierungen sehr verschieden: die einen sprechen dabei lieber von Auseinanderfall, die andern von verschiedenen Ausformungen durch Rasse, Volk, Kultur u. a. Hinter den »Differenzierungen« steht immer der ganze Mensch und nicht nur der denkende Mensch, auch wenn es manchmal so aussieht, als ob Differenzierungen in erster Linie von der Wahrheitsfrage ausgingen.
DIE MONOPHYSITEN. Vom 5. bis 7. Jahrhundert versuchten die christlichen Theologen die rechte Aussage über den Gottessohn und Menschen Jesus in den Griff zu bekommen. Das führte zu ausgedehnten christologischen (sL) Streitigkeiten und zur Bildung verschiedener konfessioneller (sL) Gruppen. Dieser jahrhundertelange christologische Prozeß läßt sich in Kürze nicht darstellen. An dieser Stelle sollten wir uns mit der Mitteilung begnügen, daß Theologen einander gegenüber standen, die das Geheimnis Jesu am besten dadurch ausdrücken zu können glaubten, daß sie von »zwei Naturen« Jesu sprachen: der göttlichen und der menschlichen Natur, die beide ganz in ihm Wirklichkeit waren; die andern dagegen wollten die Einheit von Gott und Mensch in Jesus in einer »Natureinheit« sehen: etwa so, daß der Logos (sL), wie die Seele im Menschen, in Christus »die eine fleischgewordene Natur des Gott-Logos« bildet. Damit wurde die Gottheit in Christus die eigentliche Natur, und die Menschheit wurde nur zur Form der auf Erden weilenden Gottheit. So sprach man deshalb von *Monophysiten* (Ein-Natur-Anhänger),

was aber durchaus kein einheitlicher Begriff war. Viele Theologen- und Bischofsnamen sind mit solchen monophysitischen Bekenntnissen verbunden. Bis heute sind die Kirchen der »Jakobiten« (sL), der Kopten (sL), Armenier (sL) und Äthiopier (sL) monophysitisch, obwohl sie sich selbst nicht so nennen und diese Bezeichnung z. T. sogar für sich ablehnen. Daran kann man sehen, wie schwierig es ist, hier mit rein begrifflichen Bestimmungen Unterscheidungen zu treffen. Wenn man bedenkt, daß die »rechtgläubige« Zweinaturlehre imgrunde auch nur eine begriffliche Konstruktion ist, wie die Einnaturlehre der Monophysiten, geht einem die Tragik dieser Teilung besonders auf, weil doch beide nur ihr Denkschema zur Rechtfertigung haben.

DIE ORTHODOXEN KIRCHEN DES OSTENS. Die westlichen Katholiken sind leicht geneigt, die orthodoxen Kirchen des Ostens für Abspaltungen von der »Universalkirche« zu betrachten, wie sie ja auch Protestanten, Anglikaner und andere Kirchen als solche Abspaltungen ansehen. Aber es handelte sich schon vor der »Abspaltung« um Differenzierungen. Die verschiedene Entwicklung der Kirchen, die sich auf oströmischem und weströmischem Reichsboden befanden, waren die Ursache dafür. Viele der dadurch hervorgerufenen Verschiedenheiten gehen auf politische Ursachen zurück. Die Verschiedenheit in philosophischer und politischer Denkweise, in Disziplin und Brauchtum legten schon früh (seit dem 4. Jahrhundert) eine Verständnisgrenze zwischen die Kirchen der beiden römischen Reichsteile; das tiefe Schisma (d. h. Spaltung) brachte aber erst das Jahr 1054. Seitdem spricht man im lateinischen Patriarchat (d. h. in der römisch-katholischen Kirche) von »den von der Kirche getrennten Ostkirchen«, die heute zum großen Teil selbständige (»autokephale«) Kirchen sind.

Die theologische Entwicklung war fast tausend Jahre ähnlich wie die der römischen Kirche. Nach der Trennung lehnen die Ostkirchen selbstverständlich die theologischen Entwicklungen der Westkirchen für sich ab. Trotzdem kann man sagen, daß die römisch-katholische Kirche die Theologie der Ostkirchen im großen und im ganzen als wahre Lehre (d.h. als nichthäretische Lehre) anerkennt. Im Weltrat der Kirchen nehmen sie als »katholische Kirchen« eine Sonderstellung ein.

In den europäischen Ländern, hauptsächlich auf dem Balkan, zählte man 1961 (ohne Rußland) etwa 48 Millionen Orthodoxe (von insgesamt 392,7 Mill. Christen); in Rußland 55 Mill. Orthodoxe (bei 218 Mill. Gesamtbevölkerung). Afrika (Ägypten!) zählte 14 Mill. orthodoxe Christen.

Der Ausdruck »Orthodoxie« und »Orthodoxe« weist darauf hin, daß sich die Christen dieser Kirchen als diejenigen betrachten, die nicht nur den rechten Glauben haben, sondern in ihrer Liturgie auch die rechte Art der Gottesverehrung besitzen.

Beispiel für radikale Gruppierungen. Die Waldenser, nach Petrus Waldus, einem reichen Kaufmann in Lyon benannt, waren 1176 eigentlich nur eine radikale Gruppe, die sich der Armut widmen wollte. Als sie begannen, diese Armut auch zu predigen, kamen sie mit der kirchlichen Obrigkeit in Konflikt, weil sie das Predigtamt ohne kirchliche Sendung ausübten und weil sie die Armut nicht als Rat, sondern als Gebot Christi hinstellten. Die Radikalisierung ging mehr und mehr weiter: auch schon vor der offiziellen Trennung von der mittelalterlichen Kirche spendeten in ihr Laien das Abendmahl, verbot man den Eid, lehnte man den Kriegsdienst ab. 1184 wurde über sie der Bann ausgesprochen.
Die Waldenser breiteten sich vor allem in den romanischen Ländern aus. Ein Teil kehrte in die alte Kirche zurück und nannte sich danach die »katholischen Armen«. Es gab zwei Gruppen: die sog. Vollkommenen und die verheirateten Waldenser, die auch Besitz hatten, sich jedoch nicht an ihn versklaven wollten. Sie sind keine Vorläufer der Reformation; die entsprechenden Dokumente haben sich als Fälschungen erwiesen.
Die Waldenserkirche zählte 1964 etwa 45 000 Gläubige, davon 28 000 in Italien und 12 300 in Südamerika.

Altbischöfliche Klerisei in den Niederlanden. Eine Gruppe, die sich nach der Verurteilung der Gnadenlehre des Jansenismus durch Rom von der römisch-katholischen Kirche trennte (1722). In den Kirchengeschichten wird diese sehr kleine Gruppe oft »Utrechter Altkatholiken« genannt, weil sie sich aufgrund des Widerspruchs des Utrechter Domkapitels gegen die Verurteilung entwickelt hat. Seit dem Jahre 1970 haben sich Versöhnungsschritte zwischen Rom und der Kirchenführung in Utrecht angebahnt.
Die kleine Gruppe wird hier genannt, weil sie später zu einem Kristallisationspunkt wurde für romfreie Kirchen, die nicht aus der Reformation hervorgegangen sind.

Der Protestantismus. Die Kirchen, die man summarisch »protestantische Kirchen« oder »Kirchen der Reformation« bezeichnet, sind aus dem Protest gegen die spätmittelalterliche Verdinglichung und Vergesetzlichung der Gnade entstanden, der von den Reformatoren (Luther, Zwingli, Calvin) angemeldet wurde und der im Laufe der Zeit zu einer Trennung der Anhängergruppen der Reformatoren von der alten Kirche führte. (»Beginn« der Reformation: Veröffentlichung der 95 Thesen Martin Luthers, im Jahre 1517.)

Grundlehren der protestantischen Reformation: »Nur der Glaube«, d.h. die personale Begegnung mit Christus im lebendigen Wort Gottes, rechtfertigt; Glaube ist also nicht das Fürwahrhalten einzelner Glaubenswahrheiten. – Der Mensch selbst kann an seinem Heil nicht mitwirken; das Heil erlangt er »durch Gnade allein«. – Nicht die kirchliche Lehre ist die Grundlage des Glaubens, sondern »die Schrift allein«; sie ist in all dem maßgebend, »soweit es Christum treibet«. – Christus ist nicht ein neuer Gesetzgeber, der sich durch kirchliche Obrigkeiten ausspricht, sondern Erlöser, der durch den Heiligen Geist in Wort und Sakrament (Taufe und Abendmahl) gegenwärtig ist. – Die Gnade Gottes wird dem Menschen durch Christus geschenkt, ohne Amtspriestertum, ohne Meß*opfer*, weil das Opfer Christi das Opfer »ein für allemal« war.

Durch die Ablösung von Priestertum und Hierarchie (der geweihten Bischöfe) demokratisierte sich auch das Kirchenbewußtsein. Während man in der alten Kirche von einem Bau der Kirche von oben her (vom Papst bis zum »letzten Gläubigen«) sprechen kann, bauen sich die protestantischen Kirchen von unten her auf, ohne daß ihre Kirchen in einer weisungsberechtigten Spitze gipfeln. Da sich dadurch die Verantwortungszentren verschoben, konnten sich im Protestantismus die verschiedensten Gruppen mit den verschiedensten Anliegen durchsetzen, was allerdings auch zu einer starken Zersplitterung führte. Durch die ökumenische Bewegung, die sich im »Ökumenischen Rat der Kirchen« (Sitz in Genf) ein Instrument schuf, versuchen die Kirchen diese Zersplitterung zu überwinden, ohne daß die Eigenständigkeit der Kirche aufgehoben wird.

Die Anglikanische Kirche. Sie löste sich von Rom infolge eines Streits König Heinrich VIII. mit dem Papst wegen seiner Ehescheidung (1531). Wie ihr Ursprung, der sie zur offiziellen Kirche von England machte, bleibt auch ihre Geschichte vom Gang der staatlichen Geschichte Englands abhängig. Mit der Verselbständigung der Kirche von England wurden auch mehrere reformatorische Elemente eingeführt, obwohl viele Lehren weiterhin sich an die Linie der römisch-katholischen Kirche hielten. Gotteslehre, Lehre von der Menschwerdung sind katholisch; die Rechtfertigungslehre und die Sakramentenlehre sind stark lutherisch gefärbt (Taufe und Abendmahl werden als Sakrament anerkannt). Das liturgische Ritual ist fast römisch-katholisch.

Wie die Kirche von England im ganzen stark Elemente der alten Kirche beibehielt und der reformierten Kirchen aufnahm, so noch mehr ihre Teile, so daß sich diese untereinander sehr stark unterscheiden (Hochkirche, Niedere Kirche = Evangelicals, Breite Kirche = Modernists). Bei der Ablegung des Glaubensbekenntnisses wird in der Kirche von England meistens der Grundsatz vertreten, daß das Bekenntnis das Ganze, aber nicht jeden seiner Teile bejaht. Unter diesem Grundsatz kann die Kirche von England die am meisten entgegengesetzten Verständnisse in sich vereinen.

Da die Anglikanische Kirche so viele Elemente der verschiedensten Kirchen in sich vereinigt, wird sie von vielen als eine ausgezeichnete Basis für die ökumenische Synthese angesehen.

Der Calvinismus. Diese protestantische Konfession geht zurück auf die Theologie und Kirchenverfassung Johann Calvins (1509–1564). Der Humanist Calvin lernte die Reformation Luthers durch lutherische Literatur kennen und erlebte eine »plötzliche Bekehrung« (wahrscheinlich 1533). Nachdem er sich für die neue Konfession eingesetzt hatte, wurde er aus Frankreich ausgewiesen und suchte in der Schweiz seine Vorstellung vom geläuterten Christentum zu verwirklichen. Die »Institutio Religionis Christianae«, die er 1536 in Anlehnung an den lutherischen Katechismus schrieb, wurde vor allem in der erweiterten Form von 1559 das einzige als »Dogmatik« zu bezeichnende Werk der Reformation.

Der zentrale Glaube des Calvinismus wurde die Überzeugung von der Vorherbestimmung (Praedestination), den es zwar auch schon vorher als Ausdruck der Allherrschaft und Allwissenheit Gottes gegeben hatte, der aber hier zum tragenden Bekenntniselement wurde. Der irdische Erfolg eines Menschen (Erfolg im Namen Gottes) wies ihn als Auserwählten aus. Das dahinterstehende Gottesbild ist das Bild des alttestamentlichen Gottes, dem wegen seiner Gerechtigkeit Gehorsam und Preis gebührt. Die Kirche ist deshalb nicht um der Menschen willen da, sondern um der Ehre Gottes willen – alles Elemente, die es schon in andern Theologien gegeben hat, die aber in solcher Absolutheit nur selten gelehrt worden waren.

Das Abendmahl, in dem in Wahrheit Leib und Blut Christi empfangen wird (während Zwinli sagte: Brot und Wein *bedeuten* den Leib und das Blut Christi), gewährt den Auserwählten eine Verbindung zu Christus. Aus dieser Verbindung mit Christus empfangen sie die Kraft, die harte Disziplin der Kirche Calvins zu bestehen.

Der Calvinismus war von Anfang an stark missionarisch. Er wollte das Reich Gottes verwirklichen. Dazu forderte er Pflichtbewußtsein, Sittenzucht. Das Gemeinschaftsprinzip war die Gemeinde. Die Staatsgewalt hatte sich den Zwecken des Reiches Gottes unterzuordnen; jedoch wurde gerade dadurch sein Wirken stark politisch. – Die Kirchenführung des Calvinismus war nie kleinlich. Der weltweite Aspekt der Verwirklichung des Gottesreiches war ihm wichtiger als manche Einzelheit der Lehre. So breitete er sich von der Schweiz nach Ungarn und Siebenbürgen aus, in mehreren geschlossenen Gebieten Westdeutschlands, in den Niederlanden sowie England, Amerika, Südafrika und Indonesien.

ALTKATHOLIKEN. So nennen sich die Christen, die sich aus der Oppositionsgruppe gegen das Dogma von der Unfehlbarkeit des Papstes (verkündet von Papst Pius IX. am 18. Juli 1870) gebildet hat. Ihr geistiges Haupt war der Stiftspropst Ignaz Döllinger in München, Professor für Kirchengeschichte. Obwohl die Oppositionsgruppe zunächst sehr stark war, so daß Döllinger »Tausende vom Klerus« als seine Anhänger ankündigte, fanden sich 1872 doch nur 28 Geistliche bereit, die Trennung von der römisch-katholischen Kirche als Konsequenz zu vollziehen. Das Glaubensbekenntnis der Altkatholiken blieb im ganzen das der römisch-katholischen Kirche, ausgenommen die Anerkennung der Unfehlbarkeit des Papstes, auch wenn er als Vertreter der Gesamtkirche »ex cathedra« spricht, und, in Zusammenhang damit, ausgenommen die Anerkennung der Obergewalt des Papstes. Ferner lehnten sie die Einzelbeichte als Notwendigkeit ab. Das Fasten wurde wegen der Veräußerlichung aufgehoben. Der Priesterzölibat als Zwangszölibat wurde abgeschafft. Der Ablaß wurde (vor allem wegen seines Zusammenhangs mit der päpstlichen Gewalt) aufgehoben. Weil das Dogma von der »Unbefleckten Empfängnis« im Jahre 1854 vom Papst definiert worden war, lehnte man dieses Dogma ebenfalls ab. Selbstverständlich können die Altkatholiken die Lehren, die sich nach ihrer Trennung von Rom durchgesetzt haben, ebenfalls nicht anerkennen.
Im Jahre 1889 vereinigten sich die Altkatholiken Deutschlands mit der Altbischöflichen Klerisei in den Niederlanden zur »Utrechter Union« (S. 164). In der Utrechter Union sind zusammengeschlossen »Das Katholische Bistum der Alt-Katholiken in Deutschland«, »Die Christkatholische Kirche der Schweiz«, »Die Altkatholische Kirche von Österreich«, »Die Kirche von Utrecht«, »Die Polnisch-National-Katholische Kirche« in den USA und »Die Polnisch-Katholische Kirche in Polen« mit insgesamt etwa 425 000 Mitgliedern. Der »Verband der Altkatholischen Kirchen Jugoslawiens« mit drei nationalen Bistümern ist kürzlich ebenfalls in die Union aufgenommen worden. Zahlen konnten für diese Kirchen nicht ermittelt werden.

FREIKIRCHEN. Die Altkatholiken gehören eigentlich zu den Freikirchen, die in der christlichen Welt eine bedeutende Rolle spielen. Die meisten Freikirchen sind aus dem engagierten Protestantismus entstanden. Ihre Mitglieder unterwerfen sich dem Zeugnis der Schrift und wollen die Wahrheit der Schrift selbst bezeugen (zuerst so die »Taufgesinnten«, die seit 1521 belegt sind).

Heutige Freikirchen sind die Mennoniten, die Baptisten (beide aus den Taufgesinnten entwickelt), die Methodisten, die Herrenhuter Brüdergemeine, die Evangelische Gemeinschaft u. a. Die sog. Sekten sind ebenfalls Freikirchen, die man wegen der Kleinheit ihrer Gruppen jedoch meistens nicht mit dem Titel »Kirche« benennt.

VII. DAS HEUTIGE GESICHT

Wie alle Religionen steht auch das Christentum in einem Wandlungsprozeß. Viele nennen diesen Prozeß: Krise des Christentums, Versuchung (Anfechtung) durch die Verlockungen einer diabolischen Ideenwelt o. ä. Aber wie alle Umformungen kann man auch den Vorgang im Christentum negativ und positiv sehen. Am stärksten äußert sich die Kritik am bisherigen Lehrgut in den großen westlichen Bekenntnisgruppen des Christentums: Katholizismus und Protestantismus, einschließlich Anglikanismus. Nicht ganz so stark in den Ostkirchen. Am wenigsten sind die zahllosen Sekten einbezogen, was vielleicht daran liegt, daß viele Sekten (sL) schon immer die Neigung hatten, sich in Einzelbekenntnisse einzukapseln und in einem Heilspartikularismus (sL) zu verschließen. Dadurch sind ihre Mitglieder von der »Welt«, zumal von der Wissenschaft mehr abgeschlossen und von innen her weniger angreifbar. Allerdings gibt es auch Sekten, die auf ausgesprochen liberalem (sL), säkulärem (sL) und wissenschaftlichem Boden stehen; sie sind hier natürlich auszunehmen: Sie verdanken ihre Existenz meistens einem Entschluß, der in eben jene Richtung geht, in die sich die großen Kirchen erst mühsam durchkämpfen oder gegen die sich die Kirchen verzweifelt zu wehren suchen.

Es ist nicht möglich, die hier angedeutete allgemeine Entwicklung erschöpfend darzustellen. Keiner hat darüber schon heute eine Übersicht, die eine gültige Darstellung erlauben könnte. Christen und nichtchristliche Beobachter stehen so sehr mitten in diesen flutenden Wandlungsströmen, daß man wohl einzelne Entwicklungsstränge unterscheiden, nicht aber schon heute sagen kann, wohin das alles führt. Die »Konservativen« (sL) sprechen von geradezu tödlichen Gefahren, die den Glauben bedrohen, die »Progressiven« (sL) sprechen von der Notwendigkeit des religiösen Umdenkens; beide Gruppen sind aber in sich keineswegs einheitlich: Es gibt die eigensinnigen Konservativen, die man auch Fundamentalisten (sL) oder dogmatistische (sL) Konservative nennen könnte; es gibt die rücksichtslosen Propressiven, die meinen, nur ein totaler und möglichst baldiger Umsturz der alten Glaubenswelt könne das Christentum retten oder wiederherstellen oder überhaupt erst schaffen; es gibt die Ängstlichen, die sich nicht trauen, ihre eigenen Wünsche und Einsichten auszusprechen, weil sie zwar das Alte nicht mehr voll bejahen, aber trotzdem so sehr in der alten Disziplin verharren, daß sie noch jeden Gedanken vom überlieferten Weg für häretisch (sL) halten, und Häretiker wollen sie nicht sein. Und zwischen diesen Gruppen gibt es viele Übergänge.

Die moderne Bibelwissenschaft hat den Grund zu diesem Prozeß gelegt. Seitdem man gewagt hat, die Bibel nicht mehr nur als heiliges Buch, sondern (wie jedes andere Buch) auch unter literarischem Gesichtspunkt zu sehen, ist man mit literarkritischen Methoden an die Bibel herangegangen. Diese Forschung hat ergeben, daß man die Bibel oft nicht so verstehen kann, wie man sie früher verstanden hat. Man kann aus der Bibel nicht einfach das herauslesen, was man mit heutigen Vorstellungen aus ihrem Text herauslesen könnte. Jeder Text muß aus seiner Zeit verstanden werden. In gewissem Rahmen hat man das natürlich schon immer gewußt; aber heute weiß man, daß sich das nicht nur auf Bilder und Worte und Begriffe bezieht, sondern auch auf ganze literarische Formen. Eine Wundererzählung aus den Zeiten der biblischen Bücher muß nicht unbedingt von einem wirklichen Wunder *berichten*; ein Text, der wie ein Bericht aussieht, muß nicht unbedingt sagen, das darin Erzählte sei auch wirklich geschehen u. ä.
Solche Entdeckungen geben vielen Texten, die bisher als Unterlagen verbürgter Tatsachen genommen wurden, einen andern Sinn. Demgegenüber wollen viele (weil sie spüren, wie tiefgreifende Folgen solch neue Deutungen haben können) auf dem alten Verständnisboden stehen bleiben oder wenigstens in der Neudeutung der biblischen Texte nicht so weit gehen wie andere.
Dieser Kampf um das Verständnis der Bibel ist heute in vollem Gang und wird wohl nicht so bald zu Ende sein; denn für das Bibelverständnis, wie es die moderne Bibelwissenschaft fordert, ist viel wissenschaftliches Denken nötig, ohne das die andere Bibeldeutung nicht einsichtig wird. Ob es jemals möglich sein wird, all die vielen Christen, die überhaupt nicht die Möglichkeit zum wissenschaftlichen Denken haben, zu solchen Einsichten zu bringen, kann bezweifelt werden. Vielleicht daß sich deshalb die Kirchen dann doch dazu verstehen werden, eine neue Bibel zu schreiben, in der all das, was aus der alten Bibel nur indirekt herausgelesen werden kann, unmittelbarer zu lesen ist.

Die traditionellen Glaubensbekenntnisse werden heute von vielen Gläubigen (nicht nur von »Intellektuellen«, aber unter diesen auch von vielen Geistlichen) für untaugliche Formulierungen eines christlichen Glaubens im 20. Jahrhundert gehalten. Es gibt in diesen Glaubensbekenntnissen (zumal im Apostolischen und im Nizänischen (sL) Glaubensbekenntnis, kaum noch eine Formulierung, die von allen Gläubigen ohne Aber hingenommen wird. Man verlangt nach neuen Formulierungen und man versucht neu zu formulieren. Sogar Papst Paul VI. versuchte eine Neuformulierung, die dann allerdings auf harte Kritik stieß, weil der Papst sein Glaubensbekenntnis als »Credo des Gottesvolkes« vorlegte, obwohl von diesem Gottesvolk nicht einmal die Bischöfe gefragt worden waren, ob die Formulierungen ihrem Credo entsprechen. Die Fachtheologen fordern nicht so sehr die Neuformulierung eines ausgedehnten Glaubensbekenntnisses, sondern mehr eine »Kurzformel des Glaubens«, die leicht zu handhaben ist und an der man leichter Ablesen kann, was Glauben ist.

»Gott« und »Christus«. Unter starkem Angriff steht der alte Gottesglaube. Vieles von dem, was man früher von Gott sagte, hält man als Aussagen über Gott nicht mehr für brauchbar. Viele Theologen (sL) und vor allem die Jugend sagen ganz offen, daß ihnen ein Wort über Gott, wie es die Kirchen mit ihren Bindungen an alte Denkformen und Vorstellungen immer noch vorlegt, nicht mehr genügt. Viele (auch Bischöfe, Priester, Pastoren) nennen das »Unglauben« und verteidigen die überkommenen Theologien als einzig mögliche Wahrheit, obwohl doch auch diese Theologien nur Deutungen der biblischen Wahrheit mit den Denkformen vergangener Zeiten sind. Der Konflikt zwischen Glaubensaufsicht/Lehramt und Fachtheologen ist in der römisch-katholischen Kirche erst in kleinem Umfang entbrannt; aber größere Heftigkeit kündigt sich schon an. In den Kirchen der Reformation sieht derselbe Konflikt etwas anders aus, weil hier die Aufsicht über die Lehre anders als in der Katholischen Kirche gehandhabt wird. In den Kirchen der Reformation ist aber die Trennung zwischen (gewissermaßen) »Altgläubigen« und nach vorn drängenden Gläubigen, die den Glauben nur dadurch gerettet sehen, daß er eine neue Form annimmt, ebenfalls vorhanden.

Der überkommene Glaube an Jesus Christus, Gottes Sohn, ist in noch weit größere Bedrängnis geraten als der Glaube an Gott. Der Glaube an Jesus, den Menschensohn, tritt mehr in den Vordergrund; ein angesehener deutscher Theologe antwortete einem Kardinal, der »einfach« auf »Jesus als Gottes Sohn« hinwies, daß man sich heute gut überlegen müsse, was man sage, wenn man von Jesus als Gottes Sohn spreche. Was jahrhundertelang versäumt worden ist (nämlich zu fragen, was es eigentlich bedeutet, wenn man von Jesus als Gott und als Gottes Sohn spricht), schiebt sich heute in den Vordergrund. Die Folge davon ist, daß Christen, die in ihrem Glauben noch unerschüttert sind und die Frage nach Jesus Christus, ob er Gott ist, noch nicht entdeckt haben, in großen Schrecken hineingejagt werden; und daß anderseits andere, denen »Jesus Christus, Gottes Sohn« sowieso immer fraglich gewesen ist, die Sache auch schon von der Kirche beiseite geschoben sehen und falsche Schlüsse daraus ziehen. Die Grenzen zwischen den Bekenntnissen innerhalb derselben Konfessionen lassen sich nicht mehr abstecken. Die Folge für die Zukunft ist eine christologische (sL) Auseinandersetzung, der gegenüber die christologischen Kämpfe der ersten christlichen Jahrhunderte ein Kinderspiel waren. Die Frage »Wer ist dieser?« steht mit Macht neu auf.

UNANNEHMBARE TRADITIONEN werden von sehr vielen Gläubigen heute manche Lehren genannt, die dem menschlichen Verstand widerstreiten. Von andern werden aber gerade diese Lehren für wesentlich und für Kernsätze des Christentums gehalten. Am meisten unter Beschuß liegen: der Glaubensartikel von der Empfängnis Jesus aus dem Heiligen Geist, wenn man ihn so verstehen soll, daß Jesus ohne menschlichen Vater gezeugt wurde; der Satz, daß Maria Jungfrau vor und nach der Geburt war, wenn man das in dem Sinn verstehen soll, daß Jesus den Mutterschoß auf wunderbare Weise verließ; die Behauptung, daß Wunder Durchbrechungen von Naturgesetzen seien; die Lehre von der Auferstehung Jesu, wenn man sie so verstehen soll, daß Jesus nach seinem Tod und Begräbnis lebendig aus dem Grab erstanden und seinen Jüngern so erschienen sein soll, wie das in landläufiger Weise bisher geglaubt wurde. Unannehmbar ist, auch vielen Katholiken der römischen Kirche, daß Dogmen absolut wahr sein sollen, d. h. wenn ihre Aussagen über den Verstand hinausgehen, verlangen sie eben »das Opfer des Verstandes«; das ist, so sagen sehr viele, nicht mehr zumutbar. Unannehmbar ist vielen Christen manches Verständnis der Sakramente ihrer Kirche, Behauptungen von der Art ihrer Wirkung und den Bedingungen ihres Empfangs: z. B. daß die Taufe ohne Einsicht des Täuflings wirke, daß die Taufe also auch von kleinsten Kindern empfangen werden könne; daß die Taufe derart notwendig sei, so daß ungetauft sterbende Kinder nicht »in den Himmel« kommen können; daß die Buße in Form der Privatbeichte von der (römisch-katholischen) Kirche bei schweren Sünden als notwendige Bußform vorgeschrieben werden kann; daß zur gültigen Eucharistiefeier ein geweihter Priester notwendig sei, wie die offizielle Lehre der römisch-katholischen Kirche sagt; daß die Ehe auch in Fällen der zerstörten Ehe unauflöslich sei; daß das mit dem Zölibat gekoppelte Priestertum einen so hohen Wert darstellt, daß der Zölibat in der Katholischen Kirche unbedingt beigehalten werden müsse. – Das sind nur einige Punkte, die heute stark in der Diskussion sind. Da sie aber bisher zentrale Lehren oder betonte Lebensweisen betreffen, zeigen sie schon, wie tief die Revolution greift. Die Änderungen im Bereich der

Liturgie (sL) wiegen demgegenüber leicht, so tiefgreifend sie manchmal auch sein mögen.

DIE GROSSE ENTDECKUNG im modernen Christentum ist die neue Sicht auf das Handeln des historischen Jesus (S. 139 ff). Die vorurteilslose, freie Stellung, die Jesus gegenüber den Verachteten seines Volkes einnahm, und die Forderung, die er damit für alle aussprach, die ihm nachfolgen wollen, ist selten vorher so klar gesehen worden. Mit andern Worten: Man hat (wieder) entdeckt, daß Gottesliebe die Hinwendung zum Menschen verlangt; daß das berühmte christliche »Gott über alles lieben« *nur* dadurch verwirklicht wird, daß man den Menschen liebt; die Menschen für gleichwertig hält; den Menschen hilft, wer sie auch sein mögen. Damit bekommt Christentum wieder eine ausgesprochen weltliche Perspektive. Die Nächstenliebe ist nicht mehr ein Mittel, mit dem man sein eigenes jenseitiges Heil wirkt, sondern sie ist das, worauf es Gott und Christus und dem Menschen ankommt. »Das Heil der Welt« ist zur Verwirklichung dem Menschen in die Hand gegeben.
Diese Entdeckung stellt sowohl an das bisherige Gottesbild, wie an die bisherige Christologie (sL), wie an die bisherige Lehre vom Glauben und Hoffen neue Fragen, die noch längst nicht aufgearbeitet sind. Aber sehr viele, vor allem junge Leute, sehen in dieser Perspektive wieder einen Grund, sich auch weiterhin Christ nennen zu wollen. Sie sehen zwar auch, daß viele diese neue Perspektive nicht verstehen; daß die »Amtskirche« gegen diese Linie Vorbehalte hat; daß sich deshalb der Gottesdienst nur mühsam und unvollkommen auf diese Linie einstellt. Aber viele hoffen auf ein neues Christentum aus der reichen Tiefe dieses (uralten!) Quells.

VIII. CHRISTENTUM ALS RELIGION UNTER RELIGIONEN

Das Selbstverständnis des Christentums als alleinseligmachende Religion hat von Anfang an einen scharfen Gegensatz zwischen der christlichen Religion und anderen Religionen geschaffen. Dasselbe Ärgernis, das die römisch-katholische Kirche für die anderen christlichen Kirchen war, wenn sie sich die »alleinseligmachende Kirche« nannte, war auch das ganze Christentum für die anderen Religionen. Die voranschreitende Theologie hat dieses Ärgernis etwas gemildert. Das aufschlußreichste Dokument dafür ist die »Erklärung über das Verhältnis der Kirche zu den nichtchristlichen Religionen«, die das Zweite Vatikanische Konzil für die römisch-katholische Kirche herausgegeben hat und die trotz aller Ausrichtung auf die von der Kirche geglaubte Einzigartigkeit des Christentums doch viel Anerkennung für die andern Religionen enthält:

»Die Menschen erwarten von den verschiedenen Religionen Antwort auf die ungelösten Rätsel des menschlichen Daseins ... Die Katholische Kirche lehnt nichts von alledem ab, was in diesen Religionen wahr und heilig ist. Mit aufrichtigem Ernst betrachtet sie jene Handlungs- und Lebensweisen, jene Vorschriften und Lehren, die zwar in manchem von dem abweichen, was sie selber für wahr hält und lehrt, doch nicht selten einen Strahl jener Wahrheit erkennen lassen, die alle Menschen erleuchtet ...« (aus Nr. 1 und 2). Siehe auch die Kapitel »VIII. Religion unter Religionen« in den Darstellungen der anderen Religionen dieses Buches (S. 27 ff, 61, 93, 133 ff, 207 ff).

Die Gründung des vatikanischen Sekretariats zur Förderung der christlichen Einheit (vor dem Zweiten Vaticanum durch Papst Johannes XXIII.) regte bei Ende des Konzils Papst Paul VI. an, ein ähnliches Sekretariat für das Gespräch mit den nichtchristlichen Religionen ins Leben zu rufen. Unabhängig davon, aber fast gleichzeitig ergriff auch das Genfer Sekretariat des Ökumenischen Rats der Kirchen die Initiative zu Gesprächen mit Führern anderer Religionen. Bei diesen Begegnungen handelt es sich nicht in erster Linie um Religionsgespräche, sondern einerseits um Informationen, damit man sich gegenseitig besser versteht, und andererseits um die Abstimmung bei sozialen Aktivitäten.

Eine Statistik (nach Zahlen um 1961):

	Bevölkerung (in Millionen)	Christen (in %)	Christen (in Millionen)	Juden (in Millionen)	Moslems (in Millionen)	Hindus (in Millionen)	Buddhismus (in Millionen)	Naturreligionen (in Millionen)
Europa	427	94,2	402,7	1,4	4,8	–	–	–
Afrika	261	21,9	57,2	0,5	103,5	0,5	0,1	98,7
Lateinamerika	217	86,1	186,8	0,7	0,2	0,2	1,0	–
Nordamerika	202	63,2	128,0	5,6	0,1	–	1,0	1,5
Asien	1719	3,5	59,5	2,2	324,0	389,6	285,0	35,0
Australien/ Ozeanien	17	78,3	13,7	0,1	0,1	0,2	0,2	2,2
Rußland	218	30,3	66,0	2,3	20,0	–	0,8	–

Wie wenig eine Statistik über die tatsächlichen Religionsverhältnisse aussagen kann, wird jeder leicht feststellen: wenn man z. B. sieht, daß die Zahl der Christen in Europa mit 94,2 % angegeben ist (Bestätigt sich diese Zahl?); wenn man liest, daß die Zahl der Christen in Südamerika mit 86,1 % verzeichnet ist (aber man weiß doch, daß viele Christen in Südamerika nur äußerlich christianisiert sind). Trotzdem kann man, bei aufmerksamem Studium der Zahlen über die mögliche Kraft des Christentums etwas aussagen – und wird gleichzeitig vor der Frage stehen: Warum ist die Welt so wenig wirklich christlich?

Der Islam[3]

Die Religion, die wir »Islam« nennen, war von ihrem Stifter Mohammed ursprünglich offenbar als *die* Religion der arabischen Stämme gedacht. Aber durch eine zwingende Logik Mohammeds wurde sie zur Weltreligion. Denn wenn es tatsächlich nur *einen* Gott gibt (und das glaubte Mohammed und glaubt der Islam), können auch die Offenbarungen dieses einen Gottes nicht nur für ein einziges Volk gelten; sie *müssen* Weltgeltung haben.

I. DIE ARABER VOR DEM JAHRE 600

Die arabische Halbinsel liegt zwischen Rotem Meer und Persischem Golf und hat eine Größe von 3,1 Millionen qkm, ist also fast siebenmal so groß wie das Gebiet des Deutschen Reiches vor 1937. Aber die arabische Halbinsel ist arm an Wasser, ein wüsten- und steppenhaftes Gebiet, und deshalb bis heute nur dünn besiedelt (etwa 14 Millionen Bewohner). Ein großer Teil der Bevölkerung besteht aus nomadischen Viehzüchtern (*bedu*).

Um das Jahr 600 wohnten in diesem Gebiet eine Reihe arabischer Stämme, die zwar die gleiche Sprache sprachen, auch in einigen Anschauungen übereinstimmten, aber politisch nicht geeint waren, sondern miteinander sogar in ständigem Streit lagen. Städte hatte das Land nur wenige. Die größte Oase war Mekka: wirtschaftlicher Markt- und Umschlagsmittelpunkt des Landes. Um den gefahrlosen Besuch der Märkte zu ermöglichen, hatte die Stadt Mekka unter den Stämmen einen viermonatigen allgemeinen Landfrieden durchgesetzt.

Die religiösen Vorstellungen der Araber jener Zeit waren vom Glauben an die beseelte Natur bestimmt (Animismus): Gestirne und Naturkräfte wurden als Götter und Göttinnen, gute Geister und böse Geister (Dämonen) verehrt, die man in magischen (sL) Handlungen beschwor, dem menschlichen Leben günstig zu sein. Von einem Gericht über das menschliche Leben und einem Leben nach dem Tod wußte man nichts. Dem Stamme der Koraisch war es gelungen, den Kult zu vereinheitlichen und auf Mekka zu zentralisieren (etwa 550–600). Dadurch wurde das Heiligtum der Koraisch immer mehr zum Heiligtum der zerstrittenen arabischen Stämme. Dieses Heiligtum der Marktstadt Mekka, in dem »Steinloch mit geradezu schauerlichem Klima« (Caskel), war die Kaaba (d.h. Würfel). Sie war ein geschlossener Tempel, in dessen Wände heilige Steine eingemauert waren. Besonders verehrt wurde ein Me-

3 Ergänzende Texte s. ThF 8, 68–97

teorit (?). Dieser schwarze Stein war geradezu das eigentliche Wallfahrtsziel, das von den Arabern, die zu den Märkten *und* zur Kaaba kamen, mit tausenden von Küssen verehrt wurde.
Der Stamm *-l* ist im Semitischen ein Wurzelwort für »Gott« (hebräisch *el*, arabisch *al*). Deshalb liegt es nah, daß dieses Wort in der religiösen Sprache der Araber vor Mohammed schon vorkommt. Tatsächlich gab es vor Mohammed in Mekka schon einen Gott »Allâh«, was also nichts anderes als »der Gott« bedeutet. Aber Allah war nicht der einzige Gott der Araber, war auch kein oberster Gott, obwohl man es für möglich hält, daß dieser allgemeine Gottesname ursprünglich eine Art Obergott bezeichnete. Von einem ursprünglichen, jedoch später verlorengegangenen Monotheismus der Araber, deren einziger Gott Allah gewesen sein soll, wissen wir zuverlässig nichts. Aber offenbar spielt Allah eine größere Rolle als andere Götter; denn er hatte drei Töchter: Allât (was eher seine Frau hätte sein können, denn Allât heißt schlicht »Göttin«), al-Uzzâ und Manât. Die Bilder dieser Götter und vieler anderer Gottheiten waren in der Kaaba, an der Kaaba und andernorts in dem sehr engen heiligen Bezirk aufgestellt. Die Götter lenkten das Schicksal (Kismet).
Obwohl Mekka und andere Heiligtümer der arabischen Halbinsel Glaubensstätten vieler Götter waren, gab es auch Araber, die den Vielgötterglauben ihrer Stämme nicht mehr teilten (Hanifen). Auf Auslandsreisen oder in städtischen Siedlungen des arabischen Landes waren sie einmal jüdischen Handelsleuten, jüdischen Familien und Gemeinden begegnet, durch die sie mit dem Eingottglauben in Berührung gekommen waren. Auch christliche Prediger mochte der eine oder andere gehört und so vom Einen Gott erfahren haben. Deshalb waren sie noch nicht Juden oder Christen geworden; aber der Glaube an den Einen Gott hatte sie schon gestreift.
Die ethischen (sL) Ideale der vorislamischen Araber waren nicht so sehr von religiösen Ideen bestimmt, wie von ihrem Stammesstolz, der sie zur Pflege der Stammestraditionen anspornte und die Dichter zum Besingen der Taten und Tugenden der Vorfahren begeisterte; aber auch von gemeinsamen Interessen, die über die Stämme hinausgingen, und z. B. die Blutrache (sL) zur gemeinarabischen Pflicht machte.

II. LEBEN UND LEHRE MOHAMMEDS

ÜBER DAS LEBEN MOHÁMMEDS spricht neben dem Offenbarungsbuch der Moslems, dem Koran, auch eine Reihe von »Überlieferungen«. Darunter gibt es auch eine ausdrückliche Biographie Mohammeds. Während man früher gegenüber solchen Überlieferungsangaben recht unkritisch war, bemüht man sich heute das gesichert Wahre vom gesichert Falschen und das Mögliche vom Unmöglichen zu scheiden. Als gesichert darf für das Leben Mohammeds folgendes gelten:

Geboren wurde Mohammed um das Jahr 570 n. Chr. in Mekka, als Sproß des Stammes der Koraisch und Sohn der Familie Haschim (Mohammeds Geburtstag wird am 8. Juni gefeiert). Sein Vater hieß Abdallah ibn Mutallib; seine Mutter war Amina aus der Familie Surah, die in Jathrib beheimatet war. Mohammeds Vater starb wahrscheinlich schon vor der Geburt des Kindes. Als Mohammed sechs Jahre alt war, starb auch seine Mutter. Das Kind fand bei seinem Großvater, und nach dessen Tod bei seinem Onkel Schutz und Kinderstube. Mohammed wurde Schafhirt, später Kameltreiber. Im Handelsunternehmen der reichen Witwe Chadidscha fand er als Fünfundzwanzigjähriger zuerst eine stete Tätigkeit als Gehilfe und schließlich – in der Besitzerin seine erste Frau, die viel Verständnis für ihn hatte. Chadidscha war fünfzehn Jahre älter als Mohammed. So kam er in sichere Verhältnisse.

Die Glaubensentwicklung des jungen Mohammed läßt sich nur vermuten. Einerseits muß man voraussetzen, daß er schon früh an der religiösen Tradition seines Volkes irre geworden ist. Anderseits erfüllte ihn tiefer Dank gegen die unbekannte Macht, die ihn aus seinem Elend herausgeholt hatte. Aber in diesem Ahnen von einer unvergleichlichen Gottheit fragte er sich, ob das denn tatsächlich die Götter von Mekka sein konnten. Erhielten *sie* Mekka im Frieden, während im ganzen übrigen Arabien Krieg und Raub herrschten? Wie konnte der Stamm der Koraisch so einig und mächtig werden, während die anderen Araber in Streit lebten? Dafür konnte nur die in Mekka verehrte Gottheit der Grund sein. Aber wer war diese Gottheit? – Er suchte bei Juden und Christen nach einer Antwort. Stark angeregt wurde er dabei von Waraqa, einem Vetter seiner Mutter, der in Jathrib wohnte und (vielleicht) Christ geworden war. Durch ihn lernte Mohammed jedenfalls das Alte und das Neue Testament kennen. In Jathrib, wo er sich des öfteren bei Verwandten seiner Mutter aufhielt, fand er wahrscheinlich auch die ersten Beziehungen zu den Juden; denn in Jathrib wohnten drei jüdische Stämme. Im übrigen gab es ja im arabischen Land (auch in Mekka) Araber, die auf irgendeinem Wege zum Glauben an den einen Gott gekommen waren. Auch zu diesen dürfte Mohammed Verbindung gehabt haben.

Nach allem, was er gehört hatte, bedrängte ihn schließlich am meisten die Frage: Warum haben die Araber nicht wie Christen und Juden eine Offenbarung? Was will Gott mit ihnen? Ist es vielleicht schon das verdammende Gericht, daß sie keine Offenbarung haben?

Als Mohammed vierzig Jahre geworden war, hatte er wiederholt Gesichte. Schon vorher begab er sich oft, wie es die Frommen seines Landes taten, in die Einsamkeit eines Berges bei Mekka. Dort fühlte er sich eines Nachts zum Propheten berufen. Seine Zweifel waren zwar groß; aber seine Frau Chadidscha und sein junger Vetter Ali ermunterten ihn, an seine Berufung zu glauben. Im Lauf der nächsten Jahre kam er zu der festen Überzeugung, unter den Arabern zum Propheten für Allah (den einzigen wahren Gott) berufen zu sein. Dieser Allah war aber – seiner Ansicht nach – im wesentlichen derselbe Gott wie der Gott der Juden und der Christen. Innerlich war Mohammed wahrscheinlich der Überzeugung, daß er dasselbe glaubte wie Juden und Christen (die er wohl nur für Spielarten desselben Glaubens hielt). Seine eigentliche Aufgabe sah er darin, die Religion, die Juden und Christen für ihre Nation erhalten hatten (wobei er die Christen wahrscheinlich für die nichtjüdischen und nichtarabischen Orientalen ansah), nun seinerseits für die Araber zu predigen. Die vielen Anklänge an jüdische und christliche Glaubenselemente gehören deshalb wesentlich zu seiner Verkündigung.

Mohammeds erste Anhänger kamen aus seiner Familie und den Sklaven seiner Familie. Der erste angesehene Mann aus einer andern Familie des Stammes Koraisch war Abu Bekr, der Wollhändler; er wurde Mohammeds Freund. Auf regelmäßigen Versammlungen teilte Mohammed seinen Anhängern die Offenbarungen mit, die ihm zuteil wurden. Öffentlich konnte er in Mekka jedoch nicht predigen, ohne verhöhnt zu werden. Man hielt ihn für einen Besessenen.

Was Mohammed damals genau verkündet hat, wissen wir nicht. Ganz sicher waren seine Verkündigungen noch nicht so reif, daß sie von vielen spontan angenommen werden konnten. Zudem war die Verkündigung dieser Jahre für die meisten Menschen ein Ärgernis; denn er predigte das nahende Weltgericht, das sich an Mekka besonders deshalb vollziehen werde, weil das Volk von Mekka ihn (Mohammed) nicht anerkennen wolle. Als dann sein Kreis trotzdem so groß geworden war, daß man ihn nicht mehr übersehen konnte; und als die Verkündigung Mohammeds vor allem unter den Koraischiten, deren Kaaba-Riten er für Aberglauben und Götzendienst erklärte, immer größere Feindschaft gegen ihn hervorrief, drängte die Lage auf Entscheidung. Mohammed erklärte die Götterbilder für »Nichtse« (eine Bezeichnung, die er aus dem Alten Testament kannte); ihnen stellte er Allah gegenüber, den einzig wirklichen Gott. Es gebe nur *eine* Pflicht: sich Allah zu unterwerfen. In dieser Verkündigung klang zum ersten Male das Wort *islâm* auf, das bald der ganzen Bewegung und der ganzen Religion Mohammeds den Namen geben sollte; denn Islam heißt: Unterwerfung. Mit der Einführung des Wortes *islâm* stand aber auch schon das Wort vom heiligen Krieg im Hintergrund: Die Ungläubigen mußten Allah *unterworfen* werden.

Die Zeit größter Bedrohung für Mohammed begann, als seine Frau Chadidscha und sein Onkel Abu Talib, bei dem er groß geworden war, kurz nacheinander starben. Beide hatten ihn durch ihr Ansehen gestützt. Deshalb versuchte er bald danach eine Verlegung seines Wirkungsortes. Zuerst setzte er sich nach Ta'if ab. Als dann im Jahre 622 Boten aus der 300 km entfernten nordarabischen Stadt Jathrib kamen, sah er für sich in Jathrib bessere Möglichkeiten als in Ta'if. Die Oberen der jüdischen Stämme dieser Stadt ließen Mohammed sagen, man wolle ihn aufnehmen und ihn und seine Anhänger wie Blutsverwandte schützen. Mohammed folgte der Einladung. Das Jahr dieses Auszugs, dieser Übersiedlung (oft »Flucht«, arabisch *hedschra* genannt) wurde später zum Jahr 1 der Zeitrechnung für die neue, von Mohammed verkündete Religion (festgesetzter Tag der Hedschra: 6. Juli 622 n. Chr.).
Aber mit der Übersiedlung nach Jathrib begann für Mohammed keine Zeit des Friedens. Denn die Juden, die ihn als messianischen Propheten erwartet hatten, glaubten ihm nicht. Sichtbare Zeichen für seine Unglaubwürdigkeit war die Tatsache, daß er weder den jüdischen Sabbat (S. 123) noch die jüdischen Speisegesetze (S. 124) streng beobachtete. Die zum Teil werbende, zum Teil maßregelnde Auseinandersetzung mit den Juden von Jathrib endete damit, daß sich Mohammed eines Tages beim gemeinsamen Gebet ostentativ aus der Gebetsrichtung (Kibla) gen Jerusalem (= Zusammenhang mit den Vätern des Alten Testaments) wegwandte und sich in die Richtung Mekka wandte. Indem er so die heidnische Kaaba in Mekka zum Zentralheiligtum des Islam machte, tat er damit den ersten Schritt zur Eroberung Mekkas.
In Jathrib gründete Mohammed nun eine Stadt in der Stadt, die er *Medinet al nebi* (Stadt des Propheten) nannte. Dieser theokratische Stadtstaat kannte nur Gläubige und Unterworfene. Sie hatten Mohammed als Propheten und Bevollmächtigten Allahs anzuerkennen, dem man widerspruchslos zu gehorchen hatte. So unterwarf er alle Einwohner dieses Bezirks mit diktatorischer Gewalt. Der Hof neben seinem Hause wurde zur ersten Moschee (*masdisch*, d.h. Ort der Niederwerfung).
Der Unterwerfungskrieg gegen Mekka begann mit Angriffen auf Pilgerkarawanen von Koraischiten, die nach Mekka zogen. Mohammed griff an, obwohl in dieser Zeit der viermonatige »Gottesfriede« galt. Als die Armee von Mekka (900 Mann) wegen dieser Überfälle gegen Jathrib zog, wurde sie von den »Mohammedanern«, die mit Todesverachtung kämpften, besiegt (Schlacht von Bedr bei Jathrib). Aber die Anhänger Mohammeds blieben nicht für immer Sieger. Erst im achten Jahr nach der Übersiedlung nach Medina (Jathrib) konnte Mohammed mit seinen Männern, nach wechselndem Schlachtenglück, in Mekka als Sieger einziehen (630 n. Chr.). Die Götterbilder in Mekka und um Mekka

ließ er zerstören. Die Kaaba wurde als Heiligtum in Besitz genommen. Damit begann der Aufstieg der neuen Religion als arabische Macht. Gesandtschaften vieler arabischer Stämme, auch jüdischen und christlichen Bekenntnisses kamen, um sich Mohammed zu unterwerfen und zu seiner Religion überzutreten. Allah als »Gott der Araber« einigte die arabischen Stämme. Es begann die Zusammenführung der Völker des Orients.

Im Jahre 10 (632) fand die erste Wallfahrt der Mohammed-Anhänger nach Mekka statt. Mohammed führte sie selbst an (später »Abschiedswallfahrt« genannt, weil Mohammed kurz nach seiner Rückkehr in Medina starb). Bei dieser Wallfahrt wurden Ortsstatut und Ortsritual für Mekka bestimmt: Für alle Zukunft durfte kein Ungläubiger Mekka betreten (die Koraischiten, die ihre liebgewordene Wallfahrt nach Mekka fortsetzen wollten, mußten zum Islam übertreten); der Opferzug (*haddsch*), der noch aus dem altarabischen Ritual stammte, der Umzug um die (nunmehr von Götterbildern gereinigte) Kaaba und das Küssen des schwarzen Steines wurden von Mohammed auf die Abrahamtradition bezogen und für den Islam umgedeutet.

In den Zeiten seiner Erfolge und seines Aufstiegs, seit der Übersiedlung nach Jathrib/Medina, hat Mohammed noch zwölf junge Frauen geheiratet. In den Armen seiner Lieblingsfrau Aischa, der Tochter seines Freundes Abu Bekr, starb er zu Anfang des Jahres 11 der neuen Zeitrechnung (am 8. Juni 632).

Die lehre mohammeds will Antwort geben auf die Frage nach dem wahren Gott und dem Endschicksal von Welt und Mensch. Mohammed nennt die Antworten, die der Koran auf diese Fragen gibt: von Gott geoffenbarte Antworten. Liest man aus den vielen Einzelheiten des Koran das Wichtigste heraus und versucht man es in eine systematische Ordnung zu bringen, zeigt sich, daß sich Mohammeds religiöse Lehre auf wenige Grundzüge zusammenziehen läßt. Über allem steht der zweigliedrige Glaubenssatz: Allah ist ein einziger Gott und Mohammed ist sein Prophet. Dieser Allah ist Weltenherr seit Ewigkeit. Er hat die Welt geschaffen und die Erde für den Menschen aufs beste bereitet. Am Jüngsten Tage geht alles im Untergang zu Gott zurück. Allah erschuf seine Diener, die Engel; er erschuf aus Feuer die guten und bösen Geister und die Teufel; aus Lehm erschuf er die Menschen. Der Mensch ist in Allahs Auge die höchste Schöpfung. Er ist frei, Gutes zu tun und an Allah zu glauben. Deshalb bestraft Allah ihn für schlechte Taten und seinen Unglauben. Sein Lebensschicksal hat der Mensch nicht in der Hand; es ist im himmlischen Lebensbuch vorgezeichnet. Diesem Lebensschicksal muß sich der Mensch unterwerfen.

Mohammed lehrt, daß die Menschen Gott absolut gehorsam sein müssen. Unterwerfung (*islâm*) ist die einzig angemessene Haltung des Menschen. Aber Mohammed will Allah trotzdem nicht als unbarmherzigen Herrn gesehen wissen. Allah ist nicht unversöhnlich; er ist kein Rachegott, er ist gnädig, gerecht, verzeihend, barmherzig.
Aber trotz Allahs Barmherzigkeit hat Mohammed von Anfang an auf den »Herrn des großen Gerichtstags« hingewiesen, vor allem in Mekka, als er mit gewaltigen Höllenpredigten den Unglauben der Mekkaner und seine Ablehnung durch sie anprangerte. Aber der Hölle verfallen nur die unbelehrbar Ungläubigen. Die Gläubigen führt Allah in einen der sieben Himmel.
Neben der Gotteslehre und der Lehre von den letzten Dingen ist ein hervorstechendes Merkmal der Lehre Mohammeds die Festlegung von Riten und Forderungen, die jedem Gläubigen auferlegt sind. Während sich weder Buddha, Konfuzius, Laotse noch Jesus um solche Einzelheiten des religiösen Lebens gekümmert haben und Mose nur nach den Darstellungen der biblischen Bücher solche Einzelheiten festgelegt, in Wirklichkeit aber wohl kaum mehr als die gebräuchlichen Formen der Gottesverehrung stillschweigend übernommen hat, arbeitete Mohammed selbst einen regelrechten Normenkatalog für den Kultus des Islam aus. Denn zur echten Unterwerfung gehört die immer wieder bekundete Unterwerfung in den kultischen Zeichen. Mit dem Erlaß sittlicher Vorschriften und kultischer Richtlinien beschäftigt sich Mohammed vor allem seit seinem Auszug nach Jathrib/Medina.

III. DIE ISLAMISCHE URGEMEINDE

Als islamische Urgemeinde könnte man jene etwa 70 Anhänger Mohammeds verstehen, die im Jahre 622 mit ihm nach Jathrib/Medina ausgewandert sind; ferner alle, die sich in Jathrib um ihn gesammelt und bis zur Einnahme der Stadt Mekka zu ihm gehalten haben: zuerst die Menschen seiner Familie; die vom alten Aberglauben Unbefriedigten; die an seine Verkündigung glaubten; die ihn als zukünftigen Mächtigen witterten. Zur Urgemeinde muß man aber auch alle zählen, die sich unmittelbar nach der Einnahme Mekkas ihm anschlossen. Es war eine Gemeinde des arabischen Aufbruchs.
Diese erste Gemeinde des Islam hat einen ganz anderen Charakter als die meisten »Urgemeinden« anderer Religionen. Da findet man keine Mönche, keine Schüler, keine Apostel, keine Philosophen, keine rein religiös Begeisterten. Man könnte eher sagen: Die Urgemeinde des Islam bestand aus politisch agierenden oder politisch einsetzbaren Männern, die an Allah glaubten und sich Mohammed als Soldaten und Parteigänger gegen die herrschende Clique in Mekka zur Verfügung stellten;

und bestand aus Frauen, die an Allah glaubten, für Mohammed begeistert waren und ihre Listen und Künste für die Sache des Propheten einsetzen wollten. Das klingt wenig »fromm«. Aber tatsächlich gibt es wohl keine andere Stiftungsgruppe einer Religion, in welcher der Glaube *und* das ehrgeizig gefärbte politische Element so sehr im Vordergrund stand wie bei der Stiftungsgruppe des Islam.

Die Lehre der Urgemeinde war der mündliche Koran; und der Kult dieser Urgemeinde war der Kult, den Mohammed im Lauf seines Lebens, bei sich ergebenden Situationen, aus älteren Elementen heidnischer und jüdischer Tradition gebildet hatte. Die Lehre hatte ihre Schlagkraft wahrscheinlich dadurch, daß sie in der rechten geschichtlichen Stunde zu einem Volk kam, das für einen großen Einsatz bereit geworden war. Die religiösen Kräfte des arabischen Volkes waren durch den Polytheismus längst nicht mehr richtig angesprochen. Das Wort Mohammeds sprach sie an. Das Wort von der Unterwerfung unter den Willen Gottes (*islâm*) war für die Wüstensöhne, die bereit waren, dem Mächtigen zu folgen, elektrisierend; und daß sie in dieser Unterwerfung Welteroberer werden konnten, sprach ihren natürlichen Volksehrgeiz so an, daß sie im Wort »Moslem« (*muslim*, d.h. der sich Unterwerfende) gleichzeitig ihre Schlagkraft und die Ursache ihrer Schlagkraft und ihren Stolz ausdrückten, daß sie sich nur dem Höchsten unterworfen hatten – nicht aber einem andern Volk!

Die islamische Urgemeinde über ihren Stifter. In allen Religionen entstanden im Lauf der Zeiten, vor allem in den Ur- und Frühgemeinden, Geschichten und Legenden um die Person des Stifters. Diese haben nicht alle denselben Sinn. Manche Legenden wollen die sparsamen Nachrichten (vor allem aus der Jugendzeit des Stifters) vermehren und verbürgte Nachrichten ersetzen. Der eigentliche Sinn der Legenden ist aber meistens die Charakterisierung des Stifters, nicht nur um zu zeigen, wie der Stifter sich selbst sah, sondern auch um darzutun, wie die Urgemeinde oder Frühgemeinde ihn sah. Aus der großen Zahl der Mohammedlegenden können hier nur einige charakteristische oder besonders problematische wiedergegeben werden.
Die Überlieferung von den Zeichen bei Mohammeds Geburt. »Als geboren wurde Mohammed, verkündeten es die Engel, laut und leise. Gabriel kam mit der Freudenbotschaft, und der Thron erbebte. Die Huris (sL) traten aus ihren Schlössern, und Düfte verbreiteten sich. Zu Ridwan wurde gesagt: Ziere das höchste Paradies, nimm den Vorhang weg vom Palaste. Sende nach Amina's Wohnung von den Vögeln Edens eine Schar, damit sie aus ihren Schnäbeln eine Perle fallen lassen. Und als sie

Mohammed geboren, sah Amina ein Licht, von ihm erglänzten die Schlösser Basras. Die Engel standen um sie herum und breiteten ihre Flügel aus. Die Engelreihen, die lobsingenden, senkten sich herab und erfüllten Tal und Hügel.« (Wie bei der Geburt anderer Religionsstifter durch wunderbare Zeichen die staunenswerte Aufgabe des Kindes angezeigt wurde, so wollte man es auch von der Geburt Mohammeds erzählen – (Lit 5.1, 64).

Die Legende von der Reinigung des Propheten. »Jemand sagte zum Propheten: Gib uns Nachricht von dir selbst. Und er antwortete: Abraham hat mich gerufen und der Sohn der Maria hat mich vorausgesagt, und als meine Mutter mich zur Welt brachte, ging ein Licht von mir aus, bei welchem sie die Paläste von Syrien sehen konnte. Ich wurde unter den Banû Sa'd Ibn Bakr gesäugt, und während ich mit meinem (Pflege-)Bruder hinter den Zelten war und Vieh weidete, kamen zwei Männer in weißem Kleide mit einem goldenen Becken, welches mit Schnee gefüllt war. Einer von ihnen ergriff mich und schnitt mir den Leib auf, nahm das Herz heraus und spaltete es und nahm einen schwarzen Klumpen heraus. Sie warfen ihn weg, wuschen mein Inneres und mein Herz mit jenem Schnee; dann sagte einer zum andern: Wiege ihn gegen hundert von seinem Volke. Sie wogen mich und ich war schwerer. Dann sagte er: Wiege ihn gegen tausend. Sie wogen mich und ich war schwerer. Da sprach er: Laß ihn gehen, wenn du ihn gegen dein ganzes Volk wiegst, so wird er es aufwiegen« (Lit 0.10, 146).

Die Überlieferung von der Weissagung künftigen Prophetentums. »Da Chadygá (Chadidscha) gehört hatte, daß Mohammed so wahrheitsliebend, treu und tugendhaft sei, schickte sie zu ihm und ließ ihm anbieten, mit ihren Waren als Handelsagent nach Schâm zu gehen und versprach, ihn besser zu bezahlen, als sie einen andern Kaufmann bezahlen würde. Er unternahm die Reise und wurde von Maysara begleitet. In Schâm setzte sich der Prophet in den Schatten eines Baumes nahe bei der Klause eines Râhib (sL). Der Râhib kam zu Maysara und fragte, wer der Mann unter dem Baume sei? Maysara antwortete: Ein Koraychit von den Bewohnern des Haram (heiligen Gebiets). Der Râhib sprach: Nie hat sich jemand (ein anderer) unter diesen Baum gesetzt als ein Prophet. Der Gottgesandte verkaufte die Waren und machte Einkäufe; dann trat er wieder mit der Karawane in der Gesellschaft des Maysara die Rückreise an. Wie sie glauben (oder fabeln), bemerkte Maysara, daß um Mittag, wenn die Hitze sehr groß war, zwei Engel den Propheten beschatteten, welcher auf seinem Kamel daherritt. Als sie in Mekka bei Chadiygá angekommen waren, verkaufte sie die Waren, die er mitgebracht hatte, und machte zweimal so viel Profit als gewöhnlich. Maysara erzählte ihr die Worte des Râhib und daß er bemerkt habe, daß zwei Engel den Mohammed beschatteten, und sie bot ihm ihre Hand an« (Lit 0.10, 147).

Die Überlieferung von Mohammeds Berufung und erster Offenbarung. »Das erste, womit die Offenbarung des Propheten begonnen, waren Träume, so lichtvoll wie der Anbruch des Morgens. Dieses dauerte einige Zeit, dann wurde ihm Liebe für die Einsamkeit eingeflößt. Er liebte Einsamkeit über alles. Er pflegte eine Anzahl Tage einsam auf dem Berge Hirâ zuzubringen und Tahannoth (sL) zu betreiben, ehe er zu seiner Familie zurückkehrte. Dann kam er zu Chadygá und holte sich für dieselbe Anzahl von Tagen Lebensmittel. Dies dauerte, bis die Wahrheit zu ihm kam während eines Aufenthaltes in der Höhle auf dem Berge Hirâ ...«

In dem Jahre, als Mohammed zum Propheten berufen wurde, begab er sich im Monat Ramadan (sL) mit seiner Familie auf den Berg Hirâ, um sich einsamen Andachtsübungen zu widmen. »Da kam in einer Nacht«, so erzählt der Prophet, »Gabriel zu mir, als ich schlief, mit einem Tuch und sagte: Lies! Ich antwortete: Ich kann nicht lesen. Da drückte er mich damit, daß ich glaubte, ich müßte sterben. Darauf ließ er mich los und sagte: Lies!« Der Prophet weigerte sich, und noch zweimal wiederholte der Engel seine harte Behandlung. Da fragte Mohammed endlich: »Was soll ich lesen?« Der Engel sprach: »Lies im Namen deines Herrn, er, der erschuf, schuf den Menschen aus Blutgerinnsel. Lies, denn dein Herr ist der gnädigste, er, der die Menschen mit dem Griffel unterwies, er lehrte ihn, was er nicht wußte« (Sura 96, 1–4). »Ich erwachte«, erzählt Mohammed, »aus meinem Schlaf und es war, als sei eine Schrift in meinem Herzen geschrieben. Ich ging aus der Höhle, und als ich mich mitten auf dem Berge befand, hörte ich eine Stimme, die sagte: O Mohammed, du bist Allahs Apostel, und ich bin Gabriel! Ich erhob meine Augen und sah Gabriel in der Gestalt eines Mannes mit gekreuzten Beinen am Horizont des Himmels. Ich blieb stehen und betrachtete ihn und ging weder vorwärts noch rückwärts. Und als ich mein Angesicht von ihm wandte, sah ich ihn immer noch am Horizonte, wohin ich mich wandte.« (Lit 0.10, 148).

Die Legende von Mohammeds Speisewunder. Eine Frau von den Ansar hatte ein wenig Speise zubereitet und sagte ihrem Manne: »Geh und rufe den Gesandten Gottes, tu es aber geheim!« Er ging also und sagte: »Gesandter Gottes, meine Frau hat eine Speise zubereitet, und es wäre mir lieb, daß du zu uns kämest.« Der Gesandte Gottes sagte zu den Leuten: »Nehmet die Einladung des Abu Soundso an!« Ich kehrte zurück, erzählte der Mann, und meine Füße wollten mir beinahe nicht gehorchen, wenn ich an die Speise dachte, die wir zu Hause hatten, und an die vielen Leute, die mit dem Gesandten Gottes kamen. Ich sagte zu meiner Frau: »Dies wird uns zur Schande! Der Gesandte Gottes kommt und eine Menge Menschen mit ihm.« – »Habe ich dir nicht gesagt, daß du es ihm geheim mitteilen solltest!« rief sie. »Das habe ich auch getan«, sagte der Mann. »Nun«, versetzte die Frau, »der Gesandte Gottes weiß am besten, was er zu tun beabsichtigt.« Nun kamen die Leute an und erfüllten Hof und Haus. Man brachte das Handvoll Essen, der Gesandte Gottes breitete es aus in dem Gefäß und sagte darüber, was Gott wollte, daß er sage. Darauf rief er: »Kommt und eßt, und wenn jemand satt ist, gebe er seinem Genossen Platz!« So setzte sich der eine zum Essen, und der andere stand wartend, bis keiner im Hause übrig war. Dann sagte er: »Rufet die Leute im Vorhofe!«, und als diese satt waren: »Rufet die Leute im Hofe!« Und diese taten es wie die vorigen. Dann sagte der Gesandte: »Eßt nun selbst und gebet euren Nachbarn zu essen« (Lit 0.10, 153).

IV. DIE GRUNDZÜGE DES ISLAM

In diesem Abschnitt geht es um den Islam, wie er mit mehr oder weniger Abweichungen in den verschiedenen Nationen lebendig war. Es geht gewissermaßen um den Rumpfglauben, um eine Art Durchschnitt. Aus dieser Darstellung sollte aber nicht der Schluß gezogen werden, daß alles überall und immer so war. Von einigen »Differenzierungen« soll in einem späteren Abschnitt gesprochen werden.

Die Überlieferungen. Obwohl Mohammed immer wieder betont hat, die Texte des heiligen Buches des Islam seien unmittelbare Offenbarungen Gottes, wenn auch durch den Engel Gabriel überbracht, so zeigt sich bei Durchsicht dieser Offenbarungstexte doch, daß sie auf älteren religiösen Texten fußten. Vor allem Erzählungen von Glaubenstatsachen des Judentums und Christentums gehören zu den Überlieferungen und Quellen der Offenbarungstexte des Islam. Jedoch sind sie nicht auf schriftlichem Wege zu Mohammed gelangt, sondern in mündlichen Erzählungen; das zeigen einige Mißverständnisse, die sich in den Texten des heiligen Buches der Moslems befinden. Auch jüdische Kultbräuche gehören zu Mohammeds Überlieferungswelt. – Ein anderes Überlieferungsfeld bildeten die arabischen Kultformen, die sich um den Marktort Mekka gebildet hatten und die mit der Kaaba zusammenhingen. So sehr Mohammed diese auch als abergläubisch und dem Glauben an den einen wahren Gott widerstreitend verwarf, knüpfte er trotzdem bei ihnen an, um den Arabern auch Bekanntes bieten zu können.
Das waren die Überlieferungen, auf denen die Verkündigungen und Anweisungen Mohammeds fußten und die er benutzte. Für spätere Zeiten, nach dem Tode Mohammeds, ist die Grundüberlieferung die Vielzahl

der Offenbarungstexte, die von Mohammed kamen, die mündlich weitergegeben wurden und höchstens einmal privat oder zur Gedächtnisstütze teilweise niedergeschrieben worden waren. Nach Mohammeds Tod setzte dann die Idealisierung des Propheten ein, und in Zusammenhang damit entstanden (in Anlehnung an Erinnerungen oder in der Bemühung, den Propheten und die von ihm gestiftete Religion als Einheit darzustellen) die Mohammedlegenden und die Geschichtenreihen um Mohammed. Sie bedeuten für den späteren Ausbau des Bewußtseins der Islamgemeinde fast ebensoviel wie die Texte, die von Mohammed als Offenbarungen vorgelegt wurden.

Schließlich muß man zu den Überlieferungen der späteren Zeit noch die von Mohammed festgelegten Bräuche zählen. Nicht nur, daß Mohammed alte arabische Bräuche um das heidnische Heiligtum von Mekka übernahm, war wichtig, sondern ebensosehr oder sogar weit mehr, daß diese Bräuche (wenn auch umgeformt) schon einmal oder mehrmals zu Lebzeiten Mohammeds als Religionsbräuche des Islam praktiziert worden waren. So war man sich bewußt: Wir tun etwas, was von den Vorfahren getan wurde, und das war immer für ein arabisches Bewußtsein wichtig und stützend.

Das islamische Buch der Offenbarung: der Koran. Der Verfasser des heiligen Buchs des Islam ist Allah; das sagt Mohammed. Das goldene Urbuch der Offenbarungen Allahs wird im Himmel aufbewahrt. Aber durch Engel hat Allah diese Offenbarungen seinem Propheten Mohammed in arabischer Sprache mitgeteilt, damit das arabische Volk ebenfalls die Offenbarung habe. Die von Mohammed als Offenbarungen Gottes vorgelegten Texte wurden von ihm zwischen 610 und 632 n. Chr. (632 starb Mohammed) mitgeteilt. Weil er sie als Wort-für-Wort-Eingebungen Allahs vorlegte, verlangte der Prophet für diese Texte unbedingten Glauben. Obwohl sich die Offenbarungen in arabischer Sprache an die Araber wenden, wendet sich das Buch selbst doch an die ganze Menschheit. Für Allahs »unverfälschtes Wort«, das dem »letzten Propheten«, dem »Siegel der Propheten« zuteil wurde, ist dieser Anspruch nicht zu hoch; so glauben die Moslems bis heute.

Schon um das Jahr 800 traten Theologen auf, die sich gegen die Ewigkeit des Koran wandten. Sie lehnten die Lehre vom »Reden« Gottes ab. Am Koran ist nichts Ewiges. Der Koran ist ein (von Allah) *geschaffenes* Buch. Dieser Lehre trat 827 auch der Kalif (sL) bei. Aber nach 847 setzten sich die Altgläubigen wieder durch. (Dieser Punkt soll hier nur als Beispiel für die Kämpfe um das Verständnis der Lehre Mohammeds erwähnt werden. Die Auseinandersetzungen lassen sich im einzelnen hier nicht darstellen.) –

Das heilige Buch des Islam wird »Kur'ân« genannt; wir sagen: Koran (mit Ton auf der zweiten Silbe). »Koran« heißt: das oft zu Lesende. – Der Koran ist eingeteilt in Suren (*sura* = die den Menschen überwältigende Erhabenheit); jede Sure ist unterteilt in fortlaufend nummerierte Verse. In vielen Koran-Ausgaben sind auch die Abschnitte für das Vorlesen dadurch angezeigt, daß eine Leerzeile eingeschaltet wird o.ä.
Diese Offenbarungen an Mohammed sind zunächst mündlich weitergegeben worden. Wenn sie aufgeschrieben wurden, waren sie nicht offiziell aufgeschrieben worden. Auf Schulterknochen von Tieren, auf Palmstielen und Steinen wurden sie notiert; das ist die typische Art von Gelegenheitsaufschreibungen, denn im 7. Jahrhundert pflegte man bei offiziellen Aufschreibungen durchaus anders vorzugehen.
Die erste Ganzaufschreibung des Koran ist nach Mohammeds Tod von seinem Adoptivsohn Zaid, der sein ehemaliger Sklave war, vorgenommen worden. Zaids Mitarbeiter (Ubaiy) setzte es dabei durch, daß die Offenbarungen nach ihrer Länge aufgeschrieben wurden; so kam das inhaltliche Durcheinander in den schriftlichen Koran; die längsten Suren stehen am Anfang, die kürzesten am Schluß des Koran. Durch diese Aufschreibung war der Text des Koran aber noch nicht gesichert. Vor allem die einzige vollständige Niederschrift war in ständiger Gefahr. Eine Witwe Mohammeds, Hafsa, hat sie eine Zeitlang aufbewahrt, um sie vor Vernichtung zu schützen. Uthman, der dritte Kalif, hat dem Koran eine gewisse textliche Sicherheit verschafft. Damit sich die Moslems nicht (wie Juden und Christen) über den Offenbarungstext stritten, ließ der Kalif vom Original, das Zaid angefertigt hatte, vier Kopien anfertigen. Diese Kopien ließ er in Gemeinden schicken, in denen bereits Korantexte existierten, die auf private Initiative hin aufgeschrieben worden waren. So erreichte er, daß andere Textversionen korrigiert werden konnten. Dieser von Kalif Uthman verbreitete Text ist der »kanonische« (d. h. richtunggebende) Korantext, der bis heute gilt. Er zählt 114 Suren.

GLAUBE UND LEHRE DES ISLAM. Das eigentliche Glaubensbekenntnis des Islam ist der Glaube an den einen Gott: »Ich bekenne, daß es keinen Gott gibt, außer Gott, und daß Mohammed der Gesandte Gottes ist.« Die arabische Sprache spricht dabei von zwei zusammengehörigen Glaubensbekenntnissen, von einem Glaubensbekenntnis-Paar, indem sie das Wort »Glaubensbekenntnis« in den Dual (sL) setzt. Das eine Glied des Bekenntnisses ist also das Bekenntnis an den einen Gott, und das andere Glied des Bekenntnisses ist das Bekenntnis zu Mohammed, welcher *der* Prophet dieses Gottes war. Neben dem absoluten Monotheismus gehört also der Prophet Mohammed zum *Glauben* des Islam. »Der Prophet Mohammed« bedeutet: daß nach allen anderen Offenbarungen, die den

Menschen durch andere Propheten gebracht worden sind, Mohammed durch den Koran die letzte und endgültige Offenbarung Gottes gebracht hat. Mit der Anerkennung dieses doppelten Glaubensbekenntnisses wird man »Gläubiger«, d.h. Anhänger des Islam. Alle anderen Lehren, und es gibt deren nicht wenige, sind gegenüber diesem Bekenntnis zum einen Gott und seinem Gesandten Mohammed zweitrangig. Um das Glaubens- und Pflichtengebäude des Islam aber richtig würdigen zu können, brauchen wir wenigstens die Kenntnis einiger einzelner Grundlehren des Islam.

Die Offenbarung. Gottes Offenbarung geschah nicht erst durch Mohammed. Die Lehre von der Prophetie (s. u.) sagt, daß sie durch Propheten wie Abraham, Mose und andere jüdische Propheten sowie den heiligsten Propheten Jesus schrittweise vorbereitet worden ist. Aber die Juden und Christen haben durch ihre Lehren die ihnen gegebene Offenbarung verfälscht. Korrigiert und vollendet wurde sie dann durch Mohammed, den Größten und »das Siegel« der Propheten. Er brachte den Menschen die vollkommene Offenbarung Gottes. Daß der Moslem im Koran die endgültige Offenbarung zu besitzen glaubt und in ihm der unverrückbare Wille Gottes geoffenbart war, gab ihm eine Sicherheit und – da sich bei ihm alles politisch auswirkte – eine solch politische Schlagkraft, daß er zu einer siegenden Völkermacht wurde. Gerade die Überzeugung, daß die eigene Offenbarung die alten Offenbarungen der Juden und Christen übersteigt, gab ihm diese Gewißheit.

Den Verkünder der Offenbarungen nennt der Islam »*Prophet*«. Das soll nicht heißen, daß Mohammed Zukünftiges weissagte. Dieses Verständnis des Wortes »Prophet« ist weder biblisch noch islamisch. »Prophet« ist vielmehr derjenige, der das Wort Gottes oder den Willen Gottes ausspricht. (In diesem Sinn wird auch Jesus im Neuen Testament »Prophet« genannt.)

Die Lehre von Gott. Zur Lehre von Gott gehört vor allem anderen die Lehre von seiner Einzigkeit. Von dieser Einzigkeit leitet sich die Offenbarung fast aller andern wichtigen Aussagen von Gott ab. Die Offenbarung von Gott ist zusammengefaßt im »Thronvers« des Koran (Sure 2,256): »Allah! Es gibt keinen Gott außer ihm, dem Lebendigen, dem aus sich selbst Seienden und Allerhaltenden. Schlummer ergreift ihn nicht noch Schlaf. Sein ist, was in den Himmeln und auf Erden ist. Wer ist es, der bei ihm fürbitten will, es sei denn mit seiner Erlaubnis! Er weiß, was vor ihnen ist und was hinter ihnen; und sie begreifen nichts von seinem Wissen, außer was ihm gefällt. Sein Wissen umfaßt die Himmel und die Erde; und ihre Regierung beschwert ihn nicht; er ist der allgewaltige hocherhabene Gott.« Dieser Gott hat die Welt aus dem Nichts erschaffen. Deshalb ist er der Herr von allem. Er beherrscht alles, weil sonst die Welt ins Nichts zurückfiele. Er ist so sehr Einziger und Allbeherrscher, daß man nicht von einer Dreiheit göttlicher *Personen* reden kann; das setzt der Koran ausdrücklich gegen die christliche Trinitätslehre fest. Deshalb betet der Pilger an der Kaaba, beim Küssen des schwarzen Steins: »Gott ist einer, der ewige Gott. Er zeugt nicht und wird nicht gezeugt« (Sure 112). Und aus demselben Grund betont er, daß Mohammed einfacher Mensch ist; und alle seine Anhänger haben es immer betont. Es widerspräche dem Geist des Islam, seinen Stifter zu vergotten, wie man etwa Konfuzius oder Laotse vergottet hat. Träte irgendein Schatten von anderer Göttlichkeit neben den einzigen Gott, wäre er nicht mehr der Einzige und der Allbeherrscher. Es bleibt auf ewig dabei: Gott ist der Einzige. Gott beherrscht alles. Er bestimmt alles. Auch die Handlungen des Menschen bestimmt er im voraus.

Die Lehre von der Vorherbestimmung. Die Lehre vom absoluten Willen Gottes ist so ohne Ausnahme, daß Gott *auch* bestimmt, wer zum Glauben kommt und wer im Unglauben bleibt. »Wen Allah leiten will, dem weitet er die Brust für die Annahme des Islam, und wen er in die Irre gehen lassen will, dem macht er die Brust eng und bang« (Koran 6,126). Der Wille Gottes ist also derart absolut, daß er auch bestimmt, wer im Unglauben bleibt: »Wahrlich, diejenigen, wider die das Wort deines Herrn ergangen ist, sie werden nicht glauben ... Keine Seele kann gläubig werden, außer mit Allahs Erlaubnis. Er sendet (Seinen) Zorn über jene, die ihre Vernunft nicht gebrauchen mögen« (Koran 10,97–101).

»Und hätten Wir gewollt, Wir hätten jeder Seele ihre Leitung geben können; jedoch das Wort von Mir muß wahr werden: Füllen will ich die Hölle mit Dschinn (sL) und Menschen allzumal« (Koran 32,14).

»So möge, wer da will, einen Weg zu seinem Herrn nehmen. Und ihr wollt, weil Allah will. Wahrlich Allah ist allwissend und allweise. Er läßt, wen Er will, in seine Barmherzigkeit eingehen, und für die Frevler hat Er qualvolle Strafe bereitet« (Koran 76,30–32).

Der Wille Allahs bestimmt also, ob einer glauben darf oder ob er im Unglauben bleiben muß. Aber es gibt seit eh und je auch Korandeuter, die diese harte Auslegung von Gottes absolutem Willen nicht teilen. Sie sehen vielmehr im Willen Gottes das *Angebot an jeden*, zum Glauben zu kommen. Erst die Zurückweisung des Glaubens bewirkt, daß Gott nicht will. Im übrigen ist dies dasselbe Problem der Prädestination (Vorherbestimmung), das auch im christlichen Raum des öfteren auftaucht.

Gerade in diesem Glaubenskomplex haben nicht alle Moslems einfach die Behauptung der Korantexte hingenommen, sondern man hat dabei auch nach dem menschlich Vernünftigen gefragt. In der Lehre von Gott und seinem Willen haben sich manche Theologen (z.B. die Mutasiliten) dagegen gewandt, daß Gottes Freiheit so verstanden werden kann, daß er in den Himmel läßt oder in die Hölle fallen läßt, wen *er* will. Wenn man von Belohnung und Strafe überhaupt reden will, muß man auch die Freiheit des Menschen voraussetzen. Dagegen hat sich wieder eine andere Theologenschule gewandt und gesagt: Gott ist Wille; nur Wille bewegt sein Tun, nicht Weisheit, nicht Güte oder sonst etwas; mag das dem Menschen auch unverständlich sein – es bleibt dabei: Gott ist allein freier Wille. Dagegen trat dann wieder eine andere Schule auf, die Gottes Weisheit betont; sein Wille wird auch von Weisheit gelenkt; so versucht man der Überlieferung treu zu bleiben und doch nichts zu sagen, gegen das der Mensch mit Verstand und Herz rebellieren müßte, wenn er wach wird. – Diese Fragen bewegen bis heute den Islam. Sie sind den Auseinandersetzungen, wie sie heute im Christentum über den Gottesbegriff vor sich gehen, nicht unähnlich.

Glaube und Unglaube. Das Wesen von Glauben und Unglauben hängt im Islam an den zwei Gliedern des Glaubensbekenntnisses: am Glauben an den einzigen Gott (Allah) und am Glauben, daß Mohammed der letzte und vollendende Prophet der Offenbarung ist, die alle vorherigen Offenbarungen korrigiert hat. Eine Erlösung durch Mittler lehnt der Islam ausdrücklich ab. Mohammed ist keine Heilandsgestalt. Das Wesen dieses Glaubens ist aber nicht nur die Sicherheit, daß dies so ist, sondern auch die Hingabe an Allah, die Unterwerfung unter seinen Willen (*islâm)* und die Sicherheit, daß in der Befolgung der Offenbarungssätze der Wille Allahs geschieht. Eigentlicher Glaube ist demnach, die Hingabe an diesen Willen Allahs in allen Taten des Lebens Wahrheit werden zu lassen.

Die Sünde. Sünde ergibt sich aus der Vernachlässigung des Gottesglaubens: »Setze neben Allah nicht einen anderen Gott, auf daß du nicht mit Schimpf bedeckt und verlassen dasitzest. Dein Herr hat befohlen: Verehret keinen denn ihn, und erweiset Güte den Eltern ... Euer Herr weiß am besten, was in euren Seelen ist; wenn ihr recht gesinnt seid, dann gewiß ist er verzeihend denen, die sich wieder und wieder zu ihm wenden. Gib dem Verwandten, was ihm gebührt, und ebenso dem Armen und dem Wandersmann, aber vergeude dein Vermögen nicht verschwenderisch ... Tötet eure Kinder nicht aus Furcht vor Armut: Wir sorgen für sie und euch ... Und nahet nicht dem Ehebruch: siehe das ist eine Schändlichkeit und ein übler Weg. Und ihr sollt nicht das Leben töten, das Allah unverletzlich gemacht hat, es sei denn mit Recht ... Und nahet nicht dem Gut der Waise, es sei denn auf die beste Art, bis sie ihre Reife erreicht hat. Und haltet die Verpflichtung, denn wahrlich über die Verpflichtung muß Rechenschaft abgelegt werden. Und gebt volles Maß, wenn ihr messet, und wäget mit richtiger Waage; das ist durchaus vorteilhaft und letzten Endes das Beste ... Und wandle nicht hochmütig auf Erden ... Das Üble alles dessen ist hassenswert vor dem Angesicht deines Herrn« (Koran 17,23–39).

Dieser Text von der Sünde zeigt, daß auch der Ur-Islam schon an die Freiheit des Menschen glaubte. Da der Glaube an die Freiheit vom Glauben an die Vorherbestimmung immer wieder in Frage gestellt wurde, traten immer wieder Theologenschulen auf, die diese Freiheit betonten (z.B. die Mutasiliten): Belohnung und Strafe beim Jüngsten Gericht setzt voraus, daß der Mensch wirklich frei über sein Tun verfügen kann; wenn das nicht so wäre, könnte Gott nicht gerecht sein. Aber dem stimmten durchaus nicht alle zu!

Die Geisterwelt. Engel, Geister und Teufel sind geschaffene Wesen, wie der Mensch. Aber sie stehen unter dem Menschen. Der Engelglaube des Islam lehnt sich an den jüdischen und christlichen Engelglauben der alttestamentlichen und neutestamentlichen Dokumente an. Die Engel wurden und werden im volkstümlichen Islam bis heute sehr realistisch verstanden, wenn sie auch in sehr majestätischen Bildern vorgestellt werden. – Die Geister (Dschinn) sind ebenfalls vernunftbegabte Wesen, denen als gute oder böse Geister (wie dem Menschen) das Heil bzw. die Verdammnis zuteil wird. Vor allem die absolute ewige, auch himmlische Unsichtbarkeit und absolute Majestät Gottes, die alles Denkbare übersteigt, forderte im Islam die Notwendigkeit eines solchen Glaubens an Geister und Boten, die Gottes Willen bei den Menschen kundtun und ausführen.

Die Letzten Dinge. Die Lehre von den Letzten Dingen (von den Theologen vieler Religionen »Eschatologie« genannt) ist die Lehre vom Ziel des Menschen. Auf diese Letzten Dinge geht der Glaube des Moslem hin. Wer die gläubige Unterwerfung (*islâm*) vollzieht, ruht nach dem Tod bis zur Auferstehung bewußtlos im Grabe. Im Jüngsten Gericht wird er seinen himmlischen Lohn empfangen. Der Soldat, der im heiligen Krieg für die Ausbreitung des Islam gefallen ist, gilt als Märtyrer (*schahid*) und darf ohne Zwischenzeit in das Paradies eingehen. Das Paradies stellte man sich als Steigerung des irdischen Glücks vor.

Die Theologen des Islam redeten viel über die Ewigkeit der Höllenstrafen. Was der Koran darüber sagt, ist nicht eindeutig. Eine islamische Denkerschule, die sich an griechisches Denken anlehnte (Mutasila, Mutasiliten), lehrt, daß um der Gerechtigkeit Gottes willen auch der sündige Moslem der ewigen Höllenstrafe verfallen kann. Die Sunniten aber, die sich als die eigentlich Rechtgläubigen ansehen, glauben das nicht.

Die fünf Säulen des Glaubens – die tragenden »Riten« des Islam.

Die Lehre des Islam wird von den »fünf Pfeilern des Glaubens« (den

»fünf Säulen des Glaubens/des Islam/der Religion«) getragen; denn »Der Prophet sagte: Der Islam ruht auf fünf Pfeilern, dem Glaubensbekenntnis, dem Gebet, dem Almosengeben, dem Fasten und der Pilgerfahrt.«

Das Glaubensbekenntnis. Das immer wiederholte Glaubensbekenntnis der Moslems lautet: »Es ist kein anderer Gott als Allah, und Mohammed ist sein Prophet« – in arabischer Sprache: »lâ ilâha illa-llâh, Muhámmed rasûlu-llâh«. Die sich immer wiederholende Proklamierung dieser Einzigkeit Gottes und des Prophetentums Mohammeds ist der wichtigste Ritus des Islam. Der Rufer (Muezzin) verkündet diese Grundlage des Glaubens, wenn er die Gläubigen zum Gebet mahnt. Dieses Rufen zum Gebet wurde von Mohammed selbst vorgeschrieben. Früher ging der Muezzin einfach auf die Straße oder rief von den Dächern herab. Später, als der Islam sich so machtvoll ausbreitete, begann man neben die Moscheen hohe Minarette zu bauen. – Dies ist der Ruf zum Gebet:

Gott ist groß! Gott ist groß! Gott ist groß! Gott ist groß!
Ich lege Zeugnis davon ab: Es gibt keinen anderen Gott außer Gott!
Ich lege Zeugnis davon ab: Es gibt keinen anderen Gott außer Gott!
Ich lege Zeugnis davon ab: Mohammed ist sein Prophet!
Ich lege Zeugnis davon ab: Mohammed ist sein Prophet!
Kommt und betet! Kommt und betet!
Kommt zu eurem Heile! Kommt zu eurem Heile!
Es gibt keinen anderen Gott außer Gott!
Gebete sind besser als Schlaf!

Das Gebet. Das persönliche spontane Gebet kennt der Islam *im allgemeinen* nicht; sein Gebet ist das rituelle Gebet, bestehend aus offiziellen Gebetsformeln und Koranzitaten. Es wird durch Wasserwaschungen oder »Waschungen« mit Sand eingeleitet. Gebetet wird (unter bestimmten Körperbewegungen) in der Richtung nach Mekka. In der Moschee zeigt die Mekka-Nische die Richtung an. – Man soll fünfmal am Tag beten (beim ersten Licht, zu Mittag, am Nachmittag, kurz nach Sonnenuntergang, zwei Stunden nach Sonnenuntergang). An die Stelle des Gebets am Freitagmittag tritt der Wochengottesdienst mit Predigt. Zum Gebet ist verpflichtet: Wer ein Moslem ist, wer die Reife erlangt hat und geistig gesund ist.

Natürlich soll das nicht heißen, daß der Moslem nicht auch einmal ohne »offiziellen« Anlaß betet. Wer das Beten als Vorgang überhaupt bejaht, betet auch mal privat. Von der Sufis (S. 204 f) ist sogar spontanes, freies Beten bekannt. Zu den persönlichen Gebeten des einfachen Moslem gehört vor allem die erste Sure des Koran, die manche Christen »das Vaterunser des Islam« genannt haben. Friedrich Rückert hat sie übersetzt:

In Namen Gottes des allbarmherzigen Erbarmers.
Gelobt sei Gott der Herr der Welten!
Der Allbarmherzige, der Erbarmer,
Der König des Gerichtstags.
Dir dienen wir, dich rufen wir um Hilfe an.
Führ' uns den Weg, den graden!
Den Weg derjenigen, über die du gnadest,
Derer, auf die nicht wird gezürnt, und derer, die nicht irregehn.

Das tägliche Ritualgebet kann der Moslem verrichten, wo er sich gerade aufhält. Aber das Freitagsgebet und das Gebet an den Festen soll er in Gemeinschaft mit Glaubensgenossen in der Moschee beten. Der Ritus dabei ist sehr einfach. Es gibt keine Musik und kaum Kultmittel. Das einzige Kultattribut ist der Glaubensteppich oder Gebetsteppich. Dieser Teppich, der sich aus dem Zelttuch entwickelt hat, ist sozusagen die eigene »Erde«, die überall – auch im Lande der Ungläubigen – aus dem fremden Boden »heiliges Land« macht. Daß er *überall* ausgebreitet werden kann, ist wichtig; denn überall soll der Moslem die Unterwerfung bezeugen. – Die (oft kaum merkliche) Asymmetrie der Gebetsteppiche in der Knüpfung ist ein Symbol der Unvollkommenheit des Menschen. Ein ganz und gar symmetrisch geknüpfter Gebetsteppich wäre ein Angriff auf die Vollkommenheit Allahs. (Dieses Prinzip der ungleichmäßigen Knüpfung hat der fromme moslemische Teppichknüpfer dann auch auf die Wohnteppiche übertragen.)

Priester kennt der Islam nicht. Die Gottesdienstleitung hat ein gewähltes Gemeindemitglied, das durch Kenntnisse und Begabung dazu geeignet ist. Auch der Imam, der von der Gemeinde für die Gottesdienstleitung bezahlte Angestellte, ist kein Priester; Imam heißt Vorbild oder Führer. Die Predigten im Pflichtgottesdienst am Freitag werden von dem gewählten Gemeindemitglied oder vom Imam gehalten. Diese Predigten haben bis heute meistens einen sehr formalistischen Charakter. Daneben gibt es aber auch die freie Predigt, die außerhalb des offiziellen Gottesdienstes gehalten wird. Vor allem die Wandermönche (Derwische) bedienen sich dieses Mittels der freien Predigt, um die Unterweisung des Islam immer wieder aus dem Formalismus herauszuführen.

Das Almosengeben. Das Almosen der Moslems ist im Laufe der Zeiten in die »Armensteuer« umgewandelt worden. Die Steuer richtet sich nach dem Besitz des Besteuerten und dient dem Unterhalt der Gemeinde sowie der Unterstützung der Armen durch die Gemeinde. In der alten Lehre wurde darauf hingewiesen, daß jeder sein Almosen gewissenhaft an seinem Reichtum selbst zu bemessen habe. Als Richtschnur galt: 1/40 des Einkommens.

Das Fasten. Die Fastenpflicht der Moslems beschränkt sich auf den neunten Mondmonat (Ramadan). Man enthält sich des Essens, des Trinkens (auch jeden Tropfen Wassers!), des Tabakgenusses und des ehelichen Verkehrs. Das Fasten dauert vom Morgengrauen bis zum Sonnenuntergang. Wer geistig und körperlich gesund ist, hat die Pflicht zum Fasten.

Die Pflicht, sich beim Jahresfasten des Geschlechtsverkehrs zu enthalten, könnte nahelegen, das Geschlechtliche werde auch im Islam (wie in andern Religionen) als Tabu betrachtet oder gar verdächtigt. Das ist aber keineswegs der Fall. Das freie Verhältnis zum Geschlechtlichen ist sogar eine der werbenden Seiten der Islam-Mission.

Die Pilgerfahrt. Unter »Pilgerfahrt« versteht der Moslem vor allem die einmal im Leben zu unternehmende Wallfahrt nach Mekka: zur Kaaba. Sie ist zwar keine unbedingte Pflicht, wird aber dem gesunden erwachsenen Gläubigen, der dazu nicht zu arm ist, empfohlen. Die Vorschrift, nach Möglichkeit einmal im Leben diese Wallfahrt (*haddsch*) zu machen, ist zum stärksten Bindeglied zwischen den Gliedern des Weltislam geworden. Einmal schließt der Haddsch alle Ungläubigen aus; sie dürfen weder mit den Moslems wallfahren, noch dürfen sie Mekka betreten. Zum andern sind die Wallfahrer eine große Familie, und als solche sind sie (sobald sie an einem dazu bestimmten Ort vor Mekka »den Weihezustand angenommen haben«) auch äußerlich zu erkennen: am weißen Gewand ohne Saum; daran daß sie sich weder Bart noch Kopfhaar scheren lassen; und auch an ihrer Empfindsamkeit gegenüber allen Lebewesen und Pflanzen. Die Wallfahrt schlingt ein großes Band um die Moslems aller Rassen und Schichten.

Zu den großen Riten der Wallfahrt gehört der siebenmalige Begrüßungsumgang um die mit kostbaren Vorhängen bekleidete Kaaba (dreimal schnell und viermal gemessen), die Abraham für seinen Sohn Ismael als Heiligtum gebaut habe. »Nehmt die Stelle, wo Abraham stand, als Betplatz«, sagt der Koran (2,126). Bei jedem Umgang wird der schwarze Stein an der Südostecke der Kaaba geküßt oder wenigstens mit der Hand oder einem Stock berührt (wenn man die Berührung nicht anders ermöglichen kann). Die Kaaba stand zur Zeit Mohammeds noch zwischen Häusern, mitten in der Stadt. Beim Berühren des schwarzen Steins wird die Einzigkeit Gottes eindringlich bekannt. – Dem folgt meistens sofort »die kleine Pilgerschaft«. Sie erinnert an die Geschichte, die im Alten Testament (Gen 21,14–20) erzählt wird: von Ismael, dem Stammvater der Araber, und seiner Mutter Hagar, die in der Wüste nach Wasser suchte, nachdem Abraham sie fortgeschickt hatte. Zum Andenken daran soll der Moslem siebenmal das Tal zwischen den (heute übrigens abgetragenen) Hügeln Safa und Marwa durchziehen. – Die dritte Vorschrift der Wallfahrt nach Mekka ist die »Große Pilgerfahrt« zum Hügel der Gnade in der Ebene Arafat. Dort soll der Mekkapilger am 9. des Haddsch-Monats von Mittag bis zum Sonnenuntergang »vor dem Gesichte Gottes stehen«. Das ist der Höhepunkt der Mekkafahrt. Diese große Pilgerfahrt muß man machen, sonst hat die ganze Mekkawallfahrt keinen Sinn. Der Rückweg geht über Miná: nach Sonnenuntergang im Schnellschritt, mit Aufenthalt in Muzdalifa. Denn man soll den Marsch so einrichten, daß man anderntags erst kurz vor Sonnenaufgang in Miná eintrifft. Arafat war der Höhepunkt der Wallfahrt. Deshalb ist der Gang nach Miná mit viel Jubel und Gesang, Musik und Festfeier und mit dem Opferfest in Miná verbunden, zu dem das Schlachtopfer und das Opfermahl gehören. Man wirft Steinchen auf die Steinhaufen in Miná; dann läßt man sich die Haare schneiden, denn das Gelübde ist erfüllt. Für kurze Zeit kehrt man von Miná nach Mekka zurück, um den Hauptumgang um die Kaaba und den dazugehörigen Gottesdienst zu begehen. Dann geht das Fest in Miná weiter; der »Weihezustand« ist beseitigt; man kann wieder ohne Beschränkung leben. Vom 11.–13. des Haddsch-Monats bleibt man in Miná, wo man täglich wieder seine Steinchen auf die Steinhaufen wirft. Vor der Abreise macht der Moslem noch einen siebenmaligen Abschiedumgang um die Kaaba in Mekka. Und voller Freude tritt er die Heimreise an.

Der Außenstehende fragt sich: Was soll das alles? Was soll das einfache »Verweilen« in Arafat? Was soll die vorgeschriebene Pause in Muzdalifa, auf dem Weg nach Miná? Was soll die Bevorzugung von Miná? Man schaut hier in die Diplomatie der Anordnungen Mohammeds hinein, der mit Arafat, Muzdalifa und Miná alte vorislamische Heiligtümer in die islamische Mekkapilgerfahrt einbezog, sie aber (mit Absicht!) ohne Inhalt ließ.

Medina (300 km nördlich von Mekka) ist die zweite Pilgerstätte. Man soll sie besuchen, wenn es eben möglich ist. Hier verehrt man das Grab Mohammeds und seiner ersten Gefährten. Die erste Moschee in Medina war ein Platz; er stieß unmittelbar an das Gehöft, in dem Mohammed wohnte und wo er dann auch begraben wurde. Alles war mehr primitiv als einfach.

Jerusalem tritt als dritte heilige Stätte des Islam neben Mekka und Medina. Zum früheren Tempelgebiet der Juden gehört der »heilige Fels«, den die Araber (wie auch die Juden in ihren Legenden) für den Felsen ansehen, auf dem Abraham seinen Sohn Isaak opfern sollte. Tatsächlich war dieser Fels wohl die Stelle, auf dem der Opferaltar des jüdischen Tempels stand, den Salomo etwa 966 v. Chr. erbaut). Ein Loch wird als Abfluß für das Blut der Opfertiere gezeigt. Der zweite Tempel wurde im Jahre 70 n. Chr. zerstört, als Jerusalem am Ende des jüdisch-römischen Krieges von den Römern erobert und verwüstet wurde. Aus einem Trümmerplatz wurde der Tempelplatz im Laufe der Zeit zum Schuttplatz. Kalif Abdalmalik ließ nach der Einnahme Jerusalems (638) den Ort des alten Tempels reinigen und erbaute den »Felsendom« (fertiggestellt 691), der bis in unser Jahrhundert fälschlich »Omarmoschee« genannt wurde.

Der Anlaß der Verehrung dieser Stelle durch den Islam war also vor allem die Tradition, daß hier Abraham geopfert hatte; nach dem Alten Testament war Abraham durch seinen Sohn Ismael der Urvater der Araber. Später verband man dann mit diesem Felsen auch andere Ereignisse und Legenden: Vor der Erschaffung Adams sei dieser Fels schon von Engeln besucht worden; Noah sei hier mit der Arche gelandet; alle Propheten seit Elija, auch Jesus, auch Mohammed seien zu diesem Felsen gekommen, um bei ihm zu beten. Auch die »Himmelfahrt des Mohammed« (ein Traum Mohammeds) wird auf diesen Felsen lokalisiert, obwohl der Fels doch damals Müllstätte war; und am Ende der Tage soll auf diesem Felsen das Jüngste Gericht ausgerufen werden.

Der Felsendom wurde als Abrahamstätte gebaut, gewissermaßen als Reliquientempel für den Felsen. Seine Volkstümlichkeit erhielt der Fels als Ersatz-Kaaba für diejenigen Moslems, die zu dem in Jerusalem residierenden Kalifen Abdalmalik gehörten und die dieser nicht nach Mekka ziehen lassen wollte, weil der dort residierende Gegenkalif die Moslems des Jerusalemer Kalifen zur Huldigung gezwungen hätte. Der Fels wird verehrt, indem er in der Tempelgalerie siebenmal umwandelt wird. Unter dem Felsen verehrt man in einer Höhle den »Platz des Freundes des Barmherzigen«, d.h. den Platz Abrahams.

Der schon seit 1919 stark reparaturbedürftige Felsendom wurde auch während der englischen Mandatszeit (1919–1947) vernachlässigt. Im jüdisch-arabischen Krieg (1948) wurde er sogar von Bomben getroffen. Es ist zu hoffen, daß er noch rechtzeitig repariert wird. –

Die »fünf Pfeiler des Glaubens« sind das Skelett des Lebens eines Moslem. Durch sie hält er sich und seine Islam-Gemeinschaft aufrecht. Sie sind Zeichen seiner Solidarität und stärken sein Bewußtsein, zum Islam zu gehören. Sie stärken seinen Glaubenseifer. Indem er sie praktiziert und indem er sieht, wie andere sie praktizieren, geht er über alle Unterschiede des Standes, der Klassen und der Rassen sowie über alle religiösen Differenzen innerhalb des einen Islam hinweg. »Der Nächste« ist der Glaubensgenosse. Nächstenliebe ist nur gegen den Glaubensgenossen sittliche Pflicht.

Neben diesen Riten enthält der Koran auch eine Reihe von moralischen Regeln und Gesetzen:
Verboten ist der Blutgenuß, das Essen von Opferfleisch, Fleisch verendeter Tiere, Schweinefleisch und der Weingenuß.
Wucher und Glücksspiele sind verboten.
Verboten ist die Schaffung von Bildwerken. Später wollten manche das nur auf die Moscheen und überhaupt auf die Darstellung Allahs angewandt wissen. Tatsächlich gibt es in Moscheen und Palästen keine Gottesbilder, keine Mohammedbilder und auch sonst keine Prophetenbilder oder Kalifenbilder. In Büchern war die Darstellung von menschlichen Personen gestattet, also auch Mohammeds. Gott aber durfte weder im plastischen noch im gemalten Bild dargestellt werden. Dadurch blühte vor allem die ornamentale Kunst und die Schriftkunst. Die Wände von Moscheen und Palästen sind von oben bis unten mit kunstvoll geschriebenen Korantexten bedeckt, in denen das Wort Allah oft mit besonderer Liebe geschmückt ist. Auch die Mosaikkunst, die Symbole ornamental zu fassen sucht, war und ist zugelassen.
Mohammed verbietet auch, daß überflüssige neugeborene Mädchen lebendig begraben werden, wie es alte arabische Sitte war. (Sure 81: »Wenn die Sonne verhüllt ist, und wenn die Sterne betrübt sind, und wenn die Berge fortgeblasen werden, und wenn ... Und wenn nach dem lebendig begrabenen Mädchen gefragt wird: ›Für welches Verbrechen ward es getötet?‹ ... dann wird jede Seele, was sie gebracht.«)

DIE BESCHNEIDUNG haben die Araber, wie viele Völker des Orients, seit vorislamischer Zeit geübt. Welchen Sinn die vorislamischen Araber darin sahen, läßt sich heute nicht mehr ausmachen. Jedenfalls war sie in der Zeit Mohammeds so selbstverständlich, daß Mohammed sie im Koran gar nicht erwähnt. Die Beschneidung wird unter den Moslems bis heute praktiziert, aber nicht alle Moslems halten sie für notwendig. Die Meinungen über ihre Bedeutung gehen auseinander. Manche halten sie für einen hygienischen Akt; manche sehen darin eine Unterstützung der männlichen Fruchtbarkeit; andere betrachten sie als reines Zugehörigkeitszeichen (ohne daß dabei ausdrücklich an einen Aufnahmeritus gedacht wird, wie etwa bei den Juden); und wieder andere glauben die Beschneidung als Zeichen der Heilsverheißung deuten zu dürfen.
Beschnitten wird das sieben Monate alte männliche Kind. Beschneider ist heute meistens ein Arzt. Vater und Mutter sowie Ortshonoratioren sehen zu. Musikanten spielen. Dann gibt es einen Zug durch Dorf oder Nachbarschaft, Festessen, Tanz, manchmal auch Tanz des Vaters unter dem Beifall der Bevölkerung.

EHE. Nach den Ehegesetzen des Islam ist dem Moslem erlaubt, vier Ehefrauen zu haben. Oder auch vier Ehefrauen und einige Konkubinen. Aber das ist eine rein rechtliche Möglichkeit; die meisten Moslems können sich nur eine einzige Ehefrau »leisten«. In Ägypten (um nur ein Beispiel zu nennen) sind 96 % aller Männer mit nur einer Frau verheiratet. Der in den Vorstellungen der Abendländer mit der »Vielweiberei« oft verbundene Harem (Frauenhaus) ist keine ursprünglich moslemische Einrichtung. Er wurde aus Persien übernommen. Es gibt aber heute nicht mehr viele Harems. Die meisten Frauen leben auch bei Vielehe »in der Familie«.

Der Koran gebietet die Beurkundung der Eheschließung (nicht aber die Beurkundung von Geburt und Tod). Gemäß den Vorzugsrechten der islamischen Männergesellschaft steht dem Mann die Scheidung frei. Aber immer mehr islamische Länder schränken das Scheidungsrecht ein, weil es zu große soziale Schäden mit sich bringt. Obwohl Mohammed die Scheidung erlaubte, sagte schon er im Koran: »Von allen erlaubten Dingen ist die Scheidung das am wenigsten Gott wohlgefällige.«

DIE TOTENFEIER kann in den einzelnen islamischen Ländern sehr verschieden aussehen; aber einige gleichartige Züge trägt sie wohl überall. Zuerst wird der Tote gewaschen. Die Leichentücher werden ausgebreitet und der Tote darauf gelegt. Die Hände werden ihm zum Gebet übereinandergelegt. Dann werden (manchmal) alle Körperöffnungen mit duftenden Baumwollbüscheln verschlossen. Nach der Einhüllung des Leichnams ist nur noch das Gesicht frei. Angehörige und Freunde beugen sich über den Toten und nehmen durch einen letzten Friedenskuß Abschied von ihm. Dann wird die Kopfhülle über das Gesicht gezogen, so daß der Leichnam ganz eingehüllt ist. Meistens wird er ohne Sarg ins Grab gelegt, mit dem Gesicht in der Richtung nach Mekka schauend. Am Grabe wird das Grabgebet gebetet. Manchmal gehört auch »die letzte Unterweisung« zum Abschiedsritus; einer sagt leise, was der Tote beim Verhör vor dem Engel zu antworten hat: »Wer ist Gott? – Allah allein ist Gott. – Was ist deine Religion? – Der Islam ist meine Religion. – Wer ist Allahs Prophet? – Mohammed ist Allahs Prophet.«

Die Erfüllung solcher Pflichten ist für den Moslem wichtiger als das unwankelhafte Festhalten an der ganzen Glaubenslehre. Gerade diese Pflichterfüllung ist »Islam« (Unterwerfung, Hingabe). Die Ethik des Moslem ist eine Ethik der Leistung. Das ist für viele Menschen in anderen Religionen schwer zu verstehen.

DER FESTKALENDER DES JAHRES hat drei hervorragende Feste:

Der Geburtstag des Propheten. Er wird gefeiert mit der Lesung von

Geburtslegenden, dem Singen von Hymnen; Festbeleuchtung auf Straßen und Plätzen und an den Häusern, Jahrmärkten und Festmahlzeiten. Es ist ein sehr volkstümliches Fest, wird aber von vielen Moslemrichtungen bekämpft. Das Fest fällt auf den 12. Tag des dritten Monats. Derselbe Tag gilt als Gedächtnistag für Mohammeds Tod.

Das kleine Fest. Es ist das Fest des »Fastenbrechens« nach Ende des Fastenmonats Ramadan. Obwohl man es »das kleine Fest« nennt, ist es für die Moslems das größte Freudenfest im islamischen Jahr. Man wünscht einander Glück, macht Besuche, beschenkt sich gegenseitig. Der eigentliche Grund der Freude ist die *lailat al-qadr* (die Nacht des Ratschlusses), die in eine der letzten fünf Nächte des Ramadan fällt: die Nacht, in der die Offenbarung zur Erde niederkam. Der Fastenmonat ist also eigentlich die Vorbereitung auf diese Nacht, und das Fest des Fastenbrechens die äußere Feier dieser heiligen Nacht.

Das große Fest. Am 10. Tag des Haddsch-Monats, wenn man in Miná bei Mekka das Freudenfest der Wallfahrtsvollendung feiert, wird auch zu Hause das »Fest des Schlachtopfers« begangen. Abgesehen vom Schlachten des Opfertiers (das aber ein längst nicht streng befolgter Brauch ist), wird das »große Fest« wie das »kleine Fest« gefeiert.

V. DIE AUSBREITUNG DES ISLAM

Die Ausbreitung des Islam war zunächst als Kampf gegen Vielgötterei und Götzendienst gedacht. Mohammed hielt die Vielgötterei in Mekka, das er als Mittelpunkt der arabischen Welt sah, für so widergöttlich, daß er die Bevölkerung von Mekka auch mit Mitteln der Gewalt (Überfall, Angriffskrieg und Meuchelmord) zur Unterwerfung (*islâm*) unter den einen wahren Gott zu führen suchte. Da aber mit der Unterwerfung unter den einen wahren Gott auch die Einigung der zersplitterten arabischen Stämme zusammenging, wurde der Glaubenskrieg, »der heilige Krieg«, zum nationalen Krieg.

DER HEILIGE KRIEG des Islam mußte in alles Gebiet, in dem Ungläubige wohnten, getragen werden. Der tragende Gesichtspunkt war nicht die Eroberung, sondern die Unterwerfung unter Allah – obwohl sich dieser Gesichtspunkt mit wachsender Macht immer mehr verlor und die Unterwerfung unter die Herrschaft der Islamvölker in den Vordergrund trat. Das 7. und 8. Jahrhundert war die große Zeit der arabisch-islamischen Eroberungen.

Der Heilige Krieg war keine Einzelverpflichtung, sondern eine Gemeinschaftsverpflichtung der islamischen Gesamtgemeinde zur Ausbreitung des Glaubens und der Unterwerfung der Gläubigen unter Allah. Die Gemeinde des Krieges waren die Soldaten, die auf dem Feldlagerplatz (in der Feldlagermoschee) zur aufrufenden Predigt zusammenkamen.

Anfangs war die Teilnahme am Heiligen Krieg eine Verpflichtung für die ganze gesunde männliche Moslemgemeinde. Aber als der zweite Nachfolger Mohammeds aus der Gemeinde auch formell einen Staat machte, brachte das eine soziologische Umschichtung mit sich: Die kampftüchtigen arabischen Männer wurden zur Miliz, und die Neu-Moslems (oft Kriegsgefangene, die freigelassen wurden, wenn sie zum Islam übertraten) übernahmen die wirtschaftlichen Berufe. Sie zahlten auch den Unterhalt für die Soldaten, solange diese im Wartestand lebten.

Die ersten neunzig Jahre (bis 711) umfassen die erste große Ausbreitungswelle (bis 651) die geradezu beispiellos genannt werden muß. Von der arabischen Halbinsel aus eroberten die Anhänger Mohammeds Syrien, Mesopotamien, den Iran und Ägypten. Und in einer zweiten Welle wurden große Teile Indiens islamisch. Spanien wurde über Nordafrika erreicht. Die unterworfenen Länder wurden nicht rigoros zur neuen Religion gezwungen. Wie der Koran vorschreibt, ließ man die Christen, Juden und die Anhänger des Zarathustraglaubens (die sog. Schriftbesitzer) einigermaßen unbehelligt. Man nahm ihnen auch nicht ihren Besitz, wenn sie sich den neuen Herren gegenüber loyal verhielten und die geforderten Kopfsteuern zahlten. Der islamischen Religion durften sie jedoch nicht entgegentreten. Allerdings war auch öffentliche Kultusausbreitung und öffentlicher Kultusvollzug verboten (Keine neuen Kirchenbauten! Keine Kirchenrenovierungen! Kein Glockengeläut! Keine Mission unter Islamanhängern!). Gegen Dogmen und innerkirchliche Angelegenheiten trat der Islam nicht oberherrlich auf.
Trotzdem war der Schwund unter Juden, Christen und Buddhisten bedeutsam. Die gesellschaftliche Diskriminierung und wirtschaftliche Schlechterstellung durch hohe Steuern veranlaßten vor allem die angesehenen Familien des eroberten Landes, zum Islam überzutreten. Die ungebildeteren Schichten zog vor allem die einfachere Lehre des Islam an. Nachdem die harte kriegerische Periode der Unterwerfung vorbei war, gelang den Moslems oft eine friedliche Gewinnung der Bevölkerung eroberter Gebiete, indem sie den Rat Mohammeds befolgten, »nicht groß zu tun«, was auch heute die Mission oft erleichtert.
Die Annäherung an den Islam geschah oft auf dem Wege der Kultur. Nachdem im Jahre 711 die Araber Spanien erobert hatten, schrieb z.B. der Bischof von Córdoba (850): »Viele Christen lesen die arabischen Dichtungen und Geschichten oder studieren die Schriften der moslemischen Theologen und Philosophen, und zwar nicht, um sie zu widerlegen, sondern um zu lernen, wie man sich besser in Arabisch ausdrücken kann. Alle gebildeten jungen Christen kennen die arabische Sprache und

Literatur und sammeln mit großen Kosten eine solche Bibliothek. Unter der großen Mehrzahl von ihnen findet sich nicht einer, der in der Lage ist, einen passablen lateinischen Brief zu schreiben, aber es gibt unzählige, die sich aufs eleganteste in Arabisch auszudrücken vermögen und arabische Gedichte schreiben.« Astronomie, Mathematik und Medizin konnte man auf europäischen Hochschulen damals kaum studieren, wohl aber auf den arabischen Hochschulen von Córdoba, Sevilla, Malaga, Valencia und Almería.

DIE AHMADIYABEWEGUNG hat für die heutige Ausbreitung des Islam große Bedeutung. Sie geht auf Mirza Ghulam Ahmad zurück, der um das Jahr 1900 in Indien eine neue islamische Religionsgemeinschaft zur Zulassung anmeldete. Das Besondere dieser Sekte ist das Ziel, sich in der ganzen Welt für die Verbreitung des Islam einzusetzen. Ahmad stellte sich als der göttlich inspirierte Gesandte Gottes dieser Bewegung vor (»Mahdi«). Die Gründung dieser Gruppe war gleichbedeutend mit dem Beginn einer Art von Mission, wie sie der Islam bisher nicht gekannt, ja sogar abgelehnt hatte. Die Mehrzahl der Moslems lehnen die ganze Bewegung ab.

Die Ahmadiyabewegung war stark von westlicher Kultur beeinflußt und gab der islamischen Religionsforschung und Religionsschulung viele neue Denkanstöße und neue Methoden. Schulen und Universitäten führten europäische Lehrmethoden ein, und man scheute sich auch nicht, sich in der Art kritisch-religiösen Denkens, wie es die westlichen Schulen seit langem kannten, mit dem Islam zu befassen. Der Koran und seine überlieferten Deutungen wurden auf Glaubwürdigkeit und moderne Möglichkeiten hin untersucht. Das Beispiel Türkei zeigte man als Beweis vor, daß Modernisierung nicht gleichzeitig Rückschritt des Islam bedeuten muß. Der Islam könne sich der neuen Medien genau so bedienen wie andere Religionen sich ihrer bedienen. Gewiß ist auch die gesamtarabische Nationalbewegung des 20. Jahrhunderts auf dieses neue Islambewußtsein zurückzuführen. So hat also die Neubesinnung des Islam hochpolitische Auswirkungen. Die Ahmadiyabewegung ist dabei nicht alleiniger Anreger gewesen. Aber sie liegt in der Richtung der sich überall anbahnenden Entwicklungen. Sie setzt überall dort an, wo Unzufriedenheit mit der überlieferten Religion bemerkbar wird. Dadurch hat sie z.B. in Ländern mit hinduistischer Umwelt große Missionserfolge, weil sich dort unter dem Einfluß der modernen Zeit viele Menschen vom Kastenwesen abwenden, und diesen ist die Lehre von der Gleichheit der Menschen, wie der Islam sie vorträgt, einsichtiger.

In Afrika hat der Islam (seit 1946) vor allem durch die Ahmadiyabewegung große Missionserfolge. Zumal der Glaube des Islam an die Gleichheit der Menschen gibt seiner Mission in Afrika Auftrieb. Mit dieser Religion tritt der Afrikaner dem Kolonialismus der Weißen entgegen. Und da die Eingeborenen die von den Weißen geschickten Missionare als Wegbereiter des Kolonialismus erfahren haben, erleben sie nun auch den Islam zugleich als Waffe gegen weißes Christentum und Kolonialismus. Die fortschrittlichen Afrikaner sehen im Polytheismus durchaus einen Kulturrückstand; diesen glauben sie am besten mit dem absoluten Monotheismus des Islam aufholen zu können, wenn er die Kultur des Afrikaners allmählich durchtränkt. Das vom Afrikaner so sehr geschätzte Wunderbare enthält auch der Islam, wenn es auch im modernen Islam immer mehr zurücktritt. Wer als Afrikaner die Vorbereitung auf den Übertritt ins Christentum erlebt hat, mit dem vielen Lernen von Lehren und Kulteinzelheiten, der findet den Übertritt zum Islam leicht. Der Islam fordert nur die Anerkennung des Einen Gottes und die Anerkennung Mohammeds als Prophet Gottes.
Zwei andere Erfahrungen empfehlen dem Afrikaner den Islam vor dem schon so lange in Afrika anwesenden Christentum. Das Christentum hat mit seiner Sittenlehre immer, und zwar oft sehr hart, die Einehe vertreten. Da der Islam die Möglichkeit hat, ohne die Einehe auszukommen, findet er in die meisten Kulturen Afrikas leichteren Eingang. – Die andere Erfahrung ist das Bewußtsein des neuen Islam-Anhängers, sofort ganz zur Islamgemeinde zu gehören und sich überall, wo er auf Moslems trifft, zu Hause zu fühlen. Obwohl diese Wirkung theoretisch auch zur Aufnahme ins Christentum gehört, haben die zum Christentum übergetretenen Afrikaner diese Wirkung selten im Kreis anderer Christen erlebt. Aber gerade dieses Heimaterlebnis ist für den Afrikaner ausschlaggebend. Denn für ihn beginnt hinter der Stammesgrenze die Heimatlosigkeit. Durch die (vielleicht manchmal vermeintliche) Verbindung des Christentums mit dem Kolonialismus setzen in den selbständigen Staaten Afrikas heute nicht selten Islamisierungsbewegungen unter der schwarzen Bürgerschaft ein, wie z.B. im Sudan, der als Staat den Islam als weltanschauliche Grundlage anerkennt und deshalb den Islam als Religion in den Schulen als Pflichtfach eingeführt hat – auch im weithin christlichen Südsudan.

Der heutige Stand der Verbreitung des Islam geht trotzdem im wesentlichen auf seine ersten Eroberungen im 7. und 8. Jahrhundert zurück. In 32 Nationen zwischen Marokko und Indonesien bekennt sich die Bevölkerung in der Mehrheit zum Islam. Nach der UN-Volkszählung 1960/61 zählte die Weltbevölkerung rund 3042 Millionen Menschen.

Von diesen bekannten sich 440 Millionen zum Islam; die Missionspropaganda des Islam in Mekka sprach von 450 Millionen. Die vorsichtigere Angabe beruht auf internationalen statistischen Jahrbüchern, Forschungen christlicher Missionsinstitute und den Ergebnissen der UN-Volkszählung. Von den Gläubigen des Islam leben 247 Millionen in selbständigen asiatisch-islamischen Staaten, 120 Millionen im sonstigen Asien, 49 Millionen im sonstigen Afrika, 20 Millionen in der UdSSR, etwa 4 Millionen in Europa; der Rest verteilt sich auf Australien und die amerikanischen Kontinente.

VI. DIFFERENZIERUNGEN IN DER ISLAMGEMEINDE

Der Islam ist nicht die einheitliche Gemeinde geblieben, die Mohammed gestiftet hat. Machtkämpfe, Meinungsverschiedenheiten über Nebenfragen des Glaubens, Verschiedenheit der Völker und andre kulturelle Einflüsse von Ort und Zeit sowie die Auseinandersetzung mit der Umwelt brachten Differenzierungen hervor, die man Bekenntnisse, Denominationen oder Sekten nennt, wobei keine dieser Bezeichnungen als Bewertung angesehen werden sollte. Trotzdem zählten die Gläubigen der Splittergruppen nur 40–45 Millionen (= 10 %); rund 90 % sind »Sunniten« (*sunna* = Tradition), also Gläubige, die sich an die alte Überlieferung halten.

DIE SCHIITEN haben alle gemeinsam, daß sie mit den Sunniten in der Frage der Prophetennachfolge (Nachfolge Mohammeds) nicht übereinstimmen. Die geschichtlichen Ereignisse, die mit der Auseinandersetzung um diese Lehrverschiedenheit zusammenhängen, haben allerdings auch eigene schiitische Bräuche, Riten und Feste hervorgebracht.
Die Sunniten vertraten den Standpunkt, der Nachfolger Mohammeds (der Kalif) sei wählbar; allerdings sollte er aus den Mitgliedern des Stammes Kuraisch genommen werden. Dagegen hielten die Schiiten das Kalifat für eine göttliche Einrichtung, dessen Verwaltung nur den *Nachkommen* Mohammeds, einschließlich den Nachkommen von Mohammeds Vetter Ali (der mit Mohammeds Tochter Fatima verheiratet war), zustehe. Der Name »Schiiten« leitet sich von dem arabischen *schia(t) (Ali)*, d.h. »Partei des Ali« ab. Alis und Fatimas Sohn Hussein fiel im Jahre 680 im Kampf um sein Nachfolgerecht als Imam (Führer der Gemeinde).
Dieser Tod auf dem Schlachtfeld beeindruckte die Anhänger Husseins so sehr, daß sie zu lehren begannen, dieses Blutopfer Husseins sei ein Sühnopfer für die Sünden der Menschen. Dieser Gedanke war dem Islam bis dahin fremd und geht auf verstärkten Einfluß jüdischer und christlicher Gedanken zurück. Der Todestag Husseins ist das Jahreshoch-

fest der Schiiten. Eine Nachbildung seines Prunkgrabes in Kerbela wird durch die Straßen der schiitischen Städte gefahren, dem ein Pferd als Schlachtroß Husseins vorangeführt wird, das vom Schlachtfeld allein ins Lager sprengte. Die Gläubigen begleiten diese Grabnachbildung (Tazia) in Prozession. In den Wohnungen wird eine Miniaturnachbildung von Husseins Grab aufgestellt. Am Abend vor dem Fest geht man von Haus zu Haus und betrachtet die Nachbildungen, die unter kleinen Tüchertempeln stehen. Am Ende des Festes werden die kostbaren Nachbildungen verbrannt. Dieses »Begräbnis der Gräber« gehört zum vollkommenen Festritus, wird aber längst nicht von allen mitgemacht, die ihre Tazia, die sie mit so viel Mühe gebastelt oder mit soviel Ausgaben erstanden haben, lieber für das nächste Jahr aufheben.
An den gefallenen Hussein erinnern auch die blutigen Selbstverletzungen bei schiitischen Trauerfeiern, die vielenorts üblich sind. Alte und junge Männer zerreißen sich die Haut, um möglichst viel Blut fließen zu lassen.
Die Schiiten sind am meisten in Persien verbreitet, wo sie seit 1499 Staatsreligion sind.

Die Schiiten sind auch ihrerseits nicht eine einzige Gruppe geblieben. Die verschiedenen Nachfahren Alis waren der Grund dafür, daß sie sich in mehrere Gruppen spalteten. Die im Westen bekannteste Schiitengruppe sind die *Ismailiten* unter ihrem Führer, dem Agha Khan. In ihm wohnt jene überragende Würde, sagen die Ismailiten, die der schon vorweltlich existierenden Prophetenfamilie zukommt. Aus dieser Würde ist der Agha Khan berechtigt, den Koran sehr eigenmächtig auszulegen. Die letzten Träger dieses Amtes benutzten dieses Recht dazu, starke westliche Kulturbindungen für ihre Gruppe zu vermitteln. Die Gruppe beseht seit dem Jahre 765.
Die Schia der *Ahmadiyabewegung* (S. 201) ist eine Abspaltung eigener Art. Sie ging aus der Sufibewegung hervor und hat Sonderlehren über Isa (Jesus) aufgestellt, z.B. Jesus ist nicht wirklich am Kreuz gestorben. Obwohl sie von der Sunna und von vielen Schiiten heftig abgelehnt wird, hat sie in Europa und in vielen fernöstlichen Ländern große Missionserfolge, die als Erfolge des Islam überhaupt angesehen werden.

Das Sufitum ist im strengen Sinne keine Differenzierung, wie ja auch Mönchtum oder Mystik in den christlichen Kirchen keine Differenzierung ist. Trotzdem wird das Sufitum von vielen wegen mancher Abweichungen vom traditionellen Islam bekämpft, und das gibt zugleich die Berechtigung, es als eine »Differenzierung« zu bezeichnen.
»Sufi« ist die Bezeichnung für den asketischen Mystiker des Islam. Die

Bezeichnung kommt von *suf* (Wolle), weil der islamische Asket (wie der christliche Asket) einen Wollmantel trug. Die älteste Zeit des Sufitums war gekennzeichnet von Weltflucht und geradezu primitivem Welthaß. Dieser Asket kannte nur Gott, liebte nur Gott, und was er von der Welt überhaupt sah, liebte er nur, weil er Gott liebte. Jene Zeit brachte dem Sufitum die große Naturliebe, die große Liebe für die Schönheit, ohne daß es sich der Welt an sich zuwandte. Der Sufi liebte in der Welt Gott. Diese Gottesliebe vor der Natur- und Weltschönheit ist die Brücke zum späteren eigentlichen Sufitum, zur Mystik.

Das Sufitum als Mystik wirft sich Gott entgegen, es ruft nach der Einheit mit Gott in der Ekstase, es verbindet sich mit ihm in einer Gottbegeisterung, zu der sich der Sufi mit Trommeln und Pfeifenmusik antreiben läßt, bis er – in der Erschöpfung – zum mystischen Erlebnis der Hingabe an Allah fortgerissen wird und zusammensinkt. Das »Verschwinden« der Person, die Entpersönlichung bewirkt, daß sich der Sufi gegenüber dem von allen Gläubigen befolgten religiösen Gesetz achtlos verhält. Die seltsame Mischung von Selbstbewußtsein einerseits und Gleichgültigkeit gegen Lob und Tadel anderseits macht den Sufi zu einem unbestechlichen Ratgeber, weil er sich niemals von der Stellung dessen, den er zu beraten hat, beeinflussen läßt. Er selbst ist es, der über allem steht. Obwohl die meisten Sufis als Bettler (*darwisch*) lebten, fanden sich also in dem Derwisch-Orden (es gibt an die siebzig Ordensgruppen) nicht nur Männer, die man Heilige nannte und später als Heilige verehrte, sondern auch viele Weise, die hohe Stellungen als Berater der Regierenden hatten.

Die Säkularisation unsres Jahrhunderts hat in vielen islamischen Ländern diese Ordensgenossenschaften beschränkt. Die Männer, die im Geiste des Ur-Islam leben wollten, waren sowieso immer gegen sie. Aber für die geistige Vertiefung des Islam hat das islamische Ordensleben auch heute noch Bedeutung.

VII. MODERNE TENDENZEN IM ISLAM

Das Verhältnis des Moslem zu seiner Religion ist heute – wie überall in der Welt bei den Menschen und ihren Religionen – vielfältig gestört. Diese Störungen haben mancherlei Gründe: Dem Moslem der Frühzeit und des Mittelalters war die Einheit seiner Völker durch den Islam das größte Geschenk Allahs für die Gesellschaft der Menschen. Heute aber erschwert der Nationalismus die Einheit. Früher war die Zugehörigkeit zum Islam vorrangig; heute fühlt man sich zuerst als Iraker, Ägypter, Syrer, Türke, Perser. Das Nationalbewußtsein überdeckt zwar das islamische Bewußtsein der Einheit; aber gerade die Staatsführer betonen deshalb, daß die stärkste Kraft der islamischen Völker gegen die Krisen der Zeit das Festhalten an der geistigen Einheit im Islam ist. Diese aber ist dadurch bedroht, daß es bisher noch nicht gelungen ist, die alte, im Koran niedergelegte Glaubensaussage mit der neuen Mentalität, die sich auch im Bürger (zumal der Intelligenz) der islamischen Staaten mächtig meldet, in Einklang zu bringen. Der Islam ist vielleicht in seiner Anlage zu theokratisch, als daß man ihn in einer Zeit mit notwendigerweise anderen (nationalen, gesellschaftlich-sozialen, wirtschaftlichen) Ordnungen bruchlos weiterleben könnte.

Die Anlage des islamischen Denkens selbst bietet zum Übergang seine Mittel an; denn zum Wesen des islamischen Denkens gehört der Drang nach Perfektion. Aus diesem Drang entspringen auch die Reformen unserer Zeit, um die sich die Reformatoren des Islam seit Anfang des 19. Jahrhunderts bemühen. Ihre Reformgedanken nehmen kein Gebiet des Islam aus; z.B.: Der Gedanke vom absoluten Schöpfergott schließt die Mitarbeiterrolle des Menschen nicht aus, sagt der Inder Mohammed Iqbal (1876–1938); in der Auseinandersetzung mit dem Westen wird gefordert, daß die islamischen Lehren nach den Richtlinien der modernen Ideen neu formuliert werden (Scheich Mohammed Abdu, Großmufti von Ägypten, 1849–1905); in der Auseinandersetzung mit der Technik sieht sich der Islam besonders bedroht, weil Technik das Machbare an die Stelle des von Gott Geschickten zu stellen scheint – aber dazu heißt es: »Um die ... triumphierende Technik ... wirklich übernehmen zu können, muß sich die religiöse Haltung der mohammedanischen Völker gewissermaßen selbst übertreffen ... Wenn die Technik im Dienst des Menschen, der Gott bezeugt, nicht mehr Selbstzweck wird, kann sie dazu beitragen, über die materialisierenden Risiken der technischen Zivilisation zu triumphieren und sie in Werte der geistlichen Befreiung umzuwandeln« (Feststellung einer französischen Arbeit über Islam und Technik: Lit 5.4).

Das sind nur einige Hinweise, die aber klar zeigen, worum es geht: Ein Teil will aus der Erstarrung heraus; er weist auch Wege. Diese Wege sind sehr oft mit der nationalen Entwicklung des eigenen Volkes verbunden. Aber – und das muß man hinzusetzen – der größte Teil der einzelnen Völker macht nicht mit. Entweder hält man alle Neuerungen für Häresie, oder man sieht nicht ein (weil man inzwischen liberal geworden ist), daß die moderne Entwicklung mit der Religion in Einklang sein muß, oder man ist so arm, daß einen solche Probleme gar nicht erregen.

Allerdings scheint die große Konzeption für den modernen Islam noch zu fehlen. Die meisten Vorkämpfer für eine größere Aktivität des Islam empfehlen eine Rückkehr zum Geist des alten Islam. So sagte Anuar as Sadat am 20. März 1959 in der zentralen Universität des Islam in Kairo:

»Nur vier Jahrhunderte nach Mohammeds Revolution war der Islam stark und gefürchtet, denn die Mohammedaner hingen streng an ihrer Religion ... Heute sind es tausend Jahre, daß wir Mohammedaner im Kampf stehen ... Immer noch bekämpft uns der Kolonialismus, indem er unseren Glauben schwächt, indem er unsere Herzen mit Zweifel erfüllt ... Und heute müssen wir uns zu einem neuen Kampf rüsten: Die Welt wird von Ideologien erschüttert. Manche fragen: Was ist Demokratie? Was ist soziale Gerechtigkeit? Was ist der Kapitalismus? Diese Prinzipien bekämpfen sich gegenseitig. Die islamische Welt und die Mohammedaner leben in diesem Universum, in welchem sich die Prinzipien stoßen. Sie müssen Stellung nehmen ... Doch haben wir Mohammedaner in unserer Mitte und für all diese Tendenzen und Konflikte eine Lösung von größter Einfachheit: Kehren wir zu unserer Revolution zurück, die unser Prophet Mohammed vor fast vierzehn Jahrhunderten vollzog; denken wir darüber nach, was sie uns über die Gebiete des Wissens, der Natur, der Gesellschaft und des Geistes zu sagen hat.« Das heißt: Der Moslem soll nicht vergessen, daß zum Islam (zur Unterwerfung) gehört, auf allen Gebieten, die in Unordnung geraten sind, die göttliche Ordnung auszustrahlen (Lit 5.8, 50 f.).

Trotz aller Gefahren ist die Gefahr des Auseinanderfalls von Religion und Leben im recht verstandenen Islam nicht so groß wie in manchen andern Religionen. Die Grundsätze der islamischen Gemeinschaft beruhen auf der Einheit Gottes, der der Garant der Einheit der Welt ist. In diesem Glauben liegt die große Zukunftschance des Islam auch für seine gesellschaftliche Entwicklung. Der Islam ist eine Religion, die für alle Glieder seiner Gemeinschaft auf allen Daseinsstufen die gemeinsamen Regeln des Lebens festlegt. Der Wille zur Gleichheit vor Gott gibt jedem Moslem den Auftrag »die Religion zu verteidigen und die Welt zu beherrschen« (Mawerdi, 9. Jahrh.) – ein Auftrag, der zwar im eigentlichen dem Kalifen galt, an dem aber jeder Moslem teilnimmt. Es gibt keinen Moslem, der sich nur als »religiösen Menschen« betrachten dürfte. (Die Sufis, die das oft taten, wurden deshalb von vielen verurteilt.) Jede Regel geht sowohl das soziale und politische Leben wie die Religion an. Dieser im Lauf der Jahrhunderte entwickelte Lebensgrundsatz kann deshalb für die Zukunft bewirken, daß in der islamischen Welt Religion und Leben weniger auseinanderfallen als in anderen Religionen. Aber um das moderne Verständnis dieses Komplexes wird heute noch zäh gerungen.

VIII. ISLAM – RELIGION UNTER RELIGIONEN

Die Anhänger Mohammeds erklären den Islam für »die beste Religion«, weil er die einfachste Religion sei. Er hat von allen Religionen die einfachste Lehre und die einfachste Ethik. Diese Ethik ist nicht nur einfach zu verstehen, sondern auch einfach zu befolgen. Darin sieht der Islam seine Werbekraft, und darauf führt er auch seinen Erfolg zurück. Die Einfachheit von Glaubenslehre und Pflichtenlehre erleichtert auch die relative Geschlossenheit des Islam. Diese Geschlossenheit hebt das Selbstbewußtsein und das Gefühl der Überlegenheit der Moslems.

Zwei weitere Vorteile nimmt der Islam für sich in Anspruch: Er ist keine völkische Religion (wie das Judentum), und er hat sich nicht (wie das Christentum) mit einem bestimmten Gesellschaftssystem, wie es die Spätantike hervorgebracht hat, verbunden, so daß Klassentrennung und Rassenschranken nicht entstehen konnten. Der Glaube an den einen Gott hat beim Islam jede Rassentrennung und jeden Schichten- und Adelskult verhindert. Adel gibt es nicht; Rassenmischung ist nie abgelehnt worden.

EINWÄNDE GEGEN DEN ISLAM von seiten anderer Religionen beziehen sich oft gerade auf die »Leichtigkeit« des Islam. Er fordere von seinen Gläubigen zu wenig. Abgesehen davon, daß diese andern Religionen ihnen entgegenstehende islamische Glaubens- und Sittenlehren ablehnen (was mehr oder weniger selbstverständlich ist), gibt es auch viele außertheologische und außerethische Gesichtspunkte, die die Ablehnung des Islam auf Grund überkommener Bräuche und überlieferter Denkformen fördern, obwohl das Abgelehnte nicht unbedingt zur Lehre und zur Ethik gehört. So stoßen sich z.B. die Hindus daran, daß der Islam die altarabische Wiederverheiratung der Witwen beibehalten hat, obwohl doch – nach Ansicht der Hindus – die Frau dem einen Manne gehört. Die Buddhisten und universistischen Chinesen stoßen sich zwar nicht am Monotheismus des Islam, wohl aber am Fanatismus, mit dem er den Monotheismus vertritt.

Für die christliche Ablehnung des Islam ließen sich eine Menge Beispiele bis in die heutige Zeit anführen. Einige Hinweise müssen genügen:

Johannes von Damaskus bezeichnete, unter dem Eindruck der islamischen Eroberungskriege des 8. Jahrhunderts, Mohammed sogar als den Antichristen.

Luther sah im »Türken« (was bei ihm für Islam steht) ein Werkzeug des Teufels.

Auch die nicht so hart ablehnenden christlichen Bewerter sahen in vielen Lehren Mohammeds theologische und vor allem ethische Minuspunkte: Der Islam glaube an einen willkürlichen Gott; der arabischen Raublust und Sinnlichkeit habe Mohammed einfach die Zügel schießen lassen; trotz einiger Besserung im Schicksal der Frau bewerte der Islam die Frau gering, das zeige die Möglichkeit der Vielehe.

Nicht immer wurde der Islam wegen seiner Gottes- und Pflichtenlehre angegriffen, wohl aber gilt die für ihn charakteristische Einheit von Religion und Staatsmacht für gefährlich, wie z.B. noch 1936 im Evangelischen Missionsmagazin gesagt wurde, »daß wir es im Islam mit einer besonders gefährlichen Ausgeburt der Satansmacht zu tun haben« (Prof. Fritz Blank, Zürich).
Am tiefsten hat wohl Franz Rosenzweig ausgedrückt, was seine jüdischen Glaubensgenossen und die Christen am Islam für problematisch halten. Mohammed meinte, »sich und den Seinen den Prozeß der inneren Umkehr ersparen zu können« (Lit 0.12, 118).

Gerechtigkeit für den Islam! Einer der ersten, der als Christ nach einem neuen Verhältnis zum Islam suchte, war der katholische Theologe Herman Schell (1850–1906). Ein Kenner Schells schreibt dazu: »Das Islamverständnis Schells fand damals eine Kritik, die beispielhaft zeigt, welche einseitigen Ansichten über den Islam noch vor nicht langer Zeit vertreten wurden. So schrieb man damals (Bamberger Pastoralblatt, 32. Jhrg., 1889, S. 65): ›Wir trauten unseren Augen kaum, als wir obiges lasen ... Denn es gleicht weit mehr einer Apologie für als gegen den Islam ... Was sagt die objektive Wahrheit? Der Islam ist ein Gemisch von Christen-, Juden- und Heidentum, ein Konglomerat von willkürlichen Behauptungen, die ohne System aneinandergereiht und überdies größtenteils unwahr sind ... Und, da der Herr Professor von der raschen und glänzenden Kultur des Islam faselt, meint er denn damit etwa die Bibliotheken, welche die Kalifenhorden niedergebrannt haben, oder die Wüsteneien, in welche sich früher blühende Gefilde unter der arbeitsscheuen Hand der Moslems verwandelt haben?‹ Das ist eine erschütternde Illustration zum Kapitel von Ohms Schrift ›Mohammedaner und Katholiken: Wie das Verhältnis zum Islam war‹ ... Ohm schreibt: ›Was die Christen im Zusammenleben, Zusammentun mit den Moslems und in ihren Bemühungen um diese brauchen, sind nicht oder weniger neue Stationen, Kirchen, Klöster, Schulen, Krankenhäuser, nicht neue Forschungen, Studien, Bücher, nicht einmal neue Techniken und Methoden, nicht einmal neue Ideen ..., sondern einen neuen Geist‹ (Thomas Ohm, Mohammedaner und Katholiken, München 1961, S. 24 f.).« (Lit 0.14, 51 f.).
Das Zweite Vatikanische Konzil charakterisiert die neue Haltung der römisch-katholischen Kirche zum Islam mit folgenden Worten: »Mit Hochachtung betrachtet die Kirche auch die Moslems, die den alleinigen Gott anbeten, den Lebendigen und in sich Seienden, den Barmherzigen und Allmächtigen, den Schöpfer Himmels und der Erde, der zu den Menschen gesprochen hat. Sie mühen sich, selbst seinen verborgenen Ratschlüssen

sich mit ganzer Seele zu unterwerfen, so wie Abraham sich Gott unterworfen hat, auf den der islamische Glaube sich so gern beruft. Jesus, den sie allerdings nicht als Gott anerkennen, verehren sie doch als Propheten, und sie ehren seine jungfräuliche Mutter Maria, die sie bisweilen auch in Frömmigkeit anrufen. Überdies erwarten sie den Tag des Gerichtes, an dem Gott alle Menschen auferweckt und ihr Vergelter ist. Daher haben sie eine hohe Achtung vor dem sittlichen Leben und verehren Gott besonders durch Gebet, Almosen und Fasten« (Lit 0.13, 357).

Im Zeitalter des Dialogs kann es sich aber natürlich nicht allein darum handeln, den andern richtig einzuschätzen, man muß ihm auch faktisch begegnen. Von seiten des Christentums wurde eine Begegnung mit dem Islam sehr lange abgelehnt; denn gerade durch den Islam des 14. Jahrhunderts war die christliche Mission nach Osten hin abgesperrt worden, was man ihm nicht leicht verzieh.

In den heutigen »ersten schüchternen Schritten« zu einem Dialog mit dem Islam (Kardinal Marella) findet sich das Christentum einerseits einer liberalisierenden Reformbewegung des Islam gegenüber, anderseits einer konservativ orientierten Islamgruppe, die das gemeinsame Glaubensgut bei Christen und Moslems betont. Aber die Atmosphäre ist keineswegs freundlich. Die jahrhundertealte Atmosphäre des heiligen Krieges ist von den Christen nicht vergessen worden und die dazugehörige Mentalität von den Moslems nicht ganz abgelegt worden.

Offiziell versucht der Ökumenische Rat der Kirchen den Dialog zwischen Christentum und Islam in Gang zu bringen. Vom 2. bis 9. März 1969 hatten in Cartigny bei Genf fünfundzwanzig Vertreter beider Seiten eine Konferenz, die im Jahre 1968 durch ernsthafte Studien vorbereitet worden war. Die Beschlüsse erkennen die Notwendigkeit des Dialogs an. Leider bekam diese Annäherung einen antijüdischen Akzent, als man die (wenn auch mageren) Ergebnisse fast unmittelbar danach dazu benutzte, die Weltmeinung zugunsten der arabischen Welt und zum Nachteil Israels zu beeinflussen. Aber andere betonen, daß Ergebnisse nur dadurch möglich sein können, wenn bei einem solchen Dialog die Juden nicht ausgeschlossen werden.

Kleines Fremdwortlexikon

Äthiopien ist der alte Name für Nubien und Abessinien. Die Kirchen bekennen sich zur monophysitischen (sL) Christologie (sL).

Apokalypse nennt man eine jüdische Literaturgattung (etwa 200 v. Chr. bis 100 n. Chr.), die das Glaubensgut in literarischen (d. h. nicht tatsächlichen) Zukunftsvisionen darzustellen versucht. »Apokalypse« heißt: Enthüllung. Auch zur Verschlüsselung gefährlicher Aussagen benutzt.

Arier/arisch. »Arier« heißt wahrscheinlich »Freunde«. So nannten sich die Vorfahren der Inder und Iranier. In der Wissenschaft wird »arisch« heute vornehmlich als Bezeichnung für den indo-iranischen Sprachzweig der indogermanischen Sprachen benutzt.

Armenier. Die Kirche im vorderasiatischen Gebirgsland Armenien ist seit 370 von der griechischen Kirche unabhängig. Seit 554 bekennt sie sich in der Christologie (sL) zum Monophysitismus (sL).

Askese/Asket. Ursprünglicher Sinn des griechischen Wortes »áskesis« = Übung. Von ihm wurde das Personwort »Asket« abgeleitet. Schon in der griechischen Philosophie erhielt das Wort den Sinn von Verzicht, durch den sich der Mensch von der Bindung an die Welt immer mehr lösen kann. Der Asket (manchmal: Aszet) ist der Mensch der Askese (heute oft: Aszese).

Assimilierung = Angleichung.

Attribut ist ein lateinisches Wort und bedeutet: das Zuerteilte. Die Eule ist das A. der Göttin Athene; der Turm mit den drei Fenstern ist das A. der hl. Barbara; die Waage ist das A. der als Person dargestellten Gerechtigkeit. Da Attribut will aussprechen, was der Gott, der Heilige usw. bedeutet – dadurch erhält es schließlich auch die Bedeutung von Erkennungszeichen.

Blutrache war ursprünglich ein Teil des Rechts. Nach der Ermordung eines Mannes hatten bestimmte Verwandte die Pflicht, den Mörder durch Tötung zu bestrafen. Dieser Pflicht durfte er sich nicht entziehen. Als die Fürsten auf die Rechtspflege Anspruch erhoben, wurde die Blutrache verboten; ausgestorben ist sie aber immer noch nicht.

Christologie/christologisch. Die Lehren über Christus faßt man unter dem Wort »Christologie« zusammen (z. B. die Lehren von der Gottheit Christi, von der Menschheit Christi, von seiner Vorexistenz beim Vater u. a.); »christologisch« ist das zugehörige Eigenschaftswort: Die Kämpfe um die rechte Christologie sind also »christologische Kämpfe«.

Differenzierung bedeutet: besondere Ausgestaltung, feinere Unterscheidung, Abstufung; das bedeutet zugleich immer Abweichung vom Bisherigen. Wer dies Bisherige als Norm ansieht, hält jede Differenzierung leicht für eine unerlaubte Abweichung. Wer die Differenzierung aber als Entfaltung wertet, kommt eher mit »verschiedenen Lehren« zurecht.

dogmatistisch/Dogmatismus meint eine Haltung, die das Dogma derart betont, daß es kein kritisches Nachdenken mehr geben kann.

Dschinn (arabisch) = böse Geister.

Dual ist eine sprachliche Form, die sich auf Personen oder Dinge bezieht oder für Personen oder Dinge gilt, die nur in Zweiheit (duo = zwei) vorkommen. In den europäischen Sprachen fast ganz ausgestorben.

Ebioniten: eine judenchristliche Gruppe in Syrien (etwa 70–450) mit dem Ideal der Armut. In Jesus Christus sah sie den wahrhaft gerechten Menschen, d. h. der jeder Situation und erst recht jedem Menschen gerecht wird. Die Gottessohnlehre und die Lehren des Paulus über Christus sahen sie als Verfälschung an.

Emanzipation, abgeleitet aus dem Lateinischen, bedeutet: aus der Hand kommen, d. h. sich der Herrschaft eines anderen entziehen. Als sich die Frau der Herrschaft des Mannes zu entziehen begann, sprach man von »Emanzipation der Frau«. Im weiteren Sinne gebraucht man das Wort für »Befreiung« überhaupt.

Ethik/ethisch = Sittenlehre bzw. das, was sich auf die Sittenlehre bezieht; »ethisch« bedeutet auch: sittlich, moralisch.

Exorzist = Teufelsaustreiber, Dämonenaustreiber. »Exorzismus« ist der (liturgische) Vorgang der Teufelsaustreibung.

Fundamentalisten, Fundamentalismus u. ä. meint ein theologisches Bibelverständnis, das jedes Wort der Bibel für göttlich inspiriert (von Gott eingegeben) hält.

häretisch, von griech. »hairesis« (Auswahl: Häresie). Häretiker sind also Gläubige, die aus dem Glaubensgut etwas herausnehmen, sei es, daß sie etwas fortlassen, sei es, daß sie etwas unangemessen betonen. Ihr Glaube ist »häretisch«.

Heilspartikularismus = eine Haltung, in welcher der Mensch das Heil in erster Linie für sich selbst und seine Gruppe sucht.

Henotheismus ist eine Zwischenform zwischen Vielgötterglauben und Eingottglauben. Henotheismus heißt eigentlich ebenfalls Eingottglauben (wie Monotheismus: sL), behält aber den Glauben an die Existenz anderer Götter bei. Aber aus den vielen Göttern erkennt die Gruppe, die ein henotheistisches Glaubensbekenntnis hat, nur einen einzigen Gott als ihren Gott an.

Huri (arabisch) = Weiße. Der Koran nennt so die Paradiesjungfrauen, die den Seligen zu dienen haben.

Idumäer. Die Edomiter wurden von den Juden als die Nachfolger Esaus angesehen (Esau und der Judenstammvater Jakob waren feindliche Brüder). Die Edomiter hießen zur Zeit der Römer Idumäer. Sie waren z. T. während der Zeit der makkabäischen Könige der Beschneidung unterworfen und judaisiert worden.

Inkarnation = das Eingeborenwerden eines Gottes in einen Menschen, wenn ein Gott »Fleisch annimmt«. So nehmen die Götter des Hinduismus Fleisch an, sie inkarnisieren sich (lateinisch »caro« = Fleisch).

Von der zweiten Person Gottes heißt es im christlichen Glaubensbekenntnis: »Er hat Fleisch angenommen durch den Heiligen Geist aus Maria der Jungfrau.«

Jakobiten nennen sich die Anhänger der Syrischen Kirche nach dem Bischof und Theologen Jakob Barâdai (gest. 578).

Kalif (arabisch Chalifa = Statthalter) hieß das Oberhaupt der größten Moslems-Gemeinde (der Sunniten); er war der weltliche Herrscher und als Imam (Vorbeter) geistlicher Herrscher.

Kanon/kanonisch. Das griechische Wort »Kanon« bedeutet Richtschnur. »Kanonische Bücher« einer Religion sind die Bücher, die für diese Religion maßgebend, richtungweisend sind.

Kasuistik, ein Wort, das sich von »casus« (Fall) ableitet, bedeutet eine Lehre, die Leben und Weltordnung weniger von großen Gesichtspunkten her betrachtet, sondern bestrebt ist, alle einzelnen möglichen Fälle vorzusehen und vorab zu entscheiden. Eine solche Kasuistik macht den einzelnen Mensch, der danach handeln soll, zu einem unmündigen, autoritätshörigen, gehorsamsbeflissenen Menschen.

Kleiner Rest, Begriff der israelitischen Geschichtsdeutung. Die stete Bedrohung und Aufreibung des Volkes ließ für das Überleben oft nur einen »kleinen Rest« übrig. Dieser Rest erkannte sich als Gruppe, die mit der Erwählung des Volkes (also seiner Aufgabe) belastet war.

Konfession: Bekenntnis, vom lateinischen »confiteri« = bekennen. Im Christentum bezeichnet man die Art und Weise seines christlichen Glaubens als Bekenntnis, Konfession, um anzuzeigen, daß man auch bei verschiedenen Konfessionen vom gleichen Glauben sprechen kann. Durch den Absolutheitsanspruch der einzelnen Kirchen war jedoch diese Unterscheidung stark verlorengegangen, und bei Übertritt von einer Kirche zur anderen sprach man deshalb oft von »Glaubens«-abfall.

konservativ/Konservative, von lat. »conservare« (bewahren) abgeleitet. Die Konservativen wollen das Alte bewahren. Ihre Haltung nennt man »konservativ« (bewahrend).

Kopten nennen sich die Nachkommen der alten Ägypter und die Anhänger der alten christlichen Kirche in Ägypten. Beachte, daß die Konsonanten kpt (in »Kopten«) den Konsonanten gpt (in »Ägypten«) ähnlich sind.

Kosmos/kosmisch. Das griechische Wort »Kosmos« bedeutet Ordnung, Welt, Weltall; in abgeleiteten Worten auch: Schönheit (»Kosmetik«). »Kosmisch« ist all das, was mit der Welt, dem All zusammenhängt, was aus dem Weltall stammt u. ä.

Krishna, die achte Inkarnation des hinduistischen Gottes Vishnu (S. 19), vielleicht ursprünglich ein indischer Fürst. Die Krishna-Legende vereinigt die Geschichten von einem alten Hirtengott (Liebesspiele mit Hirtenmädchen) und die Theologie mystischer Gottesverehrung: die Frömmigkeit liebevoller Hingabe an den Gott geht über die verehrende Identifikation mit Krishnas göttlicher Gattin Radha (ebenfalls einer Hirtin).

Laie/Laienstand. »Laie« leitet sich vom griechischen »laos« (Volk) ab. Der »Laie« ist also einer, der zum Volk gehört. Da sich die christlichen Geweihten (Diakone, Priester, Bischöfe) dem Volk gegenübergestellt empfanden, bekam das Wort »Laie« den Sinn von Nichtgeweihter. Man empfand die Laien neben den Geweihten nicht als gleichwertig. Manche Christen empfinden diesen Unterschied auch heute noch so.

liberal = freiheitlich, nicht streng gebunden, frei u. a.: sowohl als Lob wie als Tadel gebraucht; im tadelnden Sinn sehr oft in der Form »liberalistisch«.

Liturge = Diener, Vollzieher der Liturgie, d. h. des amtlichen Gottesdienstes einer Religionsgemeinschaft.

Liturgie = der offizielle, amtliche Gottesdienst einer Religionsgemeinschaft/Kirche.

Logostheologie. Unter Lógos verstand schon die altgriechische Philosophie die Einheit von Sein und Sinn, deren Bezüge der Mensch im Denken nachvollziehen kann. In der christlichen Philosophie ist Logos deshalb das dem Menschen mitgeteilte Wort Gottes, durch das er den Sinn des Seins begreift; allerdings nicht nur durch Denken, sondern auch durch »Tun im Logos«. Mit anderen Worten: Logos nennen wir das Wirken Gottes, die Kraft, Weisheit, Mitteilung – das »Wort« – Gottes, das sich an die Menschen richtet, damit sie durch dieses wirkende Wort Gottes »Willen« (d. h. das, was Welt und Mensch gut ist) erfüllen.

Magie/magisch. Magie ist die religiöse Haltung, in welcher der Mensch durch Beschwörungen versucht, Götter, Geister und natürliche Kräfte zu beherrschen und sich dienstbar zu machen

Manifestation = Offenbarmachung (Offenbarwerdung). Ein Gott offenbart sich durch bestimmte Vorgänge in der Natur oder durch bestimmte Haltungen von Menschen. In diesem Sinn sagt auch das Christentum: »Jesus Christus war die Offenbarung Gottes.«

Meditation. Ein aus dem Lateinischen stammendes Wort, das die Betrachtung, das Nachdenken, Nachsinnen über einen (religiösen) Gedanken bezeichnet.

Metaphysik nennt man die philosophischen Lehren von den letzten Gründen und Zusammenhängen des Seins; das Metaphysische ist nicht erfahrbar, es überschreitet jede Erfahrungsmöglichkeit.

Mischna ist ein hebräisches Wort und bedeutet: Zweites (nämlich: Gesetz). Es ist die Auslegung des Gesetzes, der Thora, die in den Büchern des Mose, z. g. T. eingekleidet, vorgelegt wird.

Monotheismus/monotheistisch. Jede Religion, die nicht nur einen einzigen Gott verehrt, sondern auch glaubt, daß es nur einen einzigen Gott gibt, ist eine monotheistische Religion. Alle Religionen, die nur an die Existenz eines einzigen Gottes glauben, sind Religionen des Monotheismus (griechisch »mónos« = allein, einzig; griechisch »theós = Gott).

Mythen/Mythos. Das griechische Wort »Mythos« (= Sage) meint alte

Erzählungen, die in bildhafter Sprache von der Schöpfung, von Göttern und Helden erzählen. In den Mythen sprechen die Naturvölker und die frühen Hochkulturen ihren Glauben aus.

mythisch: s. »Mythen«

Nizänisches Glaubensbekenntnis nennt man das Glaubensbekenntnis, das aus dem ersten Konzil von Nikaia/Nizäa (325) hervorgegangen ist. »Dogmatisch gesehen ist es die erste Glaubensdefinition des kirchlichen Lehramtes. Die Tradition wird hier schriftlich fixiert« (Lexikon für Theologie und Kirche, 1962, Bd. 7, Spalte 969). Als Credo der Messe wird meistens das Nizänische Glaubensbekenntnis benutzt.

Ontologie/ontologisch. Aus dem Griechischen stammende Bezeichnungen für die Lehre vom Seienden (Ontologie), bzw. für das, was sich auf das Sein bezieht (ontologisch).

Orakel. Römische Bezeichnung für Weissagungsstätten, an denen Priester(innen) Zukunftsweisungen des Gottes mitteilten, dem sie geweiht waren. Die Orakeltexte, manchmal ebenfalls Orakel genannt, waren oft schwer deutbar und mehrdeutig.

Pantheismus/pantheistisch. Die Worte leiten sich vom griechischen »pan« (alles) und vom griechischen »theós« (Gott) ab. Alles ist Gott, so etwa könnte man den Glauben des Pantheismus zusammenfassen. Der Pantheismus macht mit der Absolutheit Gottes so sehr ernst, daß er nicht sieht, wie noch etwas anderes existieren könnte außer Gott. Pantheismus kann es als Eingottglauben und als Vielgötterglauben geben. Der ursprüngliche Pantheismus ist wohl ein Vielgötterglaube.

Paria ist eine südindische Kaste unterster Stufe (Paraiyan). Da die Europäer das indische Kastensystem nicht durchschauten, vermischten sie manchmal die verschiedenen Ausdrücke für Kasten und die »Unberührbaren«, die keiner Kaste angehören. So wurde der Ausdruck »Paria«, obwohl er eine Bezeichnung für eine Kaste ist, oft für die Unberührbaren gebraucht, weil die Parias fast lebten wie die Unberührbaren.

Pentateuch ist die Fachbezeichnung für die fünf Bücher Moses. »Pentateuch« bedeutet eigentlich »fünf Krüge«, weil man die Rollen der Schrift ursprünglich in Krügen aufhob.

Pessach ist die hebräische Form für eine Bezeichnung, die wir durch griechische und lateinische Traditionen meistens in anderen Wortformen kennen, Passah, Pascha u. ä. Das Wort bedeutet »Vorübergang des Herrn« oder »Übersprung«, d. h. daß die strafende Hand des Herrn die Israeliten verschont hat, als er in Ägypten die Erstgeburt der Ägypter schlug. Das Pessach-Fest ist also das Fest der Verschonung, der Befreiung, der Erlösung.

Phallussteine sind natürlich geformte Steine, die die Form des männlichen Gliedes (griechisch »phallos«) haben. Man stellte sie auf als Zeichen der Fruchtbarkeit, als Symbole der Fruchtbarkeitsgötter und verehrte sie, um der Familie Fruchtbarkeit zu erflehen.

Pluralität. »Plural/pluralis« = Mehrzahl, Vielzahl. »Pluralität« wird vor allem von der Vielfalt der Überzeugungen gebraucht. Unsere Gesellschaft in keine Gesellschaft mit einheitlichen Überzeugungen, sondern eine »plurale Gesellschaft«, eine »pluralistische Gesellschaft«.

Polytheismus faßt die Religionen zusammen, die viele Götter verehren (»polýs« = viel, »theós« = Gott, beides griechische Worte). Polytheismus bedeutet also: Vielgötterglaube. Der Begriff Gott ist im Polytheismus ein anderer als im Eingottglauben. Der einzelne Gott des Polytheismus beherrscht nur Teilbereiche der Welt. Man könnte auch sagen: Der Gott ist der Geist des Baumes, der Geist des Berges, der Geist des gerechten Handelns – er ist die Kraft des Baumes usw.

Prinzip = Grundelement, Grundkraft, Grundsatz, Ausgangspunkt.

progressiv, von lateinisch »progredi« (voranschreiten). Die »Progressiven« sind das Gegenteil von den Konservativen (sL). Sie wollen den Fortschritt, auch im religiösen Denken, weil das reine Bewahren zum Stillstand führt.

Rahib = freier Einsiedler, der keiner Gruppe angehört.

Ramadan ist der islamische Fastenmonat, neunter Monat des Mondjahres, in dessen letzter Dekade, in der »Nacht des göttlichen Ratschlusses«, Mohammed die Offenbarung erhielt.

Ritus/rituell/ritualistisch. Unter Ritus versteht man die Formen, in denen sich ein Gottesdienst vollzieht (ursprünglich war Ritus überhaupt die Art und Weise, in der sich eine Feierlichkeit vollzog). »Rituell« ist demnach jede Art und Weise einer Handlung, die aus gottesdienstlichen Gründen vorgenommen wird, z. B. ist rituelle Schlachtung des Schächtens die gottesdienstlich vorgeschriebene Schlachtung im Judentum und Islam. Von »ritualistisch« spricht man dann, wenn sich die äußere Befolgung der Ritusvorschriften derart in den Vordergrund schiebt, daß man meint, mit diesem Ritus habe man schon Gottesverehrung vollbracht.

säkular = der Welt verpflichtet (von »saeculum«, Welt). Oft auch »säkular«, was aber auch mit hervorhebendem Sinn gebraucht wird: »Eine säkulare Erscheinung« ist z. B. eine Erscheinung, die es nur einmal im Jahrhundert (saeculum) oder alle Jahrhunderte einmal gibt.

Sekte leitet sich vom lat. Wort »secare« (abschneiden) ab. Eine Sekte ist also eine vom Gesellschaftsorganismus abgeschnittene Gruppe. Heute spricht man im Bezirk der Religion meistens nur da von Sekte, wo es sich um kleine Gruppen handelt. Die Großgruppe der Religion verbindet für gewöhnlich mit der Bezeichnung »Sekte« eine Abwertung.

sensorisch = die Sinne betreffend.

Symbol: Zeichen, Sinnbild.

Synagoge hat die griechische Judenheit ihr Gemeindehaus genannt. Sie ist ein Mehrzweckhaus als Schule, Bethaus, Haus der Gemeindeberatung. Im übertragenen Sinne nennt man auch die ganze jüdische Glaubensgemeinde »Synagoge«.

Tahannot (arabisch) sind der Gesamtvorgang von Fasten, Meditieren, Beten.

Tendenz = Richtung, in die etwas strebt (lateinisch »tendere« = sich ausstrecken nach etwas).

Theologen, Bezeichnung für die Dogmatiker (»die über Gott lehren«). Im weiteren Sinn alle, die mit wissenschaftlichen Methoden über die Bezüge der Welt zu Gott nachdenken und lehren. Im noch weiteren Sinne auch alle, die »Theologie studieren«, früher nur solche, die sich auf den Priesterberuf vorbereiteten.

transzendent ist ein Wort, das vielerlei Bedeutungschancen hat. Das Verbindende der verschiedenen Bedeutungen ist ein Über-Grenzen-Hinausreichen. Wenn man sagt: »Gott ist transzendent«, meint man damit, daß Gott über die Erkenntnis- und Erfahrungsgrenze des Menschen, über die Daseinsgrenze des Menschen hinausreicht, daß Gott »hinter dieser Grenze liegt«.

Universismus/Universum. Das Wort »Universismus« leitet sich ab von »universus« (lateinisch), d. h. gesamt. Das Universum ist das All. »Universismus« ist die Weltanschauung, die niemals nur Einzelheiten, sondern immer das All, die Gesamtheit des Daseins betrachtet. Der Universismus glaubt, daß alle Einzelheiten des Alls aufeinander bezogen sind.

vulgär. Das Wort leitet sich von lateinisch »vulgus« ab: das niedrigste Volk.

Literatur zum Thema des Buches

0. *Bücher, die mehrere Religionen betreffen*

0.1 Die großen nichtchristlichen Religionen unserer Zeit = Kröners Taschenausgabe 228 (1954)
0.2 Herbert Auhofer, Länder, Völker und Vulkane (Recklinghausen 1960)
0.3 Fritz Blanke, Kirchen und Sekten (Zürich/Stuttgart ³1959)
0.4 Carl Clemen, Die Religionen der Erde, ihr Wesen und ihre Geschichte (München 1927)
0.5 Karl Forster (Hrsg.), Das Christentum und die Weltreligionen = Studien und Berichte der Katholischen Akademie in Bayern (Würzburg 1965)
0.6 Peter Gerlitz, Kommt die Welteinheitsreligion? = Stundenbücher 88 (Hamburg 1969)
0.7 Helmuth von Glasenapp, Die Religionen Indiens = Kröners Taschenausgabe 190 (Stuttgart 1943)
0.8 Helmuth von Glasenapp, Die fünf Welt-Religionen (Düsseldorf/Köln ²1967)
0.9 Gerhardt Günther (Hrsg.), Die großen Religionen (Göttingen 1961)
0.10 Gustav Mensching, Leben und Legende der Religionsstifter (Darmstadt/Baden-Baden/Genf)
0.11 Alfonso M. di Nola (Hrsg.), Gebete der Menschheit (Düsseldorf/Köln 1963)
0.12 Hans Joachim Schoeps, Gottheit und Menschheit. Die großen Religionsstifter und ihre Lehren (Stuttgart 1950)
0.13 Karl Rahner/Herbert Vorgrimler, Kleines Konzilskompendium = Herder-Bücherei 270/71/72/73 (Freiburg i. Br. 1966)
0.14 Josef Hasenfuß, Kirche und Religionen (Paderborn 1969)

1. *Bücher zum Hinduismus*

1.1 Helmuth von Glasenapp (Hrsg.), Indische Geisteswelt (Baden-Baden 1958)
1.2 Helmuth von Glasenapp, Religiöse Reformbewegungen im heutigen Indien (Leipzig 1928)
1.3 Swami Vivekanande, Ramakrishna, mein Meister (Zürich 1943)
1.4 C. Vogl, Sri Ramakrishna (Leipzig 1927)

2. *Bücher zum Buddhismus*

2.1 Johannes Aufhauser, Buddha und Jesus in ihren Paralleltexten. Kleine Texte für Vorlesungen und Übungen 157 (Bonn 1926)

2.2 Paul Dahlke, Buddha. Die Lehre des Erhabenen = Goldmanns Gelbe Taschenbücher 622–623 (München 1960)

2.3 Hugo Makibi Enomiya-Lasalle, Der Heilsweg des Buddhismus und das Christentum: Waldemar Molinski, Die vielen Wege zum Heil = Pfeiffer-Werkbücher 81 (München 1969)

2.4 Peter Gerlitz, Der Buddhismus – eine Religion ohne Gott (Manuskript)

2.5 Georg Grimm, Die Lehre des Buddha. Die Lehre der Vernunft und der Meditation. Hrsg. von M. Keller-Grimm und Max Hoppe (Baden-Baden)

2.6 W. Gundert, Japanische Religionsgeschichte (1935)

2.7 H. Haas, Amida. Buddha unserer Zuflucht (Leipzig 1912)

2.8 Ernst Hoffmann, Die Grundgedanken des Buddhismus und ihr Verhältnis zur Gottesidee (Leipzig 1920).

2.9 Lehmann-Haas, Textbuch zur Religionsgeschichte. Mahâyânâ – śraddhopâdaśâstra ([2]1922)

2.10 H. de Lubac, Amida (Paris 1955)

2.11 Gustav Mensching, Buddhistische Geisteswelt. Vom historischen Buddha zum Lamaismus (Baden-Baden). – Umfassende Textauswahl mit Kapiteleinführungen.

2.12 Hermann Oldenberg, Buddha – Sein Leben, seine Lehre, seine Gemeinde; herausgegeben von Helmuth von Glasenapp = Goldmanns Gelbe TB 708/709 (München 1961) – Oldenbergs Buddha-Buch gehört zu den bedeutendsten älteren Buddhabüchern

2.13 Alfons Rosenberg (Hrsg.), Christentum und Buddhismus. Verwandtes und Unterscheidendes. (Schriftenreihe: Dokumente religiöser Erfahrung. München-Planegg 1959)

2.14 Hans Wolfgang Schumann, Buddhismus – Philosophie zur Erlösung = Dalp TB 365 (Bern/München 1963)

2.15 K. Seidenstücker, Pāli-Buddhismus in Übersetzungen (1923)

2.16 D. T. Suzuki, Die große Befreiung (1939)

2.17 M. Winternitz, Der ältere Buddhismus. Nach Texten des Tipitaka (Tübingen 1929) = Religionsgesch. Lesebuch 11

2.18 M. Winternitz, Der Mayana-Buddhismus nach Sanskrit und Prakrittexten = Religionsgeschichtliches Lesenbuch 15 (Tübingen 1930)

2.19 Deutschsprachige buddhistische Zeitschrift »Die Einsicht« (Buddhistischer Verlag Kreuzlingen, Kt. Thurgau)

3. *Bücher zum chinesischen Universismus*

3.1 Richard Wilhelm, Kung-tse, Lun-yü (Stuttgart 1932). – Zum Lun-yü s. S. 76

3.2 R. Wilhelm, Lao-tze, Das Buch vom Sinn und Leben (1911)

3.3 R. Wilhelm, Lao-tsze, Das Buch des Alten von Sinn und Leben (Jena 1923)
3.4 Alfred Forke, Die mittlere und neuere Zeit der chinesischen Philosophie: M. Kern, Das Licht des Ostens, die Weltanschauungen des mittlern und fernen Asiens / Indien, China, Japan (München 1923)
3.5 Erich Schmitt, Die Chinesen = Religionsgeschichtliches Lesebuch 6
3.6 Hans O. H. Stange, Die chinesische Kultur: Albert Schaefer (Hrsg.), Die Kulturen der asiatischen Großreiche und Rußlands (Stuttgart 1963)
3.7 E. V. Zenker, Der Taoismus der Frühzeit: Akad. d. Wiss., Phil.-hist. Kl. Sitz.-ber., 222. Bd. 2 (Wien/Leipzig 1943)

4. *Bücher zum Judentum*

4.1 Martin Buber, Die Erzählungen der Chassidim (Zürich 1949) = Manesse Bibliothek der Weltliteratur
4.2 Martin Buber, Der Jude und sein Judentum. Gesammelte Aufsätze und Reden (Köln 1963). Breite Information über das Judentum an Hand von anspruchsvollen Gelegenheitsarbeiten
4.3 Michael Friedländer, Die jüdische Religion (Basel, seit 1936 vergriffen, 1971 neu aufgelegt)
4.4 Gebetbuch im Auftrag des Liberalen Kulturausschusses des Preußischen Landesverbands jüdischer Gemeinden, Teil 2 (Frankfurt 1933)
4.5 Robert Raphael Geis, Vom unbekannten Judentum (Freiburg i. Br. 1961) = Herder-Bücherei 102
4.6 Leo Hirsch, Jüdische Glaubenswelt (Gütersloh 1962) = Bücherei »Bildung und Wissen«
4.7 Salcia Landmann, der jüdische Witz (Olten/Freiburg i. Br. 1962), Sammlung und deutende Einführung
4.8 Johannes Oesterreicher, Die Wiederentdeckung des Judentums durch die Kirche (Freising 1971). – Johannes Oesterreicher ist Leiter des Instituts für Jüdisch-Christliche Studien an der Seton Hall Universität, South Orange, N. J. Er stammt aus dem Judentum, wurde katholischer Priester und war Mitarbeiter des Zweiten Vatikanischen Konzils
4.9 Hans Joachim Schoeps, Jüdische Geisteswelt. Zeugnisse aus zwei Jahrtausenden. Ein Textebuch. (Darmstadt und Genf o. J.) Mit Literaturangaben
4.10 Jacob Soetendorp, Symbolik der jüdischen Religion. Sitte und Brauchtum im jüdischen Leben (Gütersloh 1963). Mit Literaturangaben
4.11 Karl Thieme, Dreitausend Jahre Judentum. Quellen und Darstellungen zur jüdischen Geschichte (Paderborn 1960) = Schöninghs geschichtliche Reihe

4.12 EMUNA/HORIZONTE, eine Zeitschrift, herausgegeben vom Deutschen Koordinierungsrat der Gesellschaften für Christlich-Jüdische Zusammenarbeit und von der Deutsch-Israelischen Gesellschaft. Eine Zweimonatsschrift, die viel historisches und modernes Material über das Judentum bringt

5. *Bücher zum Islam*

5.1 Tor Andreae, Mohammed, sein Leben und sein Glaube (1932)

5.2 Ernst Bannerth, Islam heute – morgen (Wien 1958). – Darlegung durch Wiedergabe arabischer (islamischer) Darstellungen.

5.3 Werner Caskel, Der Felsendom und die Wallfahrt nach Jerusalem = Arbeitsgemeinschaft für Forschung des Landes Nordrhein-Westfalen 114 (Köln und Opladen 1963). – Ein Beitrag zur moslemischen Wallfahrt und zur Baugeschichte der »Omarmoschee» in Jerusalem

5.4 L. Gardet, Le Monde de l'Islam face à la civilisation technique (1959)

5.5 Herbert Gottschalk, Weltbewegende Macht Islam (Weilheim/Obb. 1962). – Anlaß zu diesem Buch war die Überzeugung, daß der islamische Raum immer mehr zum Schicksalspartner Europas wird und deshalb Kenntnisse über den Islam wichtig sind

5.6 Richard Hartmann, Die Religion des Islam (Berlin 1944) = Kolonialwissenschaftliche Forschungen 5

5.7 Rudolf Kriss/Hubert Kriss-Heinrich, Volksglaube im Bereich des Islam. Band I. Wallfahrtswesen und Heiligenverehrung (Wiesbaden 1960). – Reiche Literaturangabe

5.8 Pierre Rondot, Der Islam und die Mohammedaner von heute. Die islamische Gemeinschaft: gestern – heute – morgen (Stuttgart 1963)

5.9 Hermann Stieglecker, Die Glaubenslehren des Islam (Paderborn/München/Wien 1962). – Darstellung der islamischen Glaubenslehren, »wie sie der Muhammedaner mit seinem gläubigen Auge sieht« (Vorrede). Ein sehr gründliches und informierendes Buch.

Otto Hermann Pesch

Gottes Ja und Amen

Christus-Meditationen

100 Seiten. Leinen, kartonkaschiert.

Kreuz, Erlösung und Auferstehung sind zentrale Inhalte einiger weniger bekannter Christus-Texte in den Paulus-Briefen. Gott hat in Jesus-Christus, und das heißt in der Geschichte, sein endgültiges und unwiderrufliches Ja zum Menschen und zur Welt gesprochen.
Diese Meditationen wollen in diese Texte einführen und ihre Aussagekraft und Bedeutung für unsere Zeit vertiefen. Dabei zeigt sich wieder, daß das Neue Testament, wo man sich ihm vorbehaltlos stellt, auch angesichts unserer gegenwärtigen Fragen eine Hoffnung über den Augenblick hinaus vermitteln kann.

Gabrielle Bossis

Er und ich

Geistliches Tagebuch

Aus dem Französischen übersetzt von E. Beck.
107 Seiten. Leinen, kartonkaschiert.

Der schmale Band bringt eine reiche Frucht religiöser Gedanken – religiös in der ganzen Weite des Schriftwortes: »Alles ist euer, ihr aber seit Christi.« Die aphoristische Schärfe ist für den Leser nicht nur ein beglückendes, sondern ein auch in die Tiefe des Glaubensmysteriums hineinziehendes Erlebnis.

Christ in der Gegenwart